国家社会科学基金教育学青年课题"稳步发展背景下职业本科院校专业结构的适配性研究"（项目编号：CJA220328）阶段性成果

职业本科院校专业结构的适配性研究

宋亚峰　著

中国财经出版传媒集团
经济科学出版社
·北京·

图书在版编目（CIP）数据

职业本科院校专业结构的适配性研究 / 宋亚峰著．
北京：经济科学出版社，2025.8. -- ISBN 978 - 7 - 5218 -
6815 - 9

Ⅰ．G649.21

中国国家版本馆 CIP 数据核字第 2025P70C92 号

责任编辑：杜　鹏　张立莉　常家凤
责任校对：孙　晨
责任印制：邱　天

职业本科院校专业结构的适配性研究

ZHIYE BENKE YUANXIAO ZHUANYE JIEGOU DE SHIPEIXING YANJIU

宋亚峰　著

经济科学出版社出版、发行　新华书店经销
社址：北京市海淀区阜成路甲 28 号　邮编：100142
总编部电话：010 - 88191217　发行部电话：010 - 88191522
网址：www.esp.com.cn
电子邮箱：esp@ esp.com.cn
天猫网店：经济科学出版社旗舰店
网址：http://jjkxcbs.tmall.com
固安华明印业有限公司印装
710×1000　16 开　21 印张　350000 字
2025 年 8 月第 1 版　2025 年 8 月第 1 次印刷
ISBN 978 - 7 - 5218 - 6815 - 9　定价：128.00 元
(图书出现印装问题，本社负责调换。电话：010 - 88191545)
(版权所有　侵权必究　打击盗版　举报热线：010 - 88191661
QQ：2242791300　营销中心电话：010 - 88191537
电子邮箱：dbts@ esp.com.cn)

序　言

当今世界正经历百年未有之大变局，不稳定性不确定性明显增加。应对世界之变、时代之变、格局之变，适应科技革命、数字革命和产业变革新挑战，加快建设社会主义现代化强国，必须发挥教育、科技、人才的基础性、战略性支撑作用。2022年10月，习近平总书记在党的二十大报告中，首次对教育、科技、人才进行"三位一体"战略部署，将教育强国建设置于首要位置。2025年1月，中共中央、国务院印发《教育强国建设规划纲要（2024－2035年）》，进一步对教育强国建设做出全面系统部署，明确指出"加快建设现代职业教育体系，培养大国工匠、能工巧匠、高技能人才"，为拓宽学生成长成才通道，应"稳步扩大职业本科学校数量和招生规模"，"建设一批办学特色鲜明的高水平职业本科学校"。职业本科教育作为中国特色现代职业教育体系纵向贯通的关键抓手，承担着培养创新型、复合型高端技能人才的重要使命，也是加强人才自主培养，大力培养国家战略人才和急需紧缺人才，加快培养高端技能人才、大国工匠、能工巧匠的主要依托。站在新的时代背景下，职业教育研究需要回答好"教育强国建设职教本科何为"的时代命题。

从2019年5月教育部批准的首批15所职业本科试点院校至今，我国职业本科院校数已经增长至60所（截至2025年4月）。职业本科院校主要通过公办专科高职升格、民办专科高职升格、独立学院单独转设、独立学院合并转设等多元途径转变成为职业技术大学。职业本科院校形成途径的多元性，使得职业本科院校内部专业结构多样化和复杂化。职业本科院校内的专业类型主要包括专科专业、职业本科专业和普通本科专业（含合并转设独立学院的专业），如此多元的专业构成，形成了复杂的专业生态系统。专业生态系统内部，同类型不同层次、同层次不同类型的专业之间如何实现协同共生，以及如何保持专业结构与产业结构的高水平适配成为促进职业本科教育稳步发展的关键。

宋亚峰博士所著的《职业本科院校专业结构的适配性研究》一书，正是回应稳步发展背景下职业本科院校专业设置合理性和适配性提升问题而展开的研究。该书构建了职业本科院校专业结构适配性理论分析框架，创新性地提出职业本科院校专业结构适配遵循纵向同类型贯通、横向同层次融通和外向产教耦合联通的"三通"逻辑。这一逻辑架构清晰地界定了职业本科院校专业结构在不同维度上的适配内涵与要求，为深入理解和研究专业结构适配性提供了新的理论视角。其中，纵向贯通强调职业本科专业与专科、中职专业的有机衔接，旨在打破职业教育不同学段之间的壁垒，实现知识体系的连贯递进、学习阶段的有序过渡以及育人与培训功能的协同发展；横向融通聚焦职业本专科专业与普通本科专业之间的融合，致力于消除职业教育与普通教育之间的隔阂，促进理论与实践、学习与应用的有机结合，培养具备多元知识和技能的复合型人才；外向联通则突出职业本科院校专业结构与区域产业结构的紧密对接，通过促进产业、岗位和任务的联通，使职业教育资源能够精准服务于产业需求，提高人才培养与产业发展的契合度。

在理论分析框架建构的基础上，该书也运用大量详实的数据和案例，采用科学严谨的研究方法，得出了一系列具有重要参考价值的研究结论。在专业结构与产业结构偏离趋势层面，该书通过从全国层面和学校层面分别测算专业结构与产业结构的偏离程度，清晰地揭示了职业本科专业在不同产业领域的供需失衡状况。在整体适配度分析层面，该书建构了职业本科专产适配评价指标体系，对全国职业本科院校专业结构和产业结构的适配类型进行了厘定。在专业结构与产业结构高级化适配度分析层面，该书创新性地引入点映射适配函数进行测算，分析了全国职业本科院校专业结构和产业结构中"两个高端""两个前沿"的适配度情况。基于上述深入研究，本书在纵向一体化贯通适配方面、横向互补性适配方面、产教耦合适配方面提出了具有针对性和可操作性的职业本科院校专业结构适配性优化策略。这些优化策略紧密结合实际问题，具有较强的实践指导意义，为职业本科院校优化专业结构、提高产教融合水平提出了一些具有启发性的观点。

在本书付梓之际，我为宋亚峰博士在职业本科专业建设方面进行的研究尝试和取得的成果感到欣慰，并为其作序，同时也希望他在今后的教育教学和科学探究过程中，能够百尺竿头，更进一步，多关注产业、多深入企业、多进入职业院校教学实践一线，关注真问题，钻研真学问，取得更多有价值的研究成果，为我国职业教育实践提供更多可操作的启示与借鉴，同时也为职业技术教育学的学科体系、学术体系、话语体系建设和创新做出自己的贡献与努力。是以为序。

华东师范大学终身教授
华东师范大学职业教育与成人教育研究所名誉所长
2025 年 4 月于上海

目 录
CONTENTS

第一章　绪论 ··· 1
　第一节　研究背景与意义 ··· 1
　第二节　文献综述 ··· 7
　第三节　核心概念界定 ·· 34

第二章　理论分析框架构建与研究设计 ······················· 38
　第一节　理论基础 ·· 38
　第二节　研究设计和技术路线图 ································· 55

第三章　职业本科院校专业结构的内部适配性分析 ········ 64
　第一节　职业本科院校专业布局现状分析 ····················· 64
　第二节　职业本科院校专业布局模式分析 ····················· 77
　第三节　职业本科院校内部专业互动适配分析 ··············· 84

第四章　职业本科院校专业结构与产业结构适配程度测算 ··· 120
　第一节　职业本科院校专业结构与产业结构的整体适配
　　　　　趋势分析 ··· 120
　第二节　职业本科院校专业结构与产业结构的整体适配度分析 ··· 127
　第三节　职业本科院校专业结构与产业高级化的适配度分析 ······· 141

第五章 职业本科院校专业结构与产业结构适配的影响因素分析……… 154
  第一节 职业本科院校专业结构与产业结构整体适配趋势的
     影响因素分析………………………………………………… 155
  第二节 职业本科院校专业结构与产业结构整体适配度的
     影响因素分析………………………………………………… 168
  第三节 职业本科院校专业结构与产业高级化适配度的
     影响因素分析………………………………………………… 188

第六章 职业本科院校专业结构适配的内在机理探析……………… 196
  第一节 职业本科院校专业结构内部适配机理……………………… 196
  第二节 职业本科院校专业结构与产业结构适配机理……………… 220

第七章 职业本科院校专业结构适配性的优化策略………………… 229
  第一节 职业本科院校专业结构内部适配问题分析………………… 230
  第二节 职业本科院校专业结构外部适配问题分析………………… 234
  第三节 职业本科院校专业结构适配度优化方略…………………… 236

参考文献………………………………………………………………… 254
附录 A 职业本科院校专业设置情况明细表……………………………… 267
附录 B 2004~2023 年第一产业、第二产业、第三产业占比
   及人员构成情况……………………………………………… 301
附录 C 32 所职业本科院校结构偏离度计算数据……………………… 303
附录 D 职业本科院校整体适配度测算原始数据………………………… 306
附录 E 职业本科院校专业结构与产业结构适配度 fsQCA 变量
   校准结果……………………………………………………… 315
附录 F 访谈提纲………………………………………………………… 319
后记……………………………………………………………………… 320

第一章 绪 论

习近平总书记在全国职业教育大会上作出重要批示指出,要稳步发展职业本科教育,加快构建现代职业教育体系。① 国务院印发的《国家职业教育改革实施方案》明确提出,开展本科层次职业教育试点。2021年10月,中共中央办公厅、国务院办公厅印发的《关于推动现代职业教育高质量发展的意见》中将稳步发展职业本科教育作为职业教育类型特色加以强化。截至目前,我国职业本科院校已达50余所,职业本科院校内的专业类型主要包括专科专业、职业本科专业和普通本科专业(合并转设独立学院),专业结构复杂,各专业间衔接不佳、融通不畅,成为制约职业本科教育稳步发展的主要障碍。因此,如何解决院校层面不同层次专业纵向一体化适配、同层次不同类型专业之间横向普职适配、专业整体结构与外部产业结构之间的适配问题,成为稳步发展职业本科教育亟需解决的重要课题。本章基于当前的研究背景和已有研究现状,梳理研究的核心问题,明确本书研究的理论意义和实践意义,厘清本书涉及的核心概念,在全面梳理国内外相关研究基本现状的基础上,确定本书的主要研究目标与内容。

第一节 研究背景与意义

习近平总书记在党的二十大报告中指出,新时代新征程中国共产党的中心任务是"团结带领全国各族人民全面建成社会主义现代化强国、实现第

---

① 加快职业教育发展 培养更多能工巧匠 大国工匠 [N]. 中国教育报,2021-04-14.

二个百年奋斗目标，以中国式现代化全面推进中华民族伟大复兴"。① 中国式现代化是中国共产党领导的社会主义现代化，既有世界各国现代化的共同特征，更具有基于我国国情的中国特色，是超越性、特殊性、多样性、普遍性的辩证统一。习近平总书记在党的十九届五中全会和党的二十大报告中明确指出了中国式现代化的五个基本特征，即中国式现代化是人口规模巨大的现代化、中国式现代化是全体人民共同富裕的现代化、中国式现代化是物质文明和精神文明相协调的现代化、中国式现代化是人与自然和谐共生的现代化、中国式现代化是走和平发展道路的现代化。② 中国式现代化打破了"现代化＝西方化、现代化＝市场化、现代化＝全球化"的思维定式，为人类特别是广大发展中国家探索更美好的社会制度提供了"中国方案"和"中国智慧"。

教育、科技、人才是全面建设社会主义现代化国家的基础性、战略性支撑。职业教育作为与普通教育具有同等重要地位的教育类型，是统筹职业教育、高等教育、继续教育协同创新和推进职普融通、产教融合、科教融汇的重要结合点。职业教育是我国国民教育体系和人力资源开发的重要组成部分，承担着培养多样化人才、传承技术技能、促进就业创业的重要社会职能，中国职业教育与中国式现代化共生发展，在支撑中国式现代化向纵深推进过程中作出了不可替代的贡献。职业本科教育作为现代职业教育体系向上贯通的关键一环，在培养发展新质生产力所需要的新型劳动者过程中扮演着十分重要的角色。

一、研究背景

2024年7月发布的《中共中央关于进一步全面深化改革 推进中国式现代化的决定》中关于深化教育综合改革部分提出要"加快构建职普融通、产教融合的职业教育体系"。2024年9月，习近平总书记在全国教育大会上再次强调"要构建职普融通、产教融合的职业教育体系，大力培养大国工

---

①② 习近平：高举中国特色社会主义伟大旗帜 为全面建设社会主义现代化国家而团结奋斗——在中国共产党第二十次全国代表大会上的报告，https://www.gov.cn/xinwen/2022-10/25/content_5721685.htm.

匠、能工巧匠、高技能人才"。① 职业本科教育作为职业教育体系向上贯通的最高层次，在我国复合型创新性高技能人才培养过程中将发挥重要作用，国家已出台系列政策文件支持职业本科教育的发展。追溯相关政策，最早可以追溯到2014年，当年国务院印发的《关于加快发展现代职业教育的决定》中，首次明确提出"探索发展本科层次职业教育"。5年后的《国家职业教育改革实施方案》中明确提出"开展本科层次职业教育试点"。从2019年《国家职业教育改革实施方案》中明确提出"开展本科层次职业教育试点"，到2021年习近平总书记在全国职业教育大会上作出重要批示，指出"稳步发展职业本科"，再到2022年新修订的《中华人民共和国职业教育法》明确提出高等职业学校教育"由专科、本科及以上教育层次的高等职业学校和普通高等学校实施"。职业本科教育的发展获得了重要法理基础，也标志着我国职业教育体系在纵向贯通上打破了止步于专科层次的"天花板"。为明确职业本科的发展方向和专业设置定位，教育部办公厅在2021年印发的《本科层次职业教育专业设置管理办法（试行）》中指出，职业本科院校的专业设置应以产业需求为导向，主动服务"产业基础高级化、产业链现代化"，紧紧围绕区域产业发展的重点领域、新业态、新模式和新职业进行专业布点。

从2019年首批民办职业本科院校试办以来，职业本科教育兴起并进入实践探索阶段。截至2024年12月，我国已有50余所职业本科学校。稳步发展本科层次职业教育是社会进步和时代更迭的必然结果，也是适应产业结构升级和新兴高端产业出现对高精尖技术技能人才的迫切需求，更是完善现代职业教育纵向贯通体系的关键环节。然而，开展本科层次的职业教育，打破职业教育的学历"天花板"只是高质量发展职业教育的第一步，其最终目标是培养产业迭代升级和经济社会发展所需的具备扎实、精湛专业技能的高层次技术技能人才。因此，完善职业本科学校的专业结构是培养高水平技能人才的首要环节，也是本科层次职业教育能否办好、做强的关键点及生命线。

随着我国产业结构的动态演进，职业本科院校主要面向高端产业和产业

---

① 习近平在全国教育大会上强调：紧紧围绕立德树人根本任务 朝着建成教育强国战略目标扎实迈进，https：//www.gov.cn/yaowen/liebiao/202409/content_6973522.htm.

高端、前沿产业和产业前沿培养高层次高素质技术技能型人才，其作为现代职业教育体系的高层次教育类型，对深化职业教育产教融合，特别是面向"两个高端"和"两个前沿"领域的产教融合具有重要牵引作用。职业本科的专业结构与产业结构之间存在相互促进、相互依存的关系，产业结构影响专业结构，专业结构推动或制约产业结构。当前，职业本科院校的专业设置实现了对19个专业大类的全面覆盖，但各专业大类涵盖的专业数量差距显著，且存在一定程度的"一哄而上"现象，尤其是在热门专业领域，"同质化"倾向尤为突出。职业本科院校设置的职业本科专业集中在电子与信息大类、财经商贸大类、装备制造大类、文化艺术大类、土木建筑大类等领域，部分冷门的专业大类存在人才缺口。职业本科院校办学时间较短，大部分院校的专业建设仍处在探索完善阶段，其专业结构与区域产业结构的适配情况还有待全面评价。科学厘定当前职业本科专业结构与区域产业结构的适配程度与类型，对职业本科院校专业结构的调整优化至关重要，而明晰职业本科院校以及专业结构和产业结构的内涵是科学测算职业本科专产适配程度的基础。职业本科教育作为现代职业教育体系的高层次教育类型，其办学质量和专业结构的适配性将深刻影响"产业高端""高端产业""产业前沿"和"前沿产业"领域的产教融合效果。

二、研究问题

职业本科教育作为我国横向融通、纵向贯通的现代职业教育体系高层次复合型技术人才培养的关键一环，在稳步发展职业本科的背景下，其重要性日益凸显，截至2024年6月，我国已有51所职业本科学校，分布在24个省级行政单位①，随着社会对技能型人才需求的增加以及教育结构的调整，职业本科的招生规模也在进一步扩大。稳步发展本科层次职业教育是为了适应产业迭代升级发展对高精尖技术技能人才的迫切需求，其目标是培养具备扎实、精湛专业技能的创新型复合型高层次技术技能人才，以实现生产力组成要素优化组合和"质变"。而要培养适合产业发展要求的高素质劳动者必

---

① 中华人民共和国教育部. 全国高等学校名单［EB/OL］.［2024-06-21］. http：//www. moe. gov. cn/jyb_xxgk/s5744/A03/202406/t20240621_1136990. html.

须深化职业本科教育的办学改革，所有改革只有落在专业上，才能落在课堂上，才能落在学生的综合素质和综合能力上，才能培养更多适应高端产业需要的高素质劳动者。因此，完善职业本科学校的专业结构是培养高水平技能人才的首要环节，也是本科层次职业教育能否办好、做强的关键点及生命线。然而，反观目前我国职业本科发展现状，一方面，专业设置与区域产业结构的匹配度尚显不足或者适配定位不清，未能充分反映并服务于地方高端产业的特色与发展趋势；另一方面，人才培养质量与产业高质量发展的内在要求之间存在显著差距，难以有效支撑产业结构优化升级与转型发展的迫切需求。具体而言，职业本科专业设置与产业结构之间的适配性问题，作为制约职业教育服务产业发展瓶颈之一，至今仍未得到根本性解决。

作为与高端产业对接最为紧密的教育类型，职业本科教育的专业布局以及专业建设质量在一定程度上影响产业迭代升级的进程。职业本科院校承担着为产业高端和高端产业培养高层次技术技能人才的重要使命，然而当前我国职业本科院校的人才培养质量与产业高质量发展的需求之间还存在一定差距，学校专业结构与地方产业结构对接的紧密程度不足，存在一定的滞后现象。在稳步发展职业本科的大背景下，应该优化职业本科专业与产业的适配机制，提升职业本科专业与产业的适配度，从而增加职业本科培养出人才与产业需求的匹配度，进而持续提升职业本科教育的社会服务贡献能力。为此，本书将全面分析影响职业本科专业产业适配的核心影响因素以及作用机理，进而探究职业本科专业产业适配度提升的优化路径。

基于上述背景，本书对全国职业本科院校设置的专业进行全样本分析，全面了解目前职业本科院校专业在地域、院校、产业领域等不同层面的分布现状。立足于稳步发展背景，从纵向一体贯通、横向普职融通、外向产教耦合联通三个维度，系统解析职业本科专业结构的内部和外部适配程度及其影响因素，探究职业本科院校专业结构适配模式与内在机理，进而提出专业结构适配性优化路径。本书的核心问题是：职业本科院校专业结构的适配性及其提升路径。可以进一步分解为以下子问题：

1. 职业本科院校专业结构的内部适配性如何？
2. 职业本科院校专业结构的外部适配性如何？
3. 职业本科院校专业结构的适配性受哪些因素影响，存在何种机理？

4. 如何进一步提升职业本科院校专业结构的适配性？

三、研究意义

职业本科院校专业结构的适配性及其提升路径的研究对于丰富职业本科院校专业结构调整的理论框架以及在实践中优化其专业结构具有重要理论价值和实践价值。

（一）理论意义

研究中运用了教育学、经济学、管理学等多学科知识，拓宽了研究视野，在此基础上，基于适配理论构建的专业设置与产业结构适配模型，对职业本科院校专业设置调整产生一定的指导作用，有助于寻求实践与理论的有效互动，有助于拓展职业本科院校专业设置调整研究中的理论知识。理论知识的研究能对实践操作提供指导和支撑，梳理职业本科院校专业设置调整过程中如何为产业结构的调整服务，可以为我国职业本科院校专业设置调整中存在的同质化、与市场脱节等问题，寻找理论根源，提供理论依据与具体的实施操作意见。本书以适配理论为核心，结合共生理论和配第克拉克理论等，对职业本科院校的专业设置与产业结构适配情况进行数据分析和典型案例分析，并结合分析结果归纳职业本科院校专业设置与产业结构的典型适配模式和机理，拓展了职业本科院校专业设置调整研究中的理论研究内容。整体而言，本书具有重要的理论意义，首先，本书基于多学科视角，系统分析职业本科院校专业结构的多维度适配模式与机理，有利于拓展职业本科教育的研究视角。其次，构建职业本科院校专业结构纵向贯通、横向融通和外向联通的"三通"适配分析框架，有助于提升职业教育专业适配理论的全面性。最后，为职业本科院校专业纵向一体化设计提供理论支撑。

（二）实践意义

随着产业结构的升级，各种新型的生产方式的出现，迫切需要具备创新思维和跨岗位协作能力的复合型人才。这种复合型人才只能依托职业本科院校的人才培养。但是目前的职业本科院校专业设置方面同质化严重，缺乏特色，很难培养出社会所需的人才。只有明确专业结构和产业结构之间的适配关系，才能明晰专业结构的改进优化方向，从而满足产业对高层次技术技能人才的需求。本书基于结构偏离度模型、AHP层次分析法以及脱钩模型，从多维度量化评估当前职业本科院校与区域产业结构的适配程度以及所属适配类型，并根据适配度值分析其影响因素，科学剖析职业本科院校的专业结构与区域产业结构如何实现同频共振的协同发展，有助于提升职业本科院校专业结构的科学性和实践性，实现专产深度对接，使得职业本科院校更好地服务区域产业发展，进而增强专产系统对经济发展的综合驱动力。因此，职业本科专业结构与产业结构适配问题的探究对提升职业本科教育内涵建设，增加职业本科教育的适应性，提升复合型技术技能人才培养质量，引领职业本科院校专业结构持续优化以及助推经济社会发展等方面具有重要的实践意义。整体而言，本书也具有重要的实践意义，首先，从院校层面厘清专业结构的适配性，有助于为稳步发展职业本科院校和普通本科院校试办职业本科专业提供研究支持。其次，有助于为现有不同类型职业本科院校专业结构优化提供针对性的实践策略。最后，能够为教育部职成司和省级教育主管部门提供决策依据，为职业本科院校专业结构的优化和调整提供决策依据。

第二节　文献综述

本书以职业本科院校的专业结构为主要研究对象，重点分析职业本科专业结构的内部适配及其与区域产业之间的适配情况，文献综述主要围绕职业本科、职业本科发展的国际比较和专业适配性等主题进行分析。

一、职业本科教育研究

2019年1月，国务院印发的《国家职业教育改革实施方案》提出"完善高层次应用型人才培养体系，开展本科层次职业教育试点"。2019年5月，教育部公布全国首批15所职业本科教育试点院校名单，落实《国家职业教育改革实施方案》，打破多年以来我国职业教育人才培养停留在专科层面的瓶颈，进一步完善了现代职业教育体系，开启职业教育发展的新时代。当前，国内学者对职业本科内涵的理解各有侧重，有学者认为，职业本科等同于在本科层次开展的技术教育，即"技术本科"。① 有学者认为，职业本科就是在高职高专教育的基础上进一步延伸出来的更高层次的一种办学模式。② 还有学者认为，职业本科的逻辑起点是职业的发展，其在发展过程中遵循的是工作体系的逻辑，根据岗位工作中不同劳动的复杂程度不同，要能够及时面对并处理复杂、高深的工作问题。③ 2014 年，国家首次明确提出要举办本科层次职业教育，我国的职业本科办学出现了一系列的尝试，其中主要有：普通本科高校向应用型高校转型发展的首次尝试，但由于普通本科高校对学科的追求，很多高校转型并不彻底；其后是高等职业教育与普通本科院校联合举办高职本科教育的尝试，但由于高等职业院校没有学位授予权而导致出现"贴牌生产"现象，职业教育自身特色难以显现；随后，国家出台《国务院关于印发国家职业教育改革实施方案的通知》，并先后公布两批本科层次职业教育试点学校名单，开启职业本科院校办学的"升格"之路；2020 年，教育部印发了《关于加快推进独立学院转设工作的实施方案》，提出职业本科办学的第四条路径，即"转设"。从"转型"到"合作办学"、"升格"再到"转设"，我国职业本科教育在摸索中不断前行。④ 目前，职业本科院校在建设中还存在办学定位与普通本科高校趋同、职业本科院校之间专业设置重复度高等困境，此外，我国现行的对本科教育的质量评估是以学科为基础对普通高校的评价，与职业本科评价适配度不高。因此，职业本科院校在办学中应坚持职业特色，明确办学定位，突出类型特征，合理设置专业，提高各院校教育质量，同时完善教育评估制度。⑤

作为一种教育形式，关于职业本科的人才培养也在学术界引起广泛争

---

① 刘文华. 技术本科教育：构建职教体系的有效衔接 [J]. 职教论坛，2012 (19)：47-49.
② 钟云华. 对高职院校举办高职本科教育的探讨 [J]. 职教论坛，2011 (15)：11-14.
③ 匡瑛，李琪. 此本科非彼本科：职业本科本质论及其发展策略 [J]. 教育发展研究，2021，41 (03)：45-51.
④ 梁克东. 职业本科教育的实践探索、发展瓶颈与推进策略 [J]. 中国高教研究，2021 (09)：98-102.
⑤ 余智慧，陈鹏. 科学逻辑主导下职业本科高校发展的现实困境与推进路径 [J]. 中国高教研究，2021 (12)：97-102.

论。有学者认为，职业本科要以技术型人才培养为目标，同时注重对技术型人才理论知识的教育。有学者认为，职业本科要培养技术工程师。① 还有学者将职业本科的培养目标确定为：面向行业产业的高端领域，培养能够从事产品各种服务，解决复杂问题，能够进行复杂操作的高层技术技能人才。② 作为一种教育类型，职业本科教育在人才培养目标的确立上要兼顾高等性和职业性，针对职业教育的特点开发出既符合国家政策要求，又以技术应用为导向的人才培养方案。同时，要遵循高层次技术技能人才成长规律，对接产业发展实际需求，创新职业本科教育人才培养理念，探索有效的人才培养途径。构建以能力为导向的专业课程体系，在专业教学中凸显实践性，重视职业情景，强化企业实践环节要求，提高课程教学与就业需求的匹配度。③ 专业设置是职业本科教育的关键核心，我国首批职业本科院校专业设置，冷热门专业差距明显，冷门专业区域特色突出，专业布局基本覆盖了经济发展的重点领域。在专业布局上有注重专业与专业协同发展的多科专业协同模式，以工科类优势专业为主，强调实用性的工科类专业群引领模式，以及打造自身优势特色的社科类专业来驱动其他专业发展的应用社科类专业群驱动模式。④

2019年5月，教育部批准了首批15所职业本科试点院校，职业本科院校实现独立建制办学的实质性跨越后，成为经济社会发展和产业转型升级，培养创新型、复合型高素质技术技能人才的主要承担者⑤，正从试点探索向稳步发展迈进，得到职业教育理论界的高度关注。职业本科院校"是什么""为什么""怎么做"以及"如何评"，即办学定位、价值意蕴、发展路径和质量评价，是职业教育领域研究的重要课题。

---

① 伍红军. 职业本科是什么？——概念辨正与内涵阐释 [J]. 职教论坛, 2021, 37 (02): 17-24.
② 杨欣斌. 职业本科教育人才培养模式的思考与探索 [J]. 高等工程教育研究, 2022 (01): 127-133.
③ 崔淑淇, 姚聪莉. 本科层次职业教育人才培养的内在逻辑、目标定位与实现路径 [J]. 现代教育管理, 2023 (04): 97-108.
④ 宋亚峰, 潘海生, 王世斌. 职业本科院校的专业布局与生成机理——以十五所全国首批职业本科试点院校为例 [J]. 现代教育管理, 2020 (09): 105-113.
⑤ 宋亚峰, 许钟元. 和合共生：职业本科院校专业群组建模式研究——基于全国职业本科院校的多案例研究 [J]. 中国职业技术教育, 2024 (16): 86-95.

（一）职业本科教育办学定位研究

当前，学界主要从明确职业本科教育内涵界定的视角出发，对职业本科院校的办学定位进行研究。职业本科教育的概念由我国首次提出，当前国家有关政策文件中对"职业本科教育"名称的表述较为混乱，学术界也没有统一明确的界定，已有观点主要分为以下三类：一是大部分学者认为，"职业性"和"高层次性"是职业本科教育的本质属性，既要坚守职业属性，坚持职业教育的规律[1]，也要突出高等性，使学生知识水平、专业素养达到高等教育的基本要求[2]，学术性是职业本科教育达到本科教育水平应该具备的条件[3]，将其称为"本科层次职业教育"[4]"职业本科教育"[5]或"职教本科"[6]。二是有些学者认为，职业本科教育是高职专科教育在学历层次的向上延伸，将其称为"高职本科"[7]。三是有些学者从工程、技术和技能的角度，认为职业本科教育是本科层次的技术教育，称为"技术本科"[8]。值得注意的是，由于职业本科和应用型本科是在办学理念和人才培养目标上重合性较高的两种高等教育类型，学界对两者关系长期争论不休。意识到中国高等教育分类不清、定位不明的问题后，潘懋元先生根据《国际教育标准分类法》并结合我国实际，将高等学校分为研究型、应用型和技术技能型[9]，引导高等学校科学定位、各安其位、内涵发展、办出特色。孟景舟认为，职

---

[1] 匡瑛，邓卓，朱正茹."升格冲动"抑或"应时之需"：职业本科发展之辩[J]. 中国职业技术教育，2022（03）：5-11.

[2] 王笙年，徐国庆. 职业教育高质量发展的关键制度壁垒及其结构性消解[J]. 高校教育管理，2023，17（01）：92-99.

[3] 徐国庆，王笙年. 职业本科教育的性质及课程教学模式[J]. 教育研究，2022，43（07）：104-113.

[4] 宗诚，聂伟. 试论我国本科层次职业教育发展的理路[J]. 高等工程教育研究，2020（04）：137-141.

[5] 朱德全，杨磊. 职业本科教育服务高质量发展的新格局与新使命[J]. 中国电化教育，2022（01）：50-58+65.

[6] 庄西真."职教本科"就要有职教本科的样子——谈优质高职院校举办职业本科教育的必然性[J]. 职业技术教育，2022，43（12）：8-13.

[7] 钟云华. 对高职院校举办高职本科教育的探讨[J]. 职教论坛，2011（15）：11-14.

[8] 刘文华. 技术本科教育：构建职教体系的有效衔接[J]. 职教论坛，2012（19）：47-49.

[9] 潘懋元. 分类、定位、特点、质量——当前中国高等教育发展中的若干问题[J]. 福建工程学院学报，2005（02）：103-108.

业本科和应用型本科都是出于扭转高校过度追求"学术化"倾向而设立的，两者难以区分①。徐国庆等学者认为，应用型本科教育作为具有应用属性的学术或工程教育，虽然在人才培养模式上更强调实践性，但它以学术知识为人才培养的逻辑起点，其本质是理论性的。职业本科教育是完全按照职业教育的人才培养模式举办的本科教育，人才培养的逻辑起点是工作岗位的职业能力要求，其本质是实践性的，与应用型本科具有本质区别②。郑文认为，应用型本科教育既包括专业教育，又包括职业教育，本科阶段的职业教育可以以应用型本科教育代之③。

正是对职业本科教育本质认识上的不清晰，导致了职业本科院校办学定位上的模糊性，进一步造成职业本科教育实践领域难以取得实质性进展，因此，厘清职业本科教育的概念内涵十分关键。办学定位是对学校类型与层次的界定，类型划分是高校定位及确定发展方向的前提④，层次定位是巩固类型地位及确定人才培养规格的保障。本书比较认可"职业本科教育"这一提法，"职业"在前，突出职业教育的类型属性，"本科"在后，是对办学水平和人才培养质量进行提质升级的要求。因此，本书认为，职业本科院校办学定位应该确定为：围绕国家战略布局和区域经济社会发展需求，面向高端产业和行业产业的高端领域，培养能从事产品生产和服务、科技成果转化，创造性处理复杂问题情境，理论基础扎实、技术技能精湛，职业道德和人文素养深厚的创新型、复合型高层次技术技能人才。

（二）职业本科教育价值意蕴研究

《国家职业教育改革实施方案》中指出："职业教育与普通教育是两种不同教育类型，具有同等重要地位。"但是，一方面，受我国"学而优则仕"等传统观念的影响，职业教育一直以来被贴上"次等教育"的标签，

---

① 孟景舟. 中国职业教育独特的价值与使命［J］. 职教论坛，2021，37（06）：23-28.
② 徐国庆，陆素菊，匡瑛，等. 职业本科教育的内涵、国际状况与发展策略［J］. 机械职业教育，2020（03）：1-6+24.
③ 郑文. 本科应用型教育还是本科职业教育：历史演进与现实选择［J］. 高教探索，2020（01）：5-10.
④ 潘懋元，吴玫. 高等学校分类与定位问题［J］. 复旦教育论坛，2003（03）：5-9.

尚未取得观念上的合法性；另一方面，职业本科院校在我国建设时间较短，仍处于实践探索阶段，尚未取得突破性进展，在功能性发挥上存在较大提升空间。同时，我国职业本科教育制度框架建设不成熟，政策文件缺乏系统性、专门性和针对性，落地难度较大，作为我国高等教育体系的新生事物，职业本科院校的必要性存在较大争议。

众多学者从经济社会发展客观要求和人民群众高质量职业教育需求[①]、高等教育类型结构合理化趋势和国际职业教育发展趋势[②]、构建中国特色现代职业教育体系[③]等角度出发，认为职业本科教育遵循生产力发展规律、职业教育内部发展规律和技术技能人才成长规律，支持职业本科院校的发展。首先，当前我国经济社会发展已经进入新常态，在经济结构调整和产业转型升级的带动下，高端制造业与新兴服务业迅速崛起，技术迭代升级不断加速，"四新"经济对技术技能人才素质的要求随之升级，这是职业本科院校产生的根本动力。[④] 职业本科院校围绕国家与区域经济社会发展重点产业领域，面向高端产业和产业高端发展需求，推动教育链、人才链、创新链、产业链深度融合，培育经济发展新动能，加快形成与新质生产力发展需求相适应的人才结构，促进人口红利向人才红利转变。[⑤] 人们工作变动速度加快，但由于职业日益专业化，岗位之间形成并维持着清晰的界线[⑥]，人民群众对高质量职业教育有了更高要求，职业本科满足可以吸引更多劳动者进入职业院校提升专业技能，缓解就业压力，维护社会稳定。其次，职业本科院校能够促进高等教育类型结构合理化，促使高等教育向多元化、实用化的方向发展，尤其是其所关注的校企合作，创新了办学形式，更有利于达成资源共

[①] 崔淑淇，姚聪莉. 本科层次职业教育人才培养的内在逻辑、目标定位与实现路径[J]. 现代教育管理，2023（04）：97–108.

[②] 关晶. 本科层次职业教育的国际经验与我国思考[J]. 教育发展研究，2021，41（03）：52–59.

[③] 廖龙. 本科层次职业教育改革：现状、路径与方向[J]. 中国职业技术教育，2020（25）：24–29.

[④] 石伟平. 稳步发展职业本科教育助推技能社会建设[J]. 国家教育行政学院学报，2021（05）：42–44.

[⑤] 罗校清，李锡辉. 本科层次职业教育试点现状、困境及推进策略[J]. 教育与职业，2022（13）：12–19.

[⑥] Weber M, et al. Economy and Society [M]. Berkeley：University of California Press，1978：231–245.

享、优势互补①，从而推动产业与教育深度融合，丰富技术技能人才的供给类型，建构技术技能人才的生态体系，提高技术技能人才的培养质量，最终助推技能社会的建成②。最后，职业本科院校推动构建中国特色现代职业教育体系，打破职业教育专科学历"天花板"③，打通了职业教育学生的成长通道，有利于提升职业教育吸引力。职业本科教育与职业专科教育同属职业教育类型，但两者也在教育层次、人才培养规格和就业宽度等方面存在明显的不同之处。如在人才培养规格上，职业本科教育为适应解决实际生产过程中复杂技术问题的需要，满足职业岗位对专业技术要求上移的需求，其传授的职业技能综合性更高、技术理论基础性更强，重点培养能综合应用知识和技能完成工作、提升综合解决问题的能力以及具有技术创新思维能力的人才，而职业专科教育则更注重高技能人才的培养，强调熟练性和实践性。

然而，也有部分学者反对举办职业本科院校。首先，从我国高等教育发展历史和现实情况出发，应用型本科院校是培养应用型人才的主阵地，无需另设职业本科院校，否则会造成混淆和重复建设。④ 其次，职业教育应该坚持其职业性和实践性特点，过分追求学历层次的提升，在课程设置、教学方法等方面可能过于注重理论知识的传授，容易造成学术偏移，忽视了职业技能的学习和实践经验的积累。⑤ 再次，职业专科教育仍是现代职业教育体系的主体，职业本科院校与专科高职院校存在生态位竞争，造成了对职业专科教育办学的挤压与挑战⑥。最后，由于部分职业本科院校建校基础较为薄弱且资源汲取能力不强，在师资、经费、配套设施等方面难以为其发展提供支撑保障，导致当前职业本科院校整体办学质量不高、专业设置与区域行业产

---

① 吕玉曼，徐国庆. 从强化到优化：职业教育类型属性确立的实践路径［J］. 现代教育管理，2022（02）：111-118.

② 石伟平. 稳步发展职业本科教育助推技能社会建设［J］. 国家教育行政学院学报，2021（05）：42-44.

③ 曾天山，汤霓，王泽荣. 发展职业本科教育的重要意义、目标定位与实践路径［J］. 中国高等教育，2021（23）：35-37.

④ 徐兰，梅阳寒，王志明. 智能制造新应用场景下现场工程师培养的现实困境与路径优化［J］. 中国职业技术教育，2024（14）：13-21.

⑤ 张学，周鉴. 本科层次职业教育人才培养的定位、逻辑与理路［J］. 中国职业技术教育，2022（18）：39-45.

⑥ 李胜，徐国庆. 职业本科教育发展背景下职业专科教育定位研究［J］. 中国高教研究，2022（02）：102-108.

业发展失配、学校专业（群）定位不明确①等问题较为普遍，没有充分体现行业企业岗位群的人才规格要求。

（三）职业本科教育发展路径研究

由于缺乏相应的理论支撑和政策支持，职业本科院校在实践探索中面临着诸多现实困境，如由办学理念滞后、人才培养模式待升级、基础办学条件匮乏、关键办学要素薄弱、标准制度建设落后②，导致人才培养效果不佳、科技创新能力薄弱、社会服务受众狭窄、国际交流合作渠道不畅通等。

一方面，从办学路径来看，职业本科教育的发展路径和学校来源复杂多样，存在"转型""合作办学""升格""转设"等多种实践形式。2014年5月，《国务院关于加快发展现代职业教育的决定》指出，要"采取试点推动、示范引领等方式，引导一批普通本科高等学校向应用技术类型高等学校转型，重点举办本科职业教育"。这是我国职业本科教育落地实践的首次尝试，但由于研究型和综合性大学长期在高等教育领域中占据主导地位，地方普通本科高校存在"不愿意转"或"转型不彻底"的现象。③ 高职院校与普通本科学校联合试办高职本科专业，以高职院校办学为基础，由高职院校联合普通本科学校共同制定人才培养方案，是我国职业本科教育落地实践的进一步尝试和探索。④ 但由于高职院校没有学位授予权，在人才培养方面受到普通本科学校的制约，难以维持自身的职业特色。《国家职业教育改革实施方案》颁布后，2019年5月，教育部批准了首批15所职业本科试点院校，由高职专科学校升格为职业本科院校。2020年5月15日，教育部办公厅印发了《关于加快推进独立学院转设工作的实施方案》，鼓励各地积极创新，可探索统筹省内高职高专教育资源合并转设，也可因地制宜地提出其他形式合法合规的转设路径。部分独立学院独立转设或与高职专科院校合并转

---

① 宋亚峰. 职业本科院校的专业生态与治理方略［J］. 职教论坛，2023，39（07）：46－55.

② 梁克东. 职业本科教育的实践探索、发展瓶颈与推进策略［J］. 中国高教研究，2021（09）：98－102.

③ 张小敏. 本科层次职业教育的类型基础、质量目标和发展空间——基于三种不同起点职业本科学校的分析［J］. 职教论坛，2021，37（08）：34－39.

④ 王学东，马晓琨. 职业本科高校人才培养定位与体系建设［J］. 教育与职业，2022（05）：21－27.

设为本科层次职业院校。总体来看，职业本科院校办学路径较为多元，但由于升格前的专科高职院校总体上办学基础薄弱、发展滞后，无论在基础设施、社会声誉，还是师资队伍建设、办学质量上都存在较大问题，很难获得公共财政的支持。由独立学院转设或与高职专科合并转设而来的学校，原有的办学惯性较大，难以摆脱路径依赖，往往带有学科化倾向。因此，有学者建议，未来职业本科教育办学形式应该向以下两个方向发展：第一，"自下而上"遴选优秀公办高职升格，因为公办高职专科学校是完全按照职业教育的发展逻辑而举办的高等教育，其内部课程体系、教学模式、社会合作等均已形成完整、成熟的经验，升格为本科院校后，将有助于学校借助更高的平台突破原有发展的瓶颈，同时，内部教学设施设备与外部社会关系条件良好，能够为高层次人才培养提供支撑。① 第二，"自上而下"推动高水平大学举办技术学院，充分利用优质教育资源，提升职业本科教育人才培养的质量，进而提升我国职业教育的社会吸引力和社会声誉。② 还有学者建议，在国家"双高计划"的56所高水平高职学校建设单位中，选择办学条件、优势特色、发展潜力较为突出的学校举办职业技术大学，以打造样板、发挥示范作用③。

另一方面，专业、课程、教学、师资、实践基地等关键办学要素存在较大提升空间，人才培养模式亟待升级。专业是人才培养的重要基石，既应围绕国家和区域经济社会产业发展重点领域，聚焦高端产业和产业高端，也应该与学校办学特色相契合，还应注重中等职业教育、高职专科教育、职业本科教育专业的有机衔接，纵向一体化设计，完善专业动态调整机制④。当前，职业本科院校热衷于开设热门专业，专业设置缺乏前期精准调研，难以与产业链发展完全匹配，特色专业和品牌专业不多，缺少交叉融合创新发展的专业群。同时，课程体系仍然是重理论轻实践，存在"学科化、体系化过重"的问题，课程的开发、结构、衔接，教材形式创新以及教学方法改

---

① 陈思铭，徐康泰，高云裳，等. 我国本科层次职业教育发展：现状、问题与路径 [J]. 中国电化教育，2023（07）：43-50+77.
② 李政. 职业本科教育办学的困境与突破 [J]. 中国高教研究，2021（07）：103-108.
③ 张余，曹晔. "双高计划"学校举办职业本科教育的策略研究 [J]. 职业技术教育，2022，43（12）：14-18.
④ 宋亚峰. 贯通·融通·联通：职业本科院校专业结构的适配逻辑 [J]. 国家教育行政学院学报，2023（06）：78-87.

革等方面依然较为薄弱。① 在师资队伍方面，职业本科教育要求专任教师为实践教学和理论教学并重的"双师型"教师，且具有较强的技术研发能力。② 但当前职业本科院校师资力量总体较为薄弱，普遍存在专职教师数量较少、高级职称比例偏低、高学历人才紧缺、"双师型"教师数量欠缺等问题。③ 实训基地、图书馆、实验室等教学资源较为薄弱，设备有待更新且集成化程度不高，同时存在同类专业重复建设的问题。产教融合的广度、深度、力度还不够，校企合作层次较浅，尚未形成可推广、可复制的产教融合、校企合作模式，职业本科院校在职教集团、现代学徒制、产业学院等产教融合建设项目上取得的实质性进展不突出，实体化项目落实率不高④，在专业人才培养方案制定过程中，面向行业企业的调研还不够系统和深入，与产业升级和技术变革对接不紧密。

学校应根据国家战略性新兴产业和亟需紧缺产业需求，动态调整专业设置，以未来产业发展趋势为导向，进行前瞻性布局，打破专业壁垒，探索专业群建设路径，发挥专业群的协同育人效应。⑤ 职业本科教育人才培养在课程上需要具备与学术教育共同的科学基础，通过赋予专业性内涵，改善公众对职业教育所面向岗位和从业者的看法，提升职业教育的社会地位⑥。采用项目式课程开发方式，构建理实一体化、中高本衔接的一贯制课程体系。继续加强数字资源建设，建立教材更新机制，开发活页式、手册式教材，将典型生产案例添加到教材中。将生产实践过程中真实的情景和任务融入实践教学体系中，健全教学质量评价保证机制，实现对教学基本状态的常态监测。学校应进一步提高师资队伍建设，既要在政策上突破体制机制障碍，改革薪酬绩效体系，完善教师评聘制度，创新校企教师双向流动管理办法，又要多

---

① 宗诚. 职业本科教育发展路径探析 [J]. 高等工程教育研究，2022（06）：141-145.
② 孟庆男. 本科层次职业教育试点探究 [J]. 职教论坛，2021，37（12）：79-85.
③ 阙明坤，张德文，李东泽. 本科层次职业教育的时代之需、现实之结与破解之策 [J]. 职业技术教育，2021，42（24）：7-11.
④ 崔凯，龙绘锦. 职教本科教育的应然价值、意蕴与办学路向探讨 [J]. 职教论坛，2021，37（01）：158-162.
⑤ Ryan R M, Deci E L. Self-determination theory and the facilitation of intrinsic motivation, social development, and well-being [J]. The American Psychologist, 2000, 55 (1): 68-78.
⑥ Sachs J. Teacher professional identity: Competing discourses, competing outcomes [J]. Journal of Education Policy, 2001, 16 (2): 149-161.

渠道、多形式吸引高层次高学历人才和行业企业技术骨干来校任教，持续推进学历提升、能力提升工程，实施教学名师建设工程，优化高水平师资发展空间。① 同时，打造数量充足、教学和科研能力兼备、实践操作和技术创新融合的高水平教师教学创新团队，以保证师资队伍建设的可持续发展。对学校基础设施建设进行统筹规划和合理化布局，确保学校基础设施与办学规模相适应，对实训基地、图书馆、实验室等硬件设施进行系统性提档升级，不断优化实训基地条件，吸引企业联合建设产业学院和协同创新中心、企业工作室、实验室、创新创业基地、实践基地、校外实习基地等，以高效精简为原则，实现校企、院校、专业间的资源共享与优化配置。② 将产教融合、科教融汇融入学校顶层设计中，建立校企命运共同体，围绕产业关键技术、核心工艺和共性问题开展协同创新，机制共筑、资源共建、人才共育、双师共培、科技共研，促进产业学院、科技研发平台、高水平学科专业、实验实训基地等实体化校企合作项目落地见效。创新校企合作育人模式，开展订单培养、现代学徒制培养、现场工程师培养等，深化与行业领军企业、产教融合型企业的合作。同时，行业企业一线技术骨干充分参与专业人才培养方案的制定与实施，以职业能力标准为指引，系统重构人才培养方案、课程体系、教学内容，主动挖掘吸引企业的"磁力点"，赋予企业高质量发展和提高收益的新动能。③

（四）职业本科教育质量评价研究

我国职业本科教育标准体系建设滞后，虽然已出台了《本科层次职业教育专业设置管理办法（试行）》《本科层次职业学校设置标准（试行）》等，但在职业本科教育的评估或评价标准、专业教学标准、课程标准、顶岗实习标准等方面仍是空白，难以发挥标准的质量保障和支持引导作用。④ 职业本科教育教学质量的评估工作亟待改进，宏观层面的质量评估工作由地方政府、第三方机构或学校自身完成，无论是评估标准的科学性、评估方法的

---

① 何为. 职业本科教育：时代价值与策略选择［J］. 教育理论与实践，2021，41（33）：21-24.
②③ 瞿连贵，王丽，王瑞敏. 职业本科教育制度构建的现实挑战与应对策略［J］. 大学教育科学，2023（02）：121-127.
④ 俞林，颜炳乾，周桂瑾. 职业本科教育如何实现"稳中求进"：现实需求、发展定位与行动路径［J］. 职业技术教育，2022，43（12）：19-23.

有效性还是评估效果的影响力都有较大提升空间，无法为职业本科教育办学质量提供动态监控。当前，高等教育评价体系依然延续"精英"高等教育时代的学术性导向，造成职业本科院校学科化倾向十分明显，部分学校为了追求办学规模，对热门专业趋之若鹜，或设立大量职业教育特色不明显的专业，以致专业设置同质化倾向明显。①

为了保障职业本科教育的质量和效益，需要完善其质量保障体系。一方面，构建我国职业本科内部教学质量保障体系，应树立基于产教融合的质量保障理念、建立以学生为中心的质量保障机构、规范相关的教学质量评估标准、构建相关的教学质量保障系统、创新产教融合型内部教学质量保障制度、打造基于产教融合的质量保障文化。② 加强制度标准建设的重点在于事前统筹规划，围绕学校发展规划，科学制定岗位标准、专业设置标准、课程标准、顶岗实习标准、实训教学条件建设标准等。事中实行监测预警和实时改进，完善校企合作制度、教师培养培训制度、教学管理制度、监测预警制度等运行管理类制度。事后做好诊断和改进，健全激励表彰、绩效考核、毕业生跟踪评价制度等激励创新类制度。另一方面，借助信息技术手段加强治理工作的关联性、协同性。职业本科学校要将诊改工作有机融合到日常教育教学与管理中，厘清各部门、各要素、各环节间的联系、相互影响和相互作用，建立支撑深度融合与业务系统互联互通的信息化平台。职业本科学校要借助诊改工作，推进信息技术与教育教学管理等过程深度融合，促进各管理部门打破隔阂，促进决策指挥、质量生成、资源建设、支持服务、监督控制等各类系统衔接，建立信息联动平台，服务数字化校园、智慧学校建设③。

二、职业本科教育国际比较研究

发展职业本科教育，需要借鉴国际典型经验，在此基础上积极探索适合

---

① 江春华. 高质量发展职业本科教育的内涵要义、治理价值与实践进路 [J]. 中国职业技术教育, 2022 (25): 57-61.

② 马卫国. 职业本科内部教学质量保障体系建设刍议 [J]. 中国职业技术教育, 2022 (23): 45-51.

③ 张元宝, 宋瑾瑜, 黄晓赟. 本科职业教育人才培养的实施路径研究 [J]. 职教论坛, 2018 (04): 38-42.

我国国情的职业本科教育发展方向。尽管不同国家受其政治、经济发展背景的影响[1]，拥有不同的教育传统，但主要发达国家均开展了职业本科教育。德国、日本、美国、英国等国家和地区都将完善现代职业教育体系作为增强国家竞争力特别是发展实体经济的战略选择，力求在新一轮国际竞争中建立巩固的、可持续的人才和技术竞争优势。当前我国经济发展的一个基本方向是实现产业升级，即由劳动密集型、资源密集型产业转向技术密集型产业，通过企业技术升级，重点发展高端制造业，即德国、日本等后福特主义发展路径[2]，两国职业本科教育发展模式对我国具有较大的参照价值。

（一）德国模式：以双元制课程为纽带发展职业本科教育

1996 年，应用科技大学和部分综合性大学开始试验"双元制"课程[3]，可以说是德国职业本科教育的首次探索[4]。2000 年，职业院校可以为毕业生颁发学士学位，进一步促进了职业本科教育的发展，但真正从体系上实现职业本科教育的标志性事件则是 2009 年巴登—符腾堡州双元制大学的成立[5]，自此，双元制大学和职业学院成为德国实施职业本科教育的主要场所，通过大学与企业深度合作培养高级应用型人才，普通大学和应用技术大学则提供一些双元制课程。德国本科层次的职业教育不是看学校的层次和类别，而是根据学校是否开展了双元制课程[6]，德国双元制课程主要分为三个类别：培训整合课程、实践整合课程和职业整合课程[7]，均强调了校企双元育人、理

---

[1] Greinert W D. Marktmodell – Schulmodell – Duales System：Grundtypen Formalisierter Berufsbildung [J]. Die Berufsbildende Schule，1988，40（03）：145 – 156.

[2] 徐国庆. 我国二元经济政策与职业教育发展的二元困境——经济社会学的视角 [J]. 教育研究，2019，40（01）：102 – 110.

[3] North D C. The contribution of the new institutional economics to an understanding of the transition problem [J]. WIDER Annual Lectures，1997（01）：1 – 18.

[4] Florini，Ann，Hairong Lai，et al. China Experiments：From Local Innovations to National Reform [J]. Brookings Institution Press，2012，86（04）：896 – 898.

[5] Pilz Matthias. Typologies in Comparative Vocational Education：Existing Models and a New Approach [J]. Vocations and Learning，2016（09）：295 – 314.

[6] Ginosar A. Public-interest institutionalism：A positive perspective on regulation [J]. Administration and Society，2012，46（03）：301 – 317.

[7] Dreyfus H. L，Dreyfus S E. The Ethical Implications of the Five – Stage Model of the Mental Activities Involved in Directed Skill Acquisition [J]. Bulletin of Science Technology & Society，2004，24（03）：251 – 264.

实一体教学模式,而且要获得学士学位,在总学分和实践类学分上都有固定要求。双元制课程由高校和企业共同制定,课程内容紧紧围绕理论与实践,教学计划则是理论与实践交替进行,保障了教学成果转化为企业效能的质量。同时,学生一旦选择双元制课程就意味着与企业签订了合作关系,学习期间在实践环节能以一名企业成员参与学习,并获得薪资报酬,而不是作为旁观者身份进入企业简单实习,有利于学生提前适应工作领域,做好职业生涯规划。德国双元制课程建设和工学结合的人才培养模式为我国职业本科教育提供了可借鉴的范本。

(二) 日本模式:纵向贯通的现代职业教育体系

日本职业教育制度同我国具有较高的相似度,初中后进行普通教育与职业教育分流,可以选择进入普通高中或高等专门学校,其中高等专门学校类似于我国的五年一贯制职业教育。高等专门学校、专门职大学、专门职短期大学以及普通本科大学内设立的专门职学部或学科中实施职业本科教育[①],培养复合型岗位领域的创造性技术人才。不同的学校类型在职业教育的定位与生源上存在差异,高等专门学校的毕业生主要是进入本系列的专攻科继续深造,而普通高中毕业生则进入短期大学和专门学校接受高等职业教育,但两条路径最终又都可以汇入技术科学大学接受更高层次的职业教育。1982年,技术科学大学培养出第一批职业教育(专业型)硕士研究生,1986年开始招收博士研究生,建立起纵向贯通的现代职业教育体系。

德国、日本职业教育以企业高度参与为突出特征,职业本科教育的发展水平与其后福特主义产业形态相匹配,即通过提高产品的技能含量,生产个性化、高品质的工业品,对经济发展起到很好的支撑作用,这成为我国职业本科教育发展的样板。在工程技术人才持续分化的发展趋势下,美国普渡大学于1876年建立了培养工程师的工程学院(College of Engineering),1964年建立了培养专业技术师的技术学院(College of Technology)[②],以项目建设

[①] Young M. National Qualifications Frameworks as a Global Phenomeron [J]. Journal of Education and Work, 2003, 16 (03): 223 – 237.

[②] Zirkle C. A qualitative analysis of high school level vocational education in the United States – Three decades of positive change [J]. Vocational Education and Training in Times of Economic Crisis, 2017 (24): 321 – 337.

为依托,在专业建设、课程改革、师资队伍等方面密切合作①,实现资源共享和优化配置,这为我国依托高水平大学发展职业教育提供了一定的借鉴意义。20 世纪 80~90 年代,英国首先出现国家资历框架概念,针对当时各种职业证书标准混乱的情况,以期建立一种统一的国家证书认证体系,明确标准,使各类职业教育、培训、普通教育证书可以比较、转换和排序。② 英国传统的高等教育体系是双重制,多科技术学院实施高等职业教育,1992 年颁布了《继续和高等教育法案》后,部分多科技术学院升格为大学,成为本科层次职业教育的主要机构,但部分学校性质逐步向学术研究型大学靠拢,出现了"学术漂移"现象,我国应吸取教训,促进高等学校科学定位、各安其位、内涵发展、办出特色。

三、职业本科院校专业适配性研究

目前,我国经济正处于高质量发展阶段,经济增长离不开产业的快速发展。产业发展是经济发展的基础,是国家经济发展的重要支柱。在智能化时代的大背景下,传统的手工业逐渐被机器工业取代,产业形态和产业结构也随之发生变化。人是产业发展的原动力,产业的转型升级离不开相关技术技能人才的推动,因此,职业教育作为最贴近经济转型与产业变革的教育类型,其发展势必会受到经济形态变化的影响(匡瑛,2022)③。

(1)职业本科院校专业结构适配的理论基础研究。适配理论(Fit)最早起源于种群生态学模型和情境理论(Dawis,1993;Benito,2006),经过长期发展,在经济学、管理学、教育学等领域得到了广泛运用(Roberts,2000;Richard,2013),其核心要义在于促进系统要素不断实现高水平的适配(William,2010),反过来,较高水平的适配又会促使系统效力得到显著提升(刘晓,2020;李胜,2022)。21 世纪以来,特别是 2010 年后,适配

---

① Kaikkonen D, Quarles C. The effect on earnings of the applied baccalaureate degree [J]. Community College Review, 2018 (04): 347-367.

② Singh M. National Qualifications Frameworks (NQF) and support for alternative transition routes for young people [J]. Vocational Education and Training in Times of Economic Crisis, 2016 (24): 3-23.

③ 匡瑛,邓卓,朱正茹."升格冲动"抑或"应时之需":职业本科发展之辩 [J]. 中国职业技术教育,2022 (03): 5-11.

理论被应用于职业教育领域中，主要探究专业设置和产业结构的耦合匹配问题（祁占勇，2020；陆春阳，2020；韩永强，2019）。

（2）职业本科院校专业结构适配的技术逻辑研究。相关研究认为，职业本科教育属于本科水平的工程技术类和复杂技能类教育（Foechek，1960），职教本科专业是职业教育延伸到本科层次的结果（徐国庆，2020；李政，2021），因劳动和技术复杂性程度上升而生，是对真实社会职业群或岗位群所需要的共同知识、技能和能力的科学编码（Rauner，1988；姜大源，2002）。职教本科专业的起点是职业和工作，遵循工作体系的逻辑（匡瑛，2021；鄢彩玲，2021）。专业结构适配性的提升有其内在技术逻辑，技术知识的独立性与形成过程的复杂性决定了职业本科院校专业结构适配模式的多元性（潘海生，2020；张小敏，2021）。

（3）技术迭代、产业结构升级与职业本科院校专业结构动态适配研究。定位学派（Porter）、环境学派（Hannan and Freeman）等都认为，外部环境是主导适配的核心要素。生产过程智能化、产业技术高级化、产品服务定制化使得新技术、新业态、新岗位和新职业不断出现（徐国庆，2016；关晶，2021），技术知识的广度、深度和经验取向也进一步拓展（赵志群，2019；石伟平，2021）。技术的迭代升级必然引起职业本科院校专业结构与产业结构适配方式的变迁（庄西真，2021；杨欣斌，2022）。职业本科教育专业布局要适应技术的迭代与产业转型升级的需求，围绕国家和区域主导产业、支柱产业和战略性新兴产业（朱德全，2022；陈鹏，2021），聚焦高端产业和产业高端两个高端进行优化调整（吴学敏，2021；王博，2021）。职业本科院校需要在外部产业转型升级驱动下科学布局不同层次、不同类型的专业，不断牵引本科职业教育人才培养体系的设计与构建（邢晖，2021；沙鑫美，2021；马东霄，2021）。

（一）职业本科院校专业结构变化的动力研究

职业本科院校内发生专业结构的变化，主要是由于院校外部或内部发展变化中的一些动力驱动的原因。因此，专业结构变化动因的研究成为学者们研究的重点，在开展相关问题研究之初都会对专业结构变化的动因进行研究。通过对已有学者的文献分析，主要原因分为产业升级的外在动力和院校内部的内在需求推动方面。

外在动力方面,产业升级和革新的外在需求。职业本科区别于普通本科和应用型本科的根本点在于,职业本科强调的是专业性,专业设置、专业发展始终以产业需求、产业变动为导向。根据《2021中国制造强国发展指数报告》中的数据,2020年,中国制造强国发展指数高达116.02,比2015年增长了9.68%。制造业总体趋势稳中向好,中国能够在2025年迈入制造强国行列[1]。由此可见,我国产业高端和高端产业的发展迅猛,新兴产业智能化和高度数字化的趋势明显。以数字化、智能化、信息化为典型特征的先进制造业成为新一轮科技革命下的经济增长点。在先进制造业如火如荼的发展过程中,智能化的生产过程、高级化的产业技术、定制化的产品服务使得新技术、新业态、新岗位和新职业不断出现[2]。产业对技术人才的岗位能力需求也从制造、装配等具体的岗位技能变为精益制造、交互定制、虚拟仿真、数字化模型等创新技能。各种新型的生产方式也迫切需要具备创新思维和跨岗位协作能力的复合型人才[3]。且根据人力资源和社会保障部公布的2021年《百城市公共就业服务机构市场供求状况分析报告》显示,我国就业市场对高级技师、技师、高级技能人员的用人需求较高,缺口较大。为扭转当前技能人才与产业需求不匹配的局面,需提高高端复合型人才比重,改善当前技能劳动力人才队伍的"金字塔"结构,培养符合产业需求的复合型人才[4]。随着产业转型升级对技术技能人才需求层次的上移,这些综合性强、具备复合能力的人才显然是传统的三年制专科层次高等职业教育培养不出来的,只有依托优质高职教育资源发展四年制职业本科教育对人才开展长学制培养,才能实现人才培养规格和标准的提高[5]。因此,职业本科教育培养的人才必须要适应这种产业

---

[1] 邓聪. 我国将在2025年迈入世界制造强国第二阵列[N]. 人民邮电, 2022-03-24 (007).
[2] 徐国庆. 智能化时代职业教育人才培养模式的根本转型[J]. 教育研究, 2016, 37 (03): 72-78.
[3] 张余, 曹晔. "双高计划"学校举办职业本科教育的策略研究[J]. 职业技术教育, 2022, 43 (12): 14-18.
[4] 何超萍. 合并转设背景下职业本科高质量发展的应然价值、现实问题与推进策略[J]. 教育与职业, 2023 (04): 64-69.
[5] 王学东, 马晓琨. 职业本科高校人才培养定位与体系建设[J]. 教育与职业, 2022 (05): 21-27.

高层次化、产业链现代化的各种各样的需求，聚焦于高端产业设置新型专业，依托原有的专业优势积极拓展新的专业方向，以区域产业的发展与变化为引导，对专业设置进行动态调整①。通过专业结构的改进优化、专业特色的深入挖掘，应对产业链和创新链的变革趋势，以鲜明的专业特色和高移的人才培养水平来应对技术发展趋势和战略性新兴产业、高端高新产业市场需求②。

内在需求推动方面，职业本科院校的内在需求。马克思在《关于费尔巴哈的提纲》一文中指出，哲学家们只是用不同的方式解释世界，而问题在于改变世界③。在马克思主义理论中，解释世界和改变世界是人类社会的两种基本活动。解释世界的人通过观察社会中事物发展和大自然的规律来认识世界，改变世界的人则按照自己的需求利用已知的规律来实践性地改造世界。"学术型"或"研究型"人才就是通过观察总结现实规律来探究认识世界的人。改造世界的人则一般称之为"应用型"或"技术技能型"人才。职业本科教育是职业教育的进一步延续和深化。培养的是具有较强专业能力、创新能力、方法能力、组织领导能力、可持续发展能力和综合职业素养的高层次技术技能人才，即通过应用各种规律来改造世界的人④。但是本科层次职业院校作为新兴事物还没有成熟的发展路径，因此，在自身的专业设置方面还存在很多的问题亟待解决。

首先，职业本科院校极易直接沿用原有高职专科教育的办学模式，将职业本科办成"四年制专科"⑤，然而相较于培养一线技术人员的高职专科而言，职业本科人才培养更加突出复合型，主要培养具有较为宽广的知识面、扎实的理论基础、良好的技术创新能力、较强的工程实践能力和较高的综合

---

① 潘海生. 稳步发展职业本科教育的关键问题与可为路向 [J]. 江苏高职教育，2023，23 (03)：7-10.

② 张学，周鉴. 本科层次职业教育人才培养的定位、逻辑与理路 [J]. 中国职业技术教育，2022 (18)：39-45.

③ 中共中央马克思恩格斯列宁斯大林著作编译局. 马克思恩格斯文集（第一卷）[M]. 北京：人民出版社，2009：506.

④ 杨欣斌. 职业本科教育人才培养模式的思考与探索 [J]. 高等工程教育研究，2022 (01)：127-133.

⑤ 王兴，阚明坤. 场域理论视域下职业本科发展的现实困境与实践路径 [J]. 职业技术教育，2021，42 (31)：20-26.

素质的现场工程师①。因此，在专业设置方面不能一味地沿用原有的专科专业，而不作出改变，应厘清职业本科人才培养在专业技能上要高于专科高职，在知识水平上要达到本科层次要求的深刻内涵，不断丰富职业本科教育的实践和理论②。其次，在专业设置方面盲目复制普通本科，贪大求全，追逐热门专业，同质化现象严重，从而导致人才培养定位不清、培养质量不高等问题③。最后，有的学者提出，目前职业本科专业设置主要基于"学校优势专科专业"和"产业发展急需专业"，缺乏以学科为主线的思路设置专业，导致专业涉及学科门类多、范围广，师资力量无法集中，学科体系不够完整，课程设置不够灵活等问题④。且在本科层次职业教育培养人才的规划中多次涉及，我们必须立足生产建设管理服务第一线，为区域经济社会发展培养高素质技术技能人才，为技术进步和产品升级服务，这对职业本科教育人才培养提出了较高的要求，而专业结构是人才培养的载体和具体的实践单位⑤。因此，为满足社会对职业本科人才的需求，完成高规格的技术技能人才培养目标，职业本科院校要自觉地提高自身办学层次，优化职业教育本科专业建设标准，明晰职业教育本科专业应具备的职业性、应用性和学术性的特征⑥，从根本上通过设置匹配型、特色型、优质型职业本科专业，为塑造职业本科教育良好的教育品牌奠定基础，解决目前职业本科专业存在的职业适切性不足、知识独创性不足、主体适应性不足等问题⑦。这不仅有助于服务社会经济发展的需求，还有助于构建具有纵向贯通性、凸显职业性的专业

---

① 包丽丽，邹吉权. 本科层次职业教育现场工程师的基本内涵、类型定位及培养路径［J］. 职业技术教育，2023，44（26）：12-16.

② 任锁平，和震，唐振华. 稳步发展职业本科教育的关键考量［J］. 中国职业技术教育，2023（07）：48-55.

③ 曾天山，陆宇正. 面向现场工程师培养的职业本科专业设置：助推逻辑与优化方位［J］. 国家教育行政学院学报，2023（07）：58-68.

④ 罗校清. 职业本科推进科教融汇的现状、核心价值及路径设计［J］. 职业技术教育，2023，44（13）：19-24.

⑤ 周建松. 稳步发展职业本科教育的思考与实践［J］. 中国高等教育，2021（Z2）：67-69.

⑥ 郝建，于扬，牛彦飞. 职业教育本科专业建设的内涵、特征与基本路向［J］. 教育与职业，2022（08）：50-54.

⑦ 魏伟，杜梦菲. 职业本科专业教材建设的理论建构与实践探索［J］. 教育与职业，2022（13）：76-83.

目录衔接体系，打通职业教育人才系统培养路径①。

（二）职业院校与产业结构之间的双向影响研究

产业发展变化和职业院校专业结构变化是相互影响的动态变化过程，职业院校能够为当地产业发展提供所需的技术技能人才、技术、职业培训等。同时，当地产业企业能够为职业院校提供其发展所需要的资金、设备、场地等各类资源。学者们主要从以下三个方面展开研究。

第一个方面是专业结构变化对产业发展的影响研究。部分学者认为，高职院校作为区域技术技能人才的重要集聚地，会通过优化专业设置，来引导地方产业结构由劳动密集型向技术资金密集型产业演进，从而促进产业的效能提升②。为了用数据验证职业教育对产业发展的影响，通过对重庆大量实地调研基础上的实证研究得出，职业教育发展在产业发展过程中发挥着正向作用③。通过以宁夏回族自治区为案例研究，验证了专业结构调整在产业结构转型升级过程中的促进作用④。

第二个方面是产业升级对专业结构调整优化的影响研究。战略性新兴产业代表着新一轮产业变革的方向，这类企业知识技术密集，对技术技能人才培养提出了新的要求。有的学者通过对上海的战略性新兴产业调研发现，未来新兴企业对本科学历层次技术技能人才的需求将逐步增长，对人才技术知识形成过程的复杂性要求不断提高⑤。为了助力新兴产业的工人队伍建设，学者们提出要进一步明确职教本科人才培养定位，优化职业本科教育专业布局，寻找适合发展职业本科教育的专业⑥。有的学者选择根据某个特定区域

---

① 匡瑛，李琪. 此本科非彼本科：职业本科本质论及其发展策略［J］. 教育发展研究，2021，41（03）：45-51.

② 金雁，邱吉. 基于区域产业结构背景下的高职院校专业建设［J］. 黑龙江高教研究，2012，30（08）：111-113.

③ 温涛，彭智勇，许洪斌，宋乃庆. 教育对经济发展的贡献测度：重庆的证据［J］. 改革，2009（05）：81-87.

④ 许洁. 职业教育与产业结构调整对接研究——以宁夏回族自治区为例［J］. 宁夏社会科学，2014（05）：158-163.

⑤ 周英文. 产业升级到底给职业教育带来什么影响——基于上海市战略性新兴产业的实证分析［J］. 职业技术教育，2021，42（36）：63-67.

⑥ 刘晓，钱鉴楠. 技能型社会下产业工人队伍建设与职业教育使命担当［J］. 中国职业技术教育，2021（33）：5-10.

产业发展，提出职业本科专业建设可能出现的问题和应该采取的举措等。比如，面对珠三角核心区产业发展高端化，职业本科专业建设要注重职业性、高层次和特色化，加强课程、队伍、标准、研发、保障、交流举措等①。为了具体探究产业升级对职业教育专业结构的影响，很早之前就有学者通过研究浙江省个案，提出产业结构和就业结构的改变推动职业教育专业结构的调整和层次提升②。接着有学者通过分析发现，有的地方职业院校的专业结构无法满足区域产业结构发展的需求，根据现实发展情况，建议通过加大资金投入、建立信息资源互动平台等方式提升专业结构与产业需求适配的程度③。由此发现，职业教育专业设置与区域产业发展之间很容易存在结构不匹配、人才培养质量达不到社会要求等矛盾，合理地解决这些矛盾就显得至关重要。

  第三个方面是产业发展和专业结构之间的协同性、耦合性、适配性研究。由于职业本科院校出现的较晚，已有的研究文献分析的都是产业发展与高职院校专业结构的协同性，可以给职业本科的研究提供参考和借鉴。专业结构和产业结构之间的适配度是影响高等职业教育高质量发展的重要因素，合理的专业结构设置可以优化区域人才供给结构和质量，为增强产业核心竞争力提供有力支撑④。因此，产业发展和专业结构协同性研究就显得格外重要。部分学者通过对个别省份的数据进行实证分析，借此展开高职教育专业结构调整与产业结构演进的研究。普遍发现，高职教育专业结构调整落后于产业结构、专业设置，与地方产业结构的适应性不强，专业设置匹配度失衡，高职院校的专业设置和布点结构与区域三次产业的内部行业结构契合度不足，教学资源建设很难追上新兴产业发展的步伐、人才培养质量难以满足现代产业高质量发展和产业转型的需求

---

  ① 高军. 面向珠三角核心区产业发展高端化的职业本科专业建设研究 [J]. 教育与职业, 2022 (08): 65-68.

  ② 高耀明. 职业教育与经济发展关系研究——对浙江省嘉兴市的个案分析 [J]. 高等教育研究, 2000 (03): 89-93.

  ③ 王焕成. 常州高职院校专业设置与产业结构对接的策略 [J]. 职业技术教育, 2013, 34 (29): 22-24.

  ④ 唐军, 闫志龙, 范兆媛, 等. "双高计划"背景下高职教育专业结构与区域产业结构适配度研究——以江苏省为例 [J]. 职业技术教育, 2022, 43 (08): 12-16.

等问题①②③。建议提高人才供给总量与产业发展的人才需求匹配度，构建专业动态调整机制，确保专业结构与产业结构相匹配，对标战略性支柱产业集群，巩固提升重点专业，对标战略性新兴产业，增加设置新专业集群。坚持区域错位发展，对接地方产业群，打造特色专业群，给予制度保障和政策激励，建立政府主导的产教融合机制等④⑤。

研究者们探究产业结构和专业结构之间的实证分析方法，包括吻合度分析、回归分析、耦合协调度模型、相关分析、专业结构偏离度分析等。学者们采用吻合度分析模型，对不同省份的职业教育专业结构与产业结构的发展状况进行数学比较和分析，计算出其吻合度，并判断其吻合程度类型：强吻合、中吻合、弱吻合和不吻合。最后提出提高职业教育专业结构与产业结构吻合度的路径⑥⑦。有的学者通过对湖南省三次产业结构和高职院校对应大类毕业生规模进行回归分析发现，湖南省高职专业结构与产业结构的契合度存在一定差异，服务第一产业、第二产业的专业大类毕业生人数不足，推进高职院校专业点设置供给侧改革迫在眉睫⑧。部分学者运用耦合协调度模型测算了特定省份或全国职业教育专业系统和产业系统在某个时间序列上的耦合协调度，并根据耦合协调度判断不同省份的耦合类型。借此提出，高职专业群系统与产业系统只有在同频共振良性互动的高水平耦合条件下，才能实

---

① 杜宇虹．高质量发展背景下湖北省高职教育专业结构调整与产业结构演进协同发展研究［J］．教育与职业，2023（14）：97-102．

② 刘夏，陈磊．高职院校专业设置与产业结构适应性研究——基于海南14所高职院校的实证研究［J］．职业技术教育，2022，43（35）：33-39．

③ 李春鹏．职业教育专业结构与区域产业结构适应性研究——以广西壮族自治区为例［J］．职业技术教育，2022，43（20）：6-10．

④ 林少芸．广东高职院校专业设置与产业结构的适配性研究［J］．教育与职业，2022（11）：46-50．

⑤ 陈基纯，王枫．产教融合视域下粤港澳大湾区高职教育专业设置与区域产业结构契合性研究［J］．教育与职业，2021（17）：34-39．

⑥ 刘艳，魏秋羽，许建民，等．基于适应性的农业高等职业教育专业结构与产业结构吻合度实证研究——以江苏省为例［J］．中国职业技术教育，2023（09）：91-96．

⑦ 陈春霞，王墨莼，臧志军．职业教育专业结构与产业结构吻合度研究［J］．当代职业教育，2021（04）：35-43．

⑧ 潘海燕，杨璇．基于产业结构演进的高职专业结构与区域产业结构适配性研究——以湖南省为例［J］．职业技术教育，2023，44（02）：12-17．

现系统双方的互利共生与协同发展①②。除了较为复杂的数学模型外，有的学者通过简单的相关系数计算，进行产业结构和专业结构适配性分析、产业结构和就业结构适配性分析、专业就业相关度分析，借此阐以存量结构调整方式、优化专业，以专业课程结构优化提升专业等高职高专专业结构优化提升策略③；或者运用结构偏离度模型，分析高职专业与产业适配性，从而发现专产适配过程中存在的一些问题和不足，在落实政策、资源布局和校企合作方面提出优化策略④。

国外有关本科层次职业教育专业结构的研究涉之甚少，这是由于"本科层次职业教育专业结构"是我国在新形势下发展形成的特有概念，在国外没有同样的表述。虽然国外也有类似的研究，但是和我国的本科层次职业教育的发展还是存在根本区别。国外的职业教育发展得较早，职业教育体系也比我国更加完善，因此，国外的相关研究在一定程度上对我国本科层次职业教育专业结构发展具有借鉴作用，可以参照国外类似高校的专业结构变化来探究我国的问题。本书主要选取职业教育发展较为完善的德国、美国、加拿大、澳大利亚等。

各国职业本科院校的专业结构变化的原因主要分为内部需求和外部推动。职业本科院校内部为了提高人才培养质量会自觉进行专业结构优化。在产业需求发生变化时，职业本科院校会随着市场需求的变动对产业结构进行灵活更新和调整，保证专业设置可以拉近职业本科院校教育教学与劳动力市场需求的距离，更好地服务社会经济的需要。

（三）国外职业院校与产业系统互动案例研究

德国所有的资源和职业教育中的专业设置受到市场的约束，即职业教育

---

① 蒋建峰，张运嵩. 江苏省高职专业群设置与产业结构的耦合实证研究 [J]. 职业技术教育，2023，44（23）：36-41.
② 宋亚峰，许钟元. 高职专业群系统与区域产业系统的耦合关系及时空差异 [J]. 中国职业技术教育，2022（27）：53-61.
③ 沈陆娟. 供给侧改革背景下高职专业结构与产业结构的适配分析——以浙江省为例 [J]. 职业技术教育，2017，38（17）：25-30.
④ 桂德怀. 高质量发展视域下高职院校专业与产业适配性考量与优化——以江苏省为例 [J]. 中国职业技术教育，2023（32）：42-49.

应该面向市场并追随市场。在德国的市场经济中,科学技术的进步和生产力的发展都会引起产业结构变化,产业结构的变化又将引起行业结构和职业岗位结构变化,然后通过劳动力市场的需求情况反馈给职业院校,这一链条体现了专业设置与市场之间的内在关系[①]。德国的很多企业通过参与双元制专业建设,更好地衔接员工培训和大学教育,从而更有效地培养未来员工[②]。美国在专业设置上能紧密与社区经济发展相结合。职业教育专业设置以职业岗位群为依据,企业全程参与学校专业建设工作,其课程教学内容按行业实际需求量身打造[③]。美国会根据市场的需求灵活地对专业进行调整,强调跨学科专业的重要性,形成"职业—课程—专业"的发展模式,专业设置具有前瞻性和灵活性[④]。且在专业设置方面,美国本科层次的应用技术教育着眼于学生的兴趣和特长进行设置和调整专业,注重培养学生的能力和重视专业技能的掌握和运用[⑤]。加拿大的职业教育的专业设置有着非常严格的流程,加拿大的职业院校会根据企业需求调整专业设置,保证专业结构和企业的匹配度,使专业可以精准对接产业需要,满足社会需求,使学生和企业的满意度较高[⑥]且职业教育学院和外界行业联系紧密,专业课程设置和教材制定都由行业企业专家和高校教师共同编制,每 3 年审核并更新一次,极大程度地保障了职业教育专业结构的合理性和先进性[⑦]。澳大利亚 TAFE 学院的行业主导的办学机制是其可持续发展的秘密武器。TAFE 学院的专业选择是

[①] Stefan Hummelsheim, Michaela Baur. The German dual system of initial vocational education and training and its potential for transfer to Asia [J]. Prospects, 2014 (44): 279 – 296.

[②] Krone S. Dual Studieren im Blick Entstehungsbedingungen, Interessenlagen und Umsetzungserfahrungen in dualen Studiengängen [M]. Wiesbaden: Springer Fachmedien Wiesbaden, 2015: 62, 74, 116, 228 – 233, 247 – 262.

[③] Aliye Menevse, Emir Yapici. An Investigation of the Opinions of the Students of Physical Education and Sports on Vocational Education: The Cases of America and Turkey Universities [J]. Universal Journal of Educational Research, 2018 (06): 2426 – 2437.

[④] H. W. Chase. The Social Responsibility of the State University [J]. Journal of Social Forces, 1923 (5): 33.

[⑤] John Harold Wilson. The Educator and the State University. The Abdication of Responsibility [J]. The Journal of Higher Education, 1960 (05): 31.

[⑥] Shiva Nourpanah. Drive – By Education: The Role of Vocational Courses in the Migration Projects of Foreign Nurses in Canada [J]. Journal of International Migration and Integration, 2019 (20): 995 – 1011.

[⑦] Yuliana Lavrysh. Transformative Learning as a Factor of Lifelong Learning by the Example of Vocational Education in Canada [J]. Comparative Professional Pedagogy, 2016 (05): 62 – 67.

根据真实的市场需求决定的，行业需要什么类型的人才，学校就开设与之对应的专业，岗位需要什么能力，TAFE 就开设与之对应的课程。TAFE 学院会定期调整其课程配置和交付方法，以预测和应对这些变化，确保满足未来的行业需求①。

内在动力方面，主要是职业本科院校的内在需求。德国的应用科学大学在进行专业建设时，以职业分析为导向，多主体参与，内部结构多样化，申报程序规范化，严格遵循专业设置标准，且专业标准不是孤立的，而是融合在教育标准、评估标准开发过程中的，高职专业设置必须根据职业培训计划进行，德国政府能够积极干预高等职业教育专业设置并适时作出调整②。美国的高等职业教育专业设置和德国的双元制职业教育类似，同样具备实用性和主体多元性。其职业院校进行专业结构调整主要源于学校自身的调查、媒体中介的间接反馈和工商企业界的直接提供，因此，其信息资源具有一定开放性③。加拿大的高职院校一般都设有董事会，董事会由社区内不同阶层、不同行业人士组成，有的是政府官员，有的是行业会长，有的是银行、商行、公司的总裁，还有学校的有关人员，董事会决定学院的办学与发展。专业设置工作由各学院的专业设置办公室负责组织并实施，其中具体实施人员包括教员、教学设计者、专业设置人员、学术领导人、现场专家④。严格按照流程进行专业设置可以提升专业设置调整的导向性，更好地提升职业本科院校的人才培养质量⑤。

综上，相对而言，国外对高职院校专业设置的研究较早，实践经验比较成熟，代表性的有德国"双元制"，明显体现了专业结构随产业结构的演进

---

① Brian Knight, Peter Mlotkowski. An overview of vocational education and training in Australia and its links to the labour market [R]. Adelaide: NCVER, 2009.

② Stefan Hummelsheim, Michaela Baur. The German dual system of initial vocational education and training and its potential for transfer to Asia [J]. Prospects, 2016 (44): 279 - 296.

③ Malcolm Thorburn. Progressive education parallels? A critical comparison of early 20th century America and early 21st century Scotland [J]. International Journal of Educational Research, 2018 (89): 103 - 109.

④ Antje Barabasch, Bonnie Watt - Malcolm. Teacher preparation for vocational education and training in Germany: a potential model for Canada [J]. Compare: A Journal of Comparative and International Education, 2013 (43): 155 - 183.

⑤ Tony Gremand. Vocational education in Canada [J]. Journal of Vocational Education & Training, 2017 (69): 282 - 285.

进行调整，美国社区学院、加拿大的职业学院、澳大利亚的 TAFE 学院的专业设置也紧密与社会经济相连，发达国家专业建设对我国职业本科专业设置有较大的借鉴意义。

四、已有研究的评价与反思

综合已有文献发现，已有研究均肯定职业教育的专业结构和产业结构之间有一定的关系。产业结构变化会带动专业结构调整，同样专业结构变化也会对提升产业效能，促进产业高质量发展有一定的正向影响。从关于职业本科专业结构与产业结构适配性提升的相关研究来看，由于职业本科出现的时间较短，已有研究大多针对区域内专科高职专业与区域产业匹配情况进行研究。判断职业教育专业与当地产业的匹配性情况时，学者们大多通过测算专业结构与产业结构的结构偏离度、吻合度、线性相关系数、耦合协调度来衡量两者之间的适配程度。相关研究认为，目前的职业教育专业和区域产业之间的适配性均存在较大的提升空间，在适配过程中存在专业结构调整滞后于产业发展且专业设置趋同性较重，缺乏区域特色等问题。总体而言，现有研究主要聚焦于专科层次高职专业与产业结构之间适配性的探讨，其分析视角多局限于专业与所在区域整体产业结构的适配程度，而并未关注稳步发展职业本科的背景下，作为职业教育最高层次的职业本科与产业结构之间的关系。因此，为探究我国职业本科院校专业与区域产业的适配程度，本书通过对全国现有的职业本科院校专业结构与产业结构适配情况的测算，整体评估并诊断出目前适配的基本现状以及存在的主要问题，进而依据适配结果探讨职业本科院校专业应当如何更好地适配产业高级化发展，以期更好地提升其适配度，培养更多创新型复合型技术技能人才，助推中国式现代化向纵深推进。

职业教育专业与专业群的建设问题一直都是职教学者关注的重点领域，尤其是在 2019 年教育部、财政部出台了《关于实施中国特色高水平高职学校和专业建设计划的意见》之后，专业群研究更是成为职业教育研究领域的热点话题。目前，学者对其的研究主要集中于高职院校专业群的概念界定、建设意义和建设路径等方面。职业本科院校作为中国特色职业教育改革

第一章 绪 论

发展的新探索,由于起步较晚,国内研究中对其专业及专业群建设研究的相关文献并不多,现有研究,从研究对象来看,主要聚焦于高等职业院校专业群形成情况的研究,对于职业本科院校专业群组建模式研究较少;从研究方法来看,主要集中在某一高职院校某一专业群组建方式的单案例研究中,对于不同地区职业本科院校中不同的专业群组建方式的多案例研究相对较少。从研究内容来看,现有专业群的相关研究着重强调产业需求,强调产业链与专业群的对接,对职业本科院校内专业选择、专业群与专业群之间的关系,专业群与外部生态系统协同作用研究不足。

在对国外职业教育研究相关文献进行梳理后发现,外国的职业教育非常重视专业群与产业链之间的联系,教育职业均产生于社会职业中,这些教育职业均是从社会职业中筛选产生的具有较高的社会需求,从事这些职业的人需要取得相关职业培训资格证书才能从业。在这种模式下,职业院校培养的人才可以很好地满足产业生产发展的需求,同时满足学生毕业即就业的需要。我国在进行专业群建设时也要注意专业群与产业链的对接,国外教育职业的内容既有相对稳定的基础层次,也有随着产业变化和企业需求进行调整的动态层次,可以根据专业自身特点与企业实践要求设置灵活多样的专业结构。国外职业教育国家教育标准以职业能力为基础,制定机构职责明确,制定过程严格明确,形成了各级标准统一贯通的专业教育标准实施路径,其职业标准不是独立开发的,一般与教育和评估标准相结合,是融合在教育标准和评估标准开发过程之中的。

总体来说,当前职业本科专业适配相关研究主要强调外部产业需求驱动下的适配发展,忽视从院校层面整体把握本科专业与专科专业、中职专业的纵向一体化贯通适配,普通本科专业与职业本科专业之间的同层次横向融通适配,职业本科专业与产业链的外向耦合联通适配。职业本科院校层面专业结构的适配性研究还缺乏逻辑上的推演、理论上的阐释和系统性的设计。因此,需要加强以下三个方面的研究:(1)基于适配理论视角,系统建构纵向贯通、横向融通和外向联通的职业本科院校专业结构适配性理论分析框架;(2)基于实证分析科学测算现有专业结构的适配程度、适配影响因素、适配模式与机理;(3)从院校专业结构优化层面来看,为稳步发展职业本科教育提供了对策建议。

第三节 核心概念界定

为清晰界定职业本科院校专业结构适配性研究的各构成要素的内涵，本节对职业本科院校、专业结构以及产业结构等范畴进行详尽阐述，以廓清概念边界，为后续科学地构建适配性模型以及有序开展数据测算等研究环节提供了坚实的基础和有力的支撑。

一、职业本科院校

职业本科院校是本科学历教育层次职业院校的简称，是全日制本科的一种，是职业教育体系向上延伸的结果。职业本科院校人才培养的目标是培养具备扎实理论基础和较强精专能力、跨岗位复合能力的高层次技术技能人才，其中的"高层次"区别于普通高等教育学术层次的"高"，这里的高层次指的是技能水平更为高端、技能领域更为综合、技能迭代更为频繁、心智技能成分更高。从名称上来看，职业本科院校既具备了职业性的基本特征，又具备了本科这个学历教育层次。职业本科院校的职业定向性、技术应用性和实践优先性相统一的文化基因是区别于其他类型大学的根本所在。

职业本科院校即本科层次的高等职业院校，是职业教育体系内部向上延伸到本科层次的结果。在数字化、智能化核心技术不断取得创新突破的时代背景下，我国经济结构调整和产业转型升级速度加快，柔性化、定制化生产方式对技术技能人才需求层次不断高移，需要兼具扎实的理论基础、熟练的技术技能、良好的职业素养和深厚的人文底蕴，并能在复杂的问题情境中创造性地解决实践难题的复合型人力资源支撑。高职专科和普通本科已无法满足实际需求，因此，职业本科院校应运而生，规模不断扩大。2019年，《国家职业教育改革实施方案》提出了"开展本科层次职业教育试点"，同年5月，教育部批准了我国首批15所职业本科试点院校，截至2024年5月，全国已建成51所职业本科院校。职业本科院校形成途径和办学性质多元，包括民办高职专科升格、公办高职专科升格、独立学院单独转设、独立学院与高职专科合并转设等多种路径，其中，28 所为公办院校，23 所为民办院校。职业本科院校聚焦高端产业和产业高端，以创新型、复合型高素质技术技能人才为培养目标，是巩固职业教育类型定位、构建中国特色现代职业教育体系的重要抓手，是优化高等教育结构、满足人民群众对高质量职业教育需求的创新举措，是赋能教育强国建设、助推新质生产力提升、支撑中国式现代化向纵深推进的关键一招。

我国虽然现有 51 所职业本科学校，但其中 10 余所职业本科院校于 2024 年 6 月才成立，其职业本科专业均处于新设立阶段，建设与发展周期较短，并没有经历长期的专业建设和布局优化过程积淀，鉴于此，为确保研究的实践意义和研究价值，本书特选取已历经 2～3 年专业建设周期、专业布局相对成熟稳定的 32 所职业本科院校作为研究对象。它们的形成路径分为以下四种：民办专科高职升格为职业本科院校、公办专科高职升格为职业本科院校、独立学院单独转设为职业本科院校、独立学院合并转设为职业本科院校。

二、专业结构

专业结构可以将专业和结构拆开来理解。《辞海》中将专业定义为："高等学校或中等专业学校根据社会专业分工的需要设立的学业类别。"[①] 潘懋元在《高等教育学》一书中对"专业"一词的解释是：专业是课程的一种组织形式，课程的不同组合形成不同的专业。因此，专业是人才培养的基本单元，是指各级学校依据社会分工需要划分的学业门类。《辞海》中结构的定义为："系统内各组成要素之间的相互联系、相互作用的方式。"[②] 专业结构就是专业的各要素之间的关系。因此，要理解专业结构需要从两部分入手，一是要素，二是要素之间的关系。专业的要素包括专业发展内涵、口径与质量等；专业的关系包括专业数量、规模、布局、衔接关系等，专业结构是指在一定专业内涵的基础上专业间的构成状态。设置分为动词和名词，动词设置指的是设置过程，名词设置指的是设置的结果状况。专业设置的内容

---

①② 辞海编辑委员会. 辞海［M］. 上海：上海辞书出版社，1999：340.

是学校实施人才培养、组织招生、授予学位、指导就业、开展教育统计和人才需求预测等工作的重要依据,是学生选择学习内容和学习方向、社会用人单位选用毕业生的重要参考。

专业设置是本科职业院校参照国家或地方颁布的专业目录,按照国家或地方颁布的专业设置管理办法,根据区域特色和学校特色自主决定专业开设与进行相应调整的过程。专业设置的概念内涵中涉及不同的主体,主要是教育行政部门和学校。教育行政部门根据社会分工和产业结构调整需要进行专业调整的过程,包含新专业的设立、旧专业的变更或淘汰、专业规模专业结构优化等宏观层面的问题。学校针对某一个具体专业的专业定位、专业课程、专业师资等微观层面进行设置和管理。本书所称的"专业设置"是指职业本科院校根据社会分工需要、区域产业发展需求和学生职业发展需要设立专业的"结果",而非专业设置"过程"或"方法"。且本书所探讨的专业设置是从国家宏观层面出发,根据产业结构的调整进行的新专业的设立、旧专业的变更或淘汰、专业规模专业结构优化等宏观层面的专业结构调整的问题。

三、产业结构

从狭义上来看,产业是指从事具有类似生产技术与产品特征的产品或服务生产经营活动的企业集合;从广义上来看,产业是指社会经济体系中由利益相互联系的、具有不同分工的、由各个相关行业所构成的经济系统。

研究产业结构,首先必须要明确产业的分类,而后才能进一步探究它们之间的比例构成与相互关系。关于产业结构的分类方式,不同国家间存在差异,目前各国进行国民经济统计时最常用的一种方法是三次产业分类法。三次产业分类法是根据社会生产活动发展的顺序对产业结构进行划分,产品直接取自于自然界的部门,即广义的农业称为第一产业;对初级产品进行再加工的部门,即广义的工业称为第二产业;为生产和消费提供各种服务的部门,即广义的服务业称为第三产业。本书对产业结构的划分采用的是三次产业分类法,使用我国最新的《国民经济行业分类》。国家标准于1984年首次发布,分别于 1994 年和 2002 年进行修订,2011 年第三次修订,2017 年第四次修订。目前,我国对于三次产业的划分如下。

第一产业:农、林、牧、渔业(不含农、林、牧、渔服务业)。

第二产业:采矿业(不含开采辅助活动),制造业(不含金属制品、机械和设备修理业),电力、热力、燃气及水生产和供应业,建筑业。

第三产业即服务业,是指除第一产业、第二产业以外的其他行业。第三产业包括:批发和零售业,交通运输、仓储和邮政业,住宿和餐饮业,信息传输、软件和信息技术服务业,金融业,房地产业,租赁和商务服务业,科学研究和技术服务业,水利、环境和公共设施管理业,居民服务、修理和其他服务业,教育,卫生和社会工作,文化、体育和娱乐业,公共管理、社会保障和社会组织,国际组织,以及农、林、牧、渔业中的农、林、牧、渔服务业,采矿业中的开采辅助活动,制造业中的金属制品、机械和设备修理业。

四、适配性

适配中的"适"在《辞海》中有切合、相合的意思,"配"有相互分工合作的意思。适配是两个以上的主体之间呈现出来的一致或互补的配合关系。职业本科院校专业设置和产业结构的适配是指职业本科院校某种专业设置下培养出来的人才供给和产业结构所需的人才是相匹配的,这是一种理想状况,有利于发挥出更多的供给和产出效能。"适配性"主要是指两个以上主体之间的匹配程度,在本书中指的是职业本科院校专业设置和产业结构两个主体之间的匹配程度,其量值成为适配度。适配性的近义词有适应性。本书使用适配性而不是适应性的原因:第一,本书研究职业本科院校专业设置和产业结构两者之间的匹配程度,适配比适应更能体现"匹配"之意。第二,适应性为单向的,具有主从性;适配性为双向的,意为两者之间相互作用与影响。第三,本书的研究具有量化意义。适配度由于使用了系统化、数据化的方法来考察职业本科院校专业设置和产业结构的关系,有利于规避主观臆测。其过程包括专家意见征集、建模、计算、评价等一系列操作,具有定性和定量两方面功能。本书主要从宏观层面计算职业本科院校专业设置和产业结构两个主体之间的适配度,并判断其适配类型。

第二章 理论分析框架构建与研究设计

在进行具体的职业本科专业结构内部适配性及其与产业结构适配研究前,应先明确在进行具体研究中需要用到的理论都包括哪些,并依据多元理论的内涵建立理论分析框架。在确定好理论分析框架的基础上,结合本书使用的研究方法搭建本书的整体研究设计框架。

第一节 理论基础

本书以适配理论为核心评估职业本科院校专业结构与产业结构的适配情况,在具体测算过程中,结合运用共生理论和配第克拉克定理进行适配模型搭建。

一、适配理论

适配理论最初源于种群生态学模型和情境理论[1],指不同主体间的协调一致性或互补搭配关系。目前,该理论在经济学、管理学、教育学等领域都得到了广泛运用[2]。适配性主要通过要素相互匹配实现稳定生存与发展,强调要素间的映射关系。2010 年后,适配理论被应用于职业教育领域中,很

---

[1] Benito A. The down-payment constraint and UK housing market: Does the theory fit the facts? [J]. Journal of Housing Economics, 2006, 15 (1): 1 – 20.
[2] Richard C. Levin. The Worth of the University [M]. New Haven & London: Yale University Press, 2013.

多学者运用适配理论去探究专业结构和产业结构的对应关系。适配理论用于职业教育适应性研究的重要性在于：通过理论的研究、解读、阐发、诠释，帮助人们正确理解和洞穿本质。职业本科的专业结构和产业结构相当于系统中的两个要素，两个要素达到高水平适配时，又会促进系统效力的提升，更好地助力社会经济发展。适配理论的应用在本书中贯穿全文，小到每一个章节对专产适配的分析，大到本书研究框架的搭建。职业本科院校的专业布局是按照区域产业布局来进行规划的，学校需要在外部产业转型升级驱动下科学布局不同层次不同类型专业，不断优化专业布局和专业内涵，在这个动态调整过程中，专业结构与产业结构之间的适配程度也在不断提升。研究通过运用适配理论，分析专业与产业两个系统之间目前处于怎样的适配状态，又该如何进行改进达到同频共振的高适配状态。

二、共生理论

共生理论来源于生物学界，1879年由德国真菌学家德贝里提出，德贝里将两种不同生物间密切生活在一起彼此互利共同生存的共生方式定义为共生。随着生物学的深入研究和社会科学的不断发展，共生的理念和思想开始向生物学以外的学科领域渗透。学者们发现，人类社会与自然界一样普遍存在共生现象，共生思想不仅能描述生物学中的相互依存的概念，还可以构建起人文社会科学的理论体系，所以共生理论不断由生物学向人文社科领域纵向深入发展，在人文社科领域得到关注。在社会科学领域以共生理论视角分析问题，由共生系统的共生三要素——共生单元、共生模式和共生环境作为基本的分析框架。在本书中，共生单元指的是职业本科专业系统和产业系统；共生模式反映的是两个共生单元之间的信息、人力、物力等要素的相互作用方式，可能包括专业系统与产业系统之间如何相互影响又如何协同运转；共生环境指的是作用于两个共生单元外界的影响因素，主要包括自然、政治、经济、社会、文化等外生因素。研究主要基于共生理论中的三要素，来科学确定职业本科专业系统和产业系统的指标如何选取，以便更科学可靠地进行指标权重测算。

三、配第克拉克定理

配第克拉克定理的真正作者是英国经济学家、统计学家科林·克拉克，他结合了配第的研究以及英国经济学家费希尔对三次产业提法的贡献。20世纪40年代，科林·克拉克在《经济进步的条件》一书中，以配第定理和费希尔的三次产业划分为基础，对40多个国家和地区在不同时期三次产业的劳动投入产出资料进行了整理和归纳，总结出：随着经济的发展和人均国民收入水平的提高，劳动力首先由第一产业向第二产业转移，然后再向第三产业转移的演进趋势。在本书研究中，研究对象是职业本科，职业本科的办学定位是面向高端产业和产业高端的，这里的高端产业指的就是非农产业。因此，在衡量产业结构高级化水平时，主要根据克拉克定律采用非农业产值比重作为产业结构高级化的度量，以进行职业本科专业与高端产业的适配测算。

四、理论框架

本书以适配理论为核心探究职业本科专业与产业之间的关系，通过共生理论将职业本科专业系统和产业系统看作两个共生单元，两个共生单元之间通过资源互换，相互融合、相互合作，职业本科专业系统主要为产业系统提供人才，产业系统为职业本科专业系统提供其人才培养所需的各种资源。两者之间关系的核心在于以产定教和以教促产，教育层面主要依据产业发展情况制定专业建设以及改良计划，学校专业培养出的技术技能人才反过来又能促进产业发展。在职业本科专业系统和产业系统内部，职业本科专业系统核心组成单元是专业大类－专业类－专业，产业系统的核心组成单元是产业－行业－企业－职业，其中在探究职业本科专业与产业高级化之间的关系时，运用配第克拉克定理定义产业高级化的内涵，研究旨在通过职业本科专业与产业同频共振实现专业－职业－企业－行业－产业的"五业联动"。理论框架如图2－1所示。

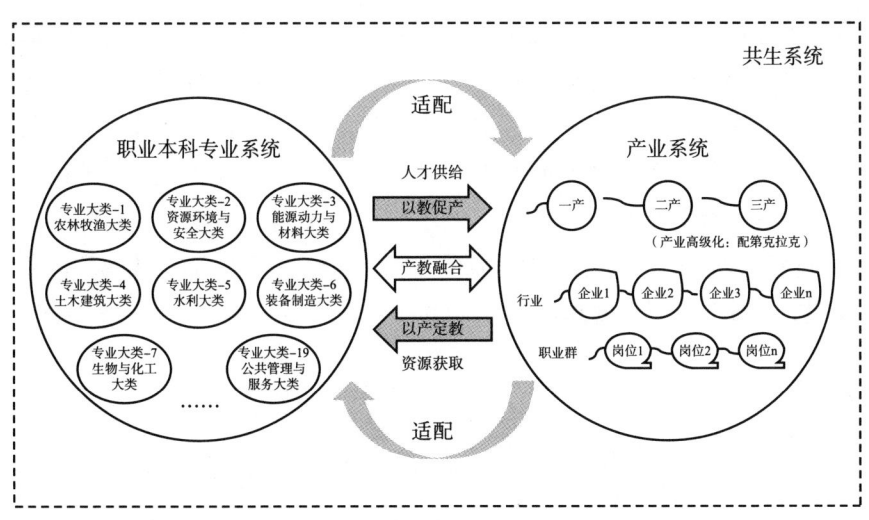

图 2-1 理论分析框架

"坚持产教融合、校企合作,坚持工学结合、知行合一"是习近平总书记关于加快我国职业教育发展的重要指示。2021 年 4 月,在全国职业教育大会上,习近平总书记再次作出重要批示强调"职业教育前途广阔、大有可为,要优化职业教育类型定位,深化产教融合、校企合作,增强职业教育适应性"。深化职业教育产教融合,不断促进产业链、创新链、教育链、人才链"四链"的有机衔接,是新时期职业教育人才培养质量提升和供给侧结构性改革的重要抓手。为了破解我国产业需求侧和人才培养侧"两张皮"的现象,国务院办公厅于 2017 年 12 月发布了《关于深化产教融合的若干意见》(以下简称《意见》)。以 2017 年的《意见》为起点,又在《职业学校校企合作促进办法》《国家职业教育改革实施方案》《国家产教融合建设试点实施方案》《关于推动现代职业教育高质量发展的意见》等政策文件中重申了深化产教融合和校企合作的重要时代意义与具体举措。与此同时,地方层面也出台了省级和市级产教融合深化意见近 30 份。产教融合作为职业教育的灵魂工程越来越受到政府政策和职业院校的重视,并在 2022 年新修订的《中华人民共和国职业教育法》中以法律的形式予以明确。新时期深化职业教育产教融合,打造产教命运共同体有其内在逻辑理路。

职业教育产教融合过程是涉及多要素相互作用的复杂性系统工程,职业教育的跨界性决定了职业教育产教融合过程的复杂性。这一过程涉及政、校、行、企等多元主体的相互作用，涉及资本、技术、场地、人才、管理等多元要素的流动，涉及产业链、创新链、教育链、人才链"四链"的动态耦合，同时也包含产教融合型城市等关键节点、产教融合型行业等核心支点、产教融合型企业等特定重点（见图2-2）。职业产教融合的深化过程体现出有规律可循的内在机理，本书将从产教融合点、线、面、体等不同视角探究职业教育产教融合的深化理路。

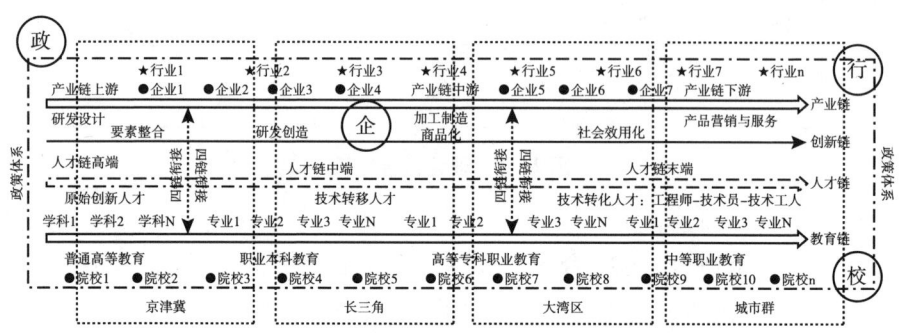

图 2-2　职业教育产教融合分析框架

（一）定"点"：职业教育产教融合核心节点的培育

关键节点的培育与打造是职业教育深化产教融合的基础与前提，在职业教育产教融合这一系统性复杂工程推进的过程中，存在诸多产教融合的核心节点，这些核心节点是构筑产教融合关系线、合作面、共同体的基本依据。

1. 院校端：科学发展类型多样特色鲜明的各级各类院校

职业院校是职业教育最重要的办学主体，也是推动职业教育改革的核心单元。不同类型不同层次的职业院校，是职业教育产教融合深化过程中教育端的核心节点。2022年3月1日发布的《2021年全国教育事业统计主要结果》显示，全国共有各级各类学校52.93万所，各级各类职业学校达1.13万所，在校生超过3000万人，建设成了世界上规模最大的职业教育学校体系；在职业院校内，中等职业学校为7294所，专科层次高等职业学校为1486所，本科层次职业学校为32所，高等职业院校占整个高等院校的55.08%，占了整个高等教育的"大半壁江山"。

各级各类职业院校是深化职业教育产教融合的核心节点，承担培养多元化技术技能人才的核心使命。因此，促进院校端核心节点的培育，不断促进各级各类职业院校的特色发展，是深化职业教育产教融合的重要抓手。在新的时代背景下，要明确不同类型、不同层次职业院校的具体定位。其中，针对促进中等职业院校，应通过多样化的学校分类、多样化的课程（专业）选择、学校分流与课程选择等途径促进中等职业教育多样发展。作为职业教育重要主体的高等专科职业教育要通过特色化发展，发挥对整个职业教育的引领带动作用。在明晰时代定位的基础上，通过优化各级各类职业教育院校专业设置和布局，革新职业教育人才培养模式，促进职业院校教师、教材、教法改革，推进各级各类职业教育信息化转型升级，深化各级各类职业教育产教融合校企合作，使新时期各级各类职业院校获得可持续发展，为培育产教融合教育端的核心节点奠定基础。与此同时，也应该充分发挥各级各类职业院校的骨干校、示范校，特别是高等职业教育领域的"双高计划"建设院校的示范引领作用，不断提升职业教育产教融合核心节点"关键少数"的"高""强""特"，发挥关键节点的引领示范效应，培育具有中国特色和世界水平的产教融合教育端关键节点，支撑和引领新时期职业教育的改革发展。

2. 企业端：充分调动各行各业不同规模市场主体的积极性

企业是实施职业教育中的重要办学主体，在深化职业教育产教融合过程中发挥着十分重要的作用。企业作为重要的市场主体，通常运用劳动力、资本、技术、土地、企业家等生产要素，向社会提供各类服务和商品，以实现利润最大化为组织目标。根据不同的划分标准，可以将企业划分为不同的类型。按照企业规模大小，可以划分为大型企业、中型企业和小型企业；按照登记注册类型，可以分为内资企业、有限责任公司、股份有限公司、外商投资企业等，内资企业又可以分为国有企业、集体企业、股份合作企业、联营企业等。我国经济社会发展过程存在规模庞大的各类企业，具体来看，2020年，我国规模以上工业企业总数达到399375个[①]。不同类型的企业通过多

---

① 宋亚峰.定点·连线·拓面·筑体：职业教育产教融合的深化理路［J］.职教论坛，2022，38（07）：45-51.

元方式参与职业教育的具体办学过程中,在深化产教融合过程中发挥着举足轻重的作用。

企业通过发挥自身的比较优势,运用设备、管理、资本、知识和技术等各类要素参与到各级各类职业教育的具体办学过程中,形成企业参与职业教育的多元方式。企业可以通过参与专业设置、课程体系和教学标准开发、教材教辅产品研发、人才培养制度制定、人员互派等多元的方式参与到职业教育办学过程中。不同的企业在参与职业教育过程中的具体行动和参与深度是有差异的。企业参与职业教育办学过程行为的差异性主要受到企业的类型、企业的规模、企业的属性、企业的技术偏好、政府政策、企业的人才开发策略等多维要素的影响。其中,企业个性特征方面的各要素是影响企业参与职业教育行为最为显著的要素。

具体而言,企业的规模和属性是影响企业参与职业教育具体形式的关键性因素。从企业类型来看,中小型企业和劳动密集型企业等参与职业教育的行为带有明显的成本偏好特征,而国有企业、资本密集型企业、技术密集型企业、合资企业和大型企业参与职业教育的行为则带有鲜明的技术偏好特征。因此,应根据不同类型的企业参与职业教育的具体行为特征和参与动机制定有针对性的政策体系,充分调动不同类型的企业参与职业教育的积极性,特别是应积极鼓励国有大中型企业等主体深度参与职业教育的教育教学过程中,通过关键节点的培育,深化职业教育产教融合。

3. 行业端:压实行业主管部门和行业组织参与职业教育的责任

行业主管部门和行业组织作为参与职业教育办学的主体之一,在深化职业教育产教融合过程中发挥着重要的作用。行业主管部门和行业组织在相关产业具体行业的人才需求预测、人才素养要求、职业生涯发展和专业目录与各类专业标准的制定等方面具有明显的比较优势,能够最先把握本行业的技术前沿和技术变革特征,对行业人才素养的变迁也具有较强的敏感性。在我国,行业主管部门和行业组织参与职业教育的办学有较长的历史,但是随着20世纪末经济体制改革发展的进程,行业办学的职业教育逐步进行了剥离。行业办学职能的剥离使行业这一重要主体参与职业教育办学的深度存在弱化问题。随着经济社会发展和职业教育的发展,行业主管部门和行业组织在职业教育办学过程中的作用越来越凸显,与此同时,职业学校教育与行业之间的"鸿沟"也在不断加深。

行业组织是同一行业和同一领域社会组织"抱团取暖"的产物，通过行业协会的自律管理和自我服务，营造公平公正的社会环境，维护行业组织成员的权益。行业组织作为重要的社会团体承担着多元的公共服务职能，在职业教育办学过程中，学校和企业等单个组织由于受主客观条件的限制，在实施职业教育的过程中会存在诸多信息不对称的情况。此时，就需要行业组织在学校和企业等关键节点之间发挥"信息库"的作用，有效协调职业院校和不同类型企业的利益诉求，以实现各类资源的优化配置和技术技能人才的培养。同时，行业组织也可以发挥监督评价和决策咨询功能。在深化职业教育产教融合的过程中，不断压实行业主管部门和行业组织参与职业教育的责任，使其深入参与职业教育人才培养的全过程，是职业教育产教融合深化的"行业"理路。

4. 政策端：逐步完善深化产教融合的政策体系

国务院教育行政部门承担着全国职业教育的宏观管理和统筹规划职责，省、自治区、直辖市人民政府领导本区域内职业教育的各项工作，县级人民政府在本区域中等职业教育的多样化协调发展过程中承担具体的工作职责。各级政府通过各类政策法规引导职业教育的发展，促进职业教育产教深度融合。1985年颁发的《中共中央关于教育体制改革的决定》明确提出："高等教育的结构，要根据社会发展、经济建设和科技进步的需要进行调整和改革"；首份《国务院关于大力发展职业技术教育的决定》（1991年）明确提出："提倡产教结合，工学结合"；1996年颁发的《中华人民共和国职业教育法》也明确提出："职业学校、职业培训机构实施职业教育应当实行产教结合"；第二份《国务院关于大力推进职业教育改革与发展的决定》（2002年）中明确提出："促进职业教育与经济建设、社会发展紧密结合"；第三份《国务院关于大力发展职业教育的决定》（2005年）则明确提出："职业教育要与市场需求和劳动就业紧密结合，校企合作、工学结合"；第四份《国务院关于加快发展现代职业教育的决定》（2014年）明确提出"产教融合"，并将"产教融合、特色办学"作为加快发展现代职业教育的基本原则之一。经过几十年的发展，2017年12月，《国务院办公厅关于深化产教融合的若干意见》发布，这是我国第一份专门关于产教融合的意见，从不同方面勾勒出了深化产教融合的"四梁八柱"。随后，为了深入贯彻意见，2018年，教育部等六部门关于印发《职业学校校企合作促进办法》，国家层面产教融合的政策体系在不断完善。与此同时，也有20多个省级行政单位发布了各省的产教融合深化意见。这些政策文件促进了职业教育产教融合的不断深化，形成了深化产教融合的关键保障节点。

（二）连"线"：职业教育产教融合关键节点的互动

职业院校、企业、行业和政府等不同主体是深化职业教育产教融合的关键节点，是深化职业教育产教融合这一系统性复杂工程的"四梁八柱"。在各核心节点培育的基础上，为了增加不同产教融合主体的良性互动和充分交流，需要将职业教育产教融合的关键节点连点成线，形成不同线段交织的关系网，促进不同关键节点的有效互动。

1. 打通教育链：完善中国特色现代职业教育体系

中国特色现代职业教育体系主要由中等职业教育、专科高职教育、本科职业教育及以上层次教育相衔接的职业学校人才培养体系与职业培训体系组成。建设结构合理、定位清晰、纵向贯通的职业学校体系，打通产教融合的教育链是深化产教融合在"教"一端连点成线的重要举措。在新的时代背景下，职业学校体系内部不同层次职业教育的发展定位是互补的，应强化中职教育的基础性作用、巩固专科高职教育的主体地位、稳步发展本科职业教育、适度发展本科层次以上的职业教育。为受教育者提供终身学习的机会与平台，畅通一线劳动者继续学习深造的路径，打通在职人员学习-就业-再学习的通道。完善纵向贯通和横向融通的中国特色现代职业教育体系，通过打通教育链，深化职业教育产教融合。

2. 理顺人才链：打造类型多元的人才供给体系

职业教育产教融合的深化在个体层面最终要落实到一个个具体的劳动者，要看其获得的技术技能能否适应生产实践的需求。根据人才结构理论，社会人才可以划分为四种不同的主要类型，即学术型、工程型、技术型和技能型，四种主要人才类型内部又可细分为不同的子类型。例如，工程型人才可以细分为决策型、设计型和规划型三个子类；技术型人才则可以细分为中间型、执行型和工艺型等子类；技能型人才则可以细分为操作型和技艺型等子类。现代职业教育体系中不同层次的职业院校承担着各类社会人才培养的职能。职业教育作为面向能力的实践教育，承担着为国家培养高素质技能人才的基础工程的职责，在其教育教学过程中要面向生产实践服务一线，培养不同层次、不同规格的应用型复合型技术技能人才，为国家经济社会发展培养数以亿计的高素质劳动者和技术技能人才。通过打造类型多样的人才供给体系，理顺人才链，来实现"线"层面职业教育产教融合的不断深化。

3. 服务产业链：提升职业教育的外部适应性

职业教育作为面向市场的就业教育，要求其为经济建设和社会发展服务，职业院校按照经济社会发展的需求确定人才培养的规格层次、专业体系、培养方式和质量标准。学校的人才培养以学生的就业和创业引导教育和教学，并贯穿在职业教育的全过程。《中华人民共和国国民经济和社会发展第十四个五年规划和2035年远景目标纲要》中明确提出，要"增强职业技术教育适应性"。与此同时，习近平总书记在2021年4月召开的全国职业教育大会上作出重要批示，强调"要优化职业教育类型定位，深化产教融合、校企合作，增强职业教育适应性"。[①] 面向市场，精准服务产业链各个环节是提升职业教育外部适应性的关键举措，也是深化职业教育产教融合的核心逻辑。

4. 链接创新链：强化职业教育的创新塑造能力

随着互联网技术的日新月异，使得技术迭代和产业结构转型升级的速度显著加快，产业链中的中高端技术制造比重在逐步上升，中低端技术制造业的比重在逐步下降。全球产业链逐步朝着智能化、数字化、平台化、多业态和生态化等方面转变，呈现出明显的去中心化特征。专业结构的转型升级使得生产实践过程面临的不确定性和复杂性问题更加错综复杂，不同的岗位群对技术技能人才的创新能力和解决不确定性复杂问题的能力要求更高，整个经济的发展过程中创新要素驱动愈发重要。在产业结构转型升级和制造业技术迭代升级的过程中，将形成链接多元创新主体，通过研发创造和要素整合，将形成知识经济化、技术产业化的创新链。职业教育在为我国培养技术技能人才、促进就业创业创新、基础原理转化为生产技术专利创新、推动中

---

① 加快职业教育发展 培养更多能工巧匠 大国工匠[N]. 中国教育报, 2021-04-14.

国制造和服务水平过程中扮演着十分重要的角色。职业教育为我国经济社会的发展培养了一大批的技术转化人才和技术转移人才,在稳步发展职业本科教育和职业教育层次不断高移的背景下,职业教育也将为我国经济社会发展培养更多面向不确定生产环境的复合型创新型应用人才,通过创新能力的塑造,更好地适应产业升级和岗位变迁过程中的现实诉求,深化职业教育产教融合。

(三) 拓"面":职业教育产教融合多元主体的协同

职业教育作为面向社会的跨界教育,要求职业教育发挥多元主体的积极性,坚持产教融合、校企合作、工学结合、知行合一,引导社会各界特别是行业企业积极参与职业教育发展的全过程。由点到线的逻辑,打破了"各自为政"的实践困境。从线到面的逻辑,则要消弭"条块分割"的融合壁垒,通过发挥政、校、行、企等多元主体的比较优势,拓展多元主体"合作面",深化职业教育产教融合。在技术变革和产业优化升级背景下,有效促进"四链"的有机融合,是从点到线、由线成面,实现产教融合面拓展的重要举措。

职业教育产教融合"面"的拓展,需要政、校、行、企等多元主体良性互动和有效协同。在政策供给上,如何更好地统筹、协调和平衡劳动力市场、受教育者个人和社会等多元主体的核心诉求;在工作机制上,如何理顺部委统筹、央地联动、司局协同之间的关系,形成发展有关部门协同配合,职责明晰、同向发力、统筹协调的管理格局,是新的时代背景下发展职业教育需要重点解决好的体制机制层面问题。体制机制事关职业教育内在活力和发展活力,为了理顺管理体制机制,清除职业教育产教融合的体制机制障碍,国家通过修订完善政策法律体系,以制度供给为抓手,进一步明晰了多元主体的办学职责,激发了政府、行业、企业、职业院校、科研院所等多元主体活力,形成了深化职业教育产教融合的合力。

在体制机制完善,有效促进政、校、行、企充分互动的基础上,不断促进同区域各级各类院校之间通过五年一贯制培养、专升本、学分互认、教师交流、学生竞赛活动交流、共同开发课程与教材、共享实训基地、建立特定类型的区域联盟等具体形式进行联动交往。通过面向市场,服务产业,形成产业、行业、企业、职业、专业"五业联动"的职业教育产教融合深化机制。确保职业教育专业与产业对接、专业课程内容与职业标准对接、教学过程与生产过程对接、学历证书与职业资格证书对接、职业教育与终身学习对接，使职业教育产教融合在深度和精度上不断延展，实现职业教育产教融合由"线"到"面"的跃升，为形成更大范围的产教融合，实现更高质量的发展奠定坚实的基础。

（四）筑"体"：打造职业教育产教命运共同体

职业教育与普通教育是两种不同的教育类型，具有同等重要地位，是面向人人的终身教育，面向市场的就业教育，面向能力的实践教育，面向社会的跨界教育，更是关系国计民生的教育类型。产教融合、校企合作则是职业教育的灵魂，也是我国职业教育人才培养的基本模式，在2022年4月新修订的《中华人民共和国职业教育法》中得到认可。同时，也在实践层面取得了诸多典型经验。时代是思想之母，实践是理论之源。职业教育产教融合的深化要善于聆听时代的声音，把握时代的脉搏，明确我国职业教育发展的历史方位和时代使命，明确方位才能找准方向，找准方向才能行稳致远。

为深化产教融合，国家出台了一系列政策文件，成为新时代深化职业教育产教融合的行动指南。其中，《国家产教融合建设试点实施方案》对促进教育链、人才链与产业链有机衔接，进一步对深化产教融合作出了具体部署，并从"产教融合型城市、产教融合型行业、产教融合型企业"等层面勾勒了产教融合推进的"四梁八柱"。职业教育产教融合过程的核心节点将基于特定逻辑，由点连线，从线到面，促进职业教育多元实施主体的有效互动与协同。为了实现更持久、更稳定的产教融合关系，还需在各主体充分互动的基础上，通过多元方式打造相互依存、休戚与共的产教命运共同体，确保共同体中的职业院校和行业企业等不同主体形成"你中有我和我中有你"的持续深入稳定的合作关系。在当前的实践中，通过职业教育集团、现代产业学院等不同产教命运共同体的打造，充分调动了职业院校、政府机构、行业组织、企（事）业单位、研究机构和社会组织等多元主体参与职业教育的积极性，实现了各类优质资源的共建共享和不同主体比较优势的互补。不同形式产教命运共同体的打造，有效消弭了职业教育与产业系统之间的鸿沟，打通产教融合"最后一公里"，实现了职业教育产教的深度融合。

职业教育只有在服务区域经济社会发展中才能获得可持续的发展动力与活力。从空间层面来看，职业教育带有鲜明的区域性特征，职业教育产教融合也只有在区域中才能具体实现。在央地联动、地方为主的管理体制下，职业教育产教融合的深化，首先需要打造省域层面的产教命运共同体，积极促进同区域各级各类院校之间的广泛协同互动，进一步优化同区域各级各类院校的联动协同治理，着力打造以专业为载体的校际交往联动主链条。在"产教城"深度融合的基础上，精准对接区域产业经济的现实诉求，打造不同层面产教融合的典型模式。各职业院校要根据所在区域的产业结构和特色优势产业，按照"人无我有、人有我优"的原则，因地制宜，通过打造自身的特色优势专业（群），为行业企业等不同主体参与职业教育的教育教学过程中提供实践载体。有效提升现代职业教育的整体适应力，形成休戚与共的产教命运共同体。

在省域协同的基础上，职业教育产教融合的深化在空间层面也要进一步促进城市群协同、东西协同、城乡联动，推动不同区域之间优势互补，进而实现不同区域错位发展与良性协同。以深化更大范围的产教融合，促进更高质量的区域发展。随着我国经济社会的不断发展，"城市群"的不断出现成为了我国区域经济发展的重要特点之一。京津冀城市群、长江三角城市群、珠三角城市群、关中城市群、中原城市群、川渝城市群、长株潭城市群、长江中游城市群、海峡西岸城市群、辽中南城市群、山东半岛城市群等城市群的出现为城市群辐射带动作用的发挥和区域间的协同发展奠定了重要基础。在此背景下，在更广泛的空间促进城市群层面的产教有机融合，也是形成职业教育产教命运共同体的行动路向。更大范围的职业教育产教融合的深化，需要进一步清除各类政策壁垒，促进知识、技术、人才等创新要素在不同区域间的充分流动，实现更大范围的东西协同和"城乡联动"。与此同时，职业教育产教命运共同体的打造，还需在现有融合模式的基础上进行革新，根据产业链需求的变化、区域发展现实要求的变迁进行变革，不断创新不同层面产教融合的具体模式，培育宏观有序、微观合理、运转高效的区域产－教－城融合生态，促进职业教育高质量发展，服务人人成长成才。

综上所述，可以得出职业本科院校专业结构适配的逻辑理路。职业本科院校内的专业类型主要包括专科专业、职业本科专业和普通本科专业，各级各类专业之间衔接不佳、融通不畅成为制约职业本科教育稳步发展的主要障碍。因此，要促进职业本科院校高质量发展，必须优化职业本科院校内部的专业结构，不断提升专业结构的内部适配性和外部适配性，而适配性提升必须厘清职业本科院校专业结构的适配逻辑。结合我国职业本科院校专业结构的组成样态和不同类型职业本科院校内部专业组成的差异性，可以将职业本科院校专业结构的适配逻辑归纳为：纵向贯通、横向融通、外向联通三条核心逻辑，如图2-3所示。

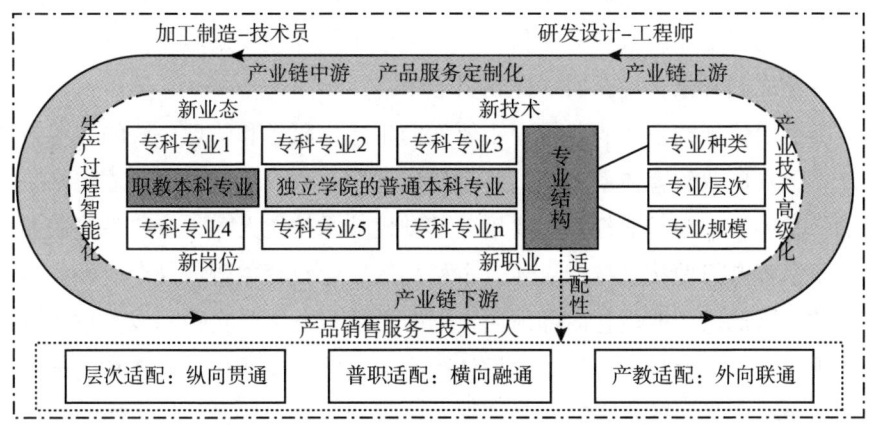

图2-3　职业本科院校专业结构的适配逻辑

在上述三条核心逻辑中，纵向贯通逻辑主要针对职业本科专业与现有专科专业、中职专业的纵向一体化衔接适配，以实现知识-学段-育训贯通，是职业教育体系内部的适配；横向融通逻辑主要解决职业本专科专业与普通本科专业横向融合适配，以实现普职-理实-学用融通，是不同类型教育之间的适配，也是教育体系内部的适配；外向联通逻辑旨在推动职业本科院校专业结构与区域产业结构外部耦合适配，以实现产业-岗位-任务联通，是学校教育系统和产业系统的适配。纵向贯通和横向融通的适配将受到产业系统外向联通逻辑的影响和制约，职业教育体系内部专业结构的良性适配发展，也将更好地促进外部产业结构的优化与发展。

1. 适配维度一：纵向同类型贯通，职业本科专业与现有专科专业、中职专业衔接适配

职业本科教育是中国特色现代职业教育体系纵向贯通的重要组成部分，是技术进步和产业结构转型升级客观背景之下形成的本科层次职业教育类型。在中国特色现代职业教育体系内部，各层次职业教育之间定位和功能是不同的。其中，中等职业教育是基础，专科高等职业教育是主体，同时也要稳步发展职业本科教育，发挥职业本科教育的示范引领作用。与此相对应，在职业本科院校多元的专业组成结构中，专科专业、职业本科专业和普通本科专业的定位和作用也是不同的。职业本科院校内部的专科专业与职业本科专业之间的纵向衔接贯通，是职业本科院校在发展过程中必须处理好的重要问题，其内部专业组成中的专科专业、职业本科专业以及职业教育体系内的中职专业之间必须实现纵向一体化贯通衔接。

类型定位规约下的职业教育主要面向生产、服务和管理一线的技术技能人才，但在职业教育体系内部，各个层次的职业教育所培养的人才规格是不同的。其中，中等职业教育主要培养基础性技术技能人才，专科高等职业教育主要培养专门性技术技能人才，本科高等职业教育主要培养专业性技术技能人才。因此，职业教育内部纵向贯通时必须根据生产实践一线对技术技能人才规格诉求的差异进行一体化设计和有机衔接。专业是职业教育内部各个层次教育纵向贯通的重要载体和依据，中等职业院校培养的学生作为高等专科职业教育和职业本科教育重要的生源供给方，职业本科院校整体的专业结构也要向下与相关中职专业实现纵向贯通。2021年发布的最新版《职业教育专业目录》首次将中职专业、高职专科和高职本科专业进行一体化设计，为职业教育中–高–本不同层次专业之间，同类专业之间的贯通衔接奠定了良好的制度基础。

职业教育的类型属性和职业本科院校专业结构的多样性与复杂性，必然要求职业本科院校专业结构优化和外部适应性的提升过程中遵循纵向同类型贯通的适配逻辑。纵向同类型贯通适配逻辑要求职业本科院校不断推进职业本科专业与现有专科专业、中职专业的衔接适配，根据不同规格技术技能人才的成长轨迹，一体化规划专业设置、科学制定一体化培养目标。在一体化设计人才培养目标的指导下，系统推进课程设置、师资队伍建设、教材开发、教学设计等人才培养核心要素和关键环节的变革。科学推动中、高、本专业之间知识－学段－育训的有机衔接贯通，实现职业本科院校专业结构的纵向一体化适配。

2. 适配维度二：横向同层次融通，职业本专科专业与普通本科专业横向融合适配

中国特色教育体系提供了人人、时时、处处可学的教育环境，满足了社会大众多样化的教育需求，在教育体系内部，各级各类教育是横向融通和纵向贯通的。职业本科教育与普通本科教育之间不是非此即彼的关系，而是彼此融通、共生共存的。职业本专科专业与普通本科专业横向融合适配有其内在依据，首先，职业本科和普通本科同属教育，都具有教育属性；其次，职业本科和普通本科同属本科层次，属于教育的同一层次；最后，招生制度改革和各学段普职渗透融通为职业本专科专业与普通本科专业横向融合适配提出了现实诉求。

职业教育独特的育人优势以及职业教育与普通教育在育人功能方面的互补性为职业本科和普通本科融通奠定了内在依据。特别是新版职教法对职业教育类型定位的强调使其获得了法理基础，职业教育类型定位的明确在很大程度上拓展了职业本科和普通本科融通的范围和理念，已经从初中后分流的人才选拔和培养模式，逐渐成为"全学段"各类教育渗透融合培养人才的一种范式。各级各类教育体系的形成是根据经济社会对人才多元诉求进行系统化设计的结果。根据人才结构理论，社会人才可以划分为四种不同的主要类型，即学术型、工程型、技术型和技能型，四种主要人才类型内部又可细分为不同的子类型。通常情况下，普通本科教育主要培养学术型人才，工程教育主要培养工程型人才，职业教育主要培养技术型和技能型人才。职业本科是职业教育和学术教育间的融合地带，需要兼顾职业性和学术性。在类型定位的要求下，职业本科教育以职业能力的培养为逻辑起点，面向生产实践和管理服务一线，培养大批创新性高素质技术技能人才和现场工程师。职业本科教育与普通本科教育作为同层次的不同教育类型，在人才培养方面具有互补性。在受教育者不同阶段多元化教育需求的驱动下，职业本科和普通本科融通培养复合型人才成为重要途径之一。

职业本科院校内部的专业结构主要由专科专业、职业本科专业和普通本

科专业组成。在纵向贯通和横向融通的中国特色现代职业教育体系内，职业本科教育要实现与其他各级各类教育的有机融合发展，需通过以专业为载体的全学段普职渗透融合发展。职业本科院校内部除了占主体地位的专科专业与职业本科专业纵向贯通之外，也要横向融通职业本科专业与普通本科专业。特别是对于独立学院单独转设类职业本科院校，其内部同时设置专科专业、职业本科专业和普通本科专业三种不同的专业，无论是内部专业结构的有机适配，还是外部适应性的提升，都需要遵循职业本专科专业与普通本科专业横向同层次的融通逻辑。

3. 适配维度三：外向产教耦合联通，专业结构与区域产业结构外部耦合联通适配

职业本科教育是中国特色现代职业教育体系向上纵向贯通的重要一环，是适应外部产业需求端发展变化而产生的教育类型。计算机和互联网技术的飞速发展，进一步加快了技术迭代和产业结构转型升级的速度。在产业链上技术含量较低的制造业比重在逐步下降，高技术含量的制造业比重在逐步上升。一般而言，在同一条产业链上，产业链下游主要是技术工人从事产品销售服务等任务，产业链中游主要是技术员从事加工制造等核心任务，产业链上游主要是工程师等人员从事研发设计任务。在一条完整产业链中，不同规格的从业人员的规模是不同的。在新的时代背景下，随着技术迭代速度的加快，全球产业链数字化、智能化、生态化和多模态等特征愈加明显。产品服务定制化、产业技术高级化、生产过程智能化的"三化"趋势在产业端体现得更加突出，一大批的新业态、新技术、新职业、新岗位不断涌现，对职业教育培养的技术技能人才规格提出了新要求。在生产实践过程中，复杂性和不确定性工作场景逐步增多，职业本科教育应运而生。

职业教育的跨界性决定了职业本科院校专业结构与产业结构耦合联通的复杂性。职业本科院校专业是连接产业需求侧和高技术技能人才供给侧的重要纽带和桥梁。在技术迭代升级加速和产业结构转型升级的背景下，推动教育链、人才链、产业链、创新链的有机融合，需要职业本科院校专业结构与区域产业结构耦合联通适配。脱离了产教耦合、摒弃了应用导向，任何形式的"高等教育机构都会失去其存在的合法性"。职业本科教育专业分类是社

会分工和经济社会生产力发展的必然结果,是社会分工谱系在教育领域的映射。职业本科院校专业结构适配性的提升必须在内部专业结构"阴阳调和"的基础上,走向更大范围的产教耦合适配,与产业-行业-职业-岗位谱系实现精准联动,获得职业本科院校存在的合理性,推动职业本科教育高质量发展。

职业教育鲜明的区域性则要求职业本科教育必须"长入"区域经济,在服务区域经济社会发展中不断获得自身发展的动力与活力,同时彰显职业本科教育的时代价值。诞生于产品服务定制化、产业技术高级化、生产过程智能化"三化"和新业态、新技术、新职业、新岗位"四新"不断涌现背景下的职业本科院校,在专业布局过程中,并非要采取"大水漫灌"的方式对接区域的全部产业,而是要重点精准对接"产业高端"和"高端产业"。一方面,职业本科院校在专业布局过程中应重点聚焦传统产业链的上游和高附加、高技术含量的产业高端;另一方面,职业本科院校的专业系统也要植根于国民经济发展的关键领域、重点行业和战略性新兴产业。特别是新一代信息技术产业、先进轨道交通装备、节能与新能源汽车、新材料、高档数控机床和机器人等制造业重点领域,围绕制造系统中的材料(material)、装备(machine)、工艺(methods)、测量(measurement)和维护(maintenance)5M核心要素的迭代升级,培养创新型技术技能人才和现场的工程师。进而通过高质量的人才输送实现职业本科院校专业结构与区域产业结构耦合联通适配。

第二节 研究设计和技术路线图

本书的研究对象是职业本科院校专业结构的适配性及其提升路径。立足于稳步发展背景,从纵向一体贯通、横向普职融通、外向产教耦合联通的三个维度,系统解析职业本科专业结构的适配程度及其影响因素,探究职业本科院校专业结构适配模式与内在机理,进而提出专业结构适配性的优化路径。在展开研究前,需要进行全书大体的研究方法,并画出技术路线图,以确保研究过程的有序性和科学性。

一、研究方法

本书采用理论研究和实证研究相结合的方法（见图2-4），在理论研究方面，一是运用文献研究和归纳法，构建核心概念模型与理论分析框架；二是通过逻辑推演和综合分析，揭示职业本科院校专业结构适配的内在机理。在实证研究方面，通过问卷调查、深度访谈、大数据挖掘技术等收集研究资料，运用结构偏离度模型和脱钩函数测算不同维度职业本科专业结构适配的偏差系数、偏离系数、变协系数等指标，为判定专业结构的适配类型及亚类提供依据；运用多元回归分析法和模糊集定性比较分析方法，筛选影响职业本科院校专业结构适配程度的主要因素；运用案例研究法和扎根理论，结合现有全国职业本科院校的案例数据，分析专业结构适配模式与机理。在理论研究和实证研究的基础上提出职业本科院校专业结构适配性优化路径。

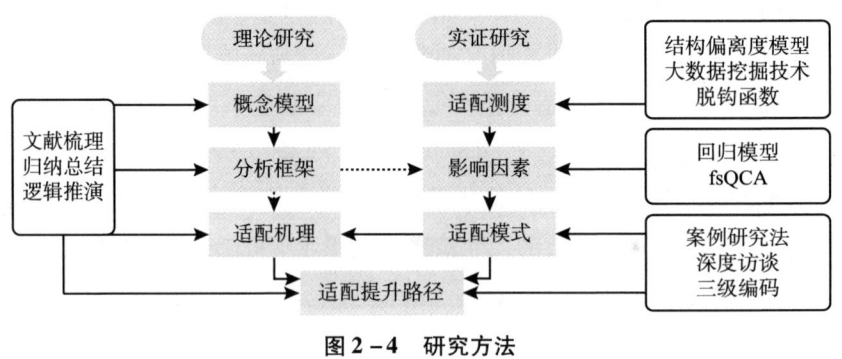

图2-4 研究方法

（一）文献分析法

梳理适配理论和脱钩理论相关的理论研究文献，深入了解本书涉及的基本理论和基本方法。通过国内外职业院校专业与产业结构匹配调整的相关文献的研读，对专业结构的变化进行分析，了解研究问题的已有现状，发现存在的问题，更深刻地了解职业本科院校专业结构调整的过程，探究职业本科院校专业与产业结构变化之间的适配逻辑。为研究内容的选择、研究问题的分析提供参照，为职业本科院校专业结构调整的行动路向提供历史依据与现实参照，进而提出本书的分析框架及理论预设。

（二）结构偏离度模型

结构偏离度是指各产业增加值的比重与相应的劳动力比重的差异程度，它反映了劳动力结构与产出结构的不对称程度。在产业结构研究中，结构偏离度是衡量产业结构效益的一项重要指标，用来衡量就业结构和产业结构的关系。专业结构与产业结构偏离度公式的计算方式与产业结构偏离度基本相同，主要是根据产业结构比重与相应产业对应专业大类的专业布点数比重来衡量某一地区专业设置是否与当地的产业结构相协调。本书运用结构偏离度模型测算国家和学校两个层面职业本科专业结构与产业结构的偏离情况。

（三）AHP 层次分析法

AHP 层次分析法是一种结构化的决策支持技术，旨在通过定量与定性分析相结合的方式，处理复杂且多层次的决策因素。该方法由萨蒂教授于20 世纪 70 年代提出，广泛应用于管理科学、工程规划、社会科学研究等领域中，以解决那些难以完全量化且涉及多个相互关联标准的决策问题。AHP首先要求将决策问题分解为一个层次结构模型，其中包含了目标层、准则层和方案层。每一层都代表了决策过程中的不同抽象级别，从最高层的总体目标，通过中间层的评估准则，最终细化到最低层的具体行动方案。通过构建两两比较的判断矩阵，AHP 允许决策者基于自身经验和对问题的理解，对同一层次内的元素进行相对重要性的量化评估。随后，利用数学方法（如特征向量法）计算判断矩阵的权重向量，以反映各元素之间的相对优先级。为了确保判断过程的一致性和合理性，AHP 还引入了一致性检验的步骤，通过计算一致性比率（CR）来评估判断矩阵的偏离程度。当 CR 小于预设的阈值（通常为 0.1）时，认为判断矩阵具有满意的一致性，从而保证了权重分配的合理性和有效性。最终，AHP 通过合成不同层次的权重向量，得出所有方案对于总体目标的综合权重排序，为决策者提供了直观的决策依据。这一方法不仅有助于决策者系统地考虑问题的各个方面，还能够在一定程度上减少主观偏见对决策结果的影响，提高决策的科学性和准确性。

（四）脱钩函数

脱钩一词最初源于物理领域，物理学界一般理解为解耦，本质是研究具有响应关系的两个或多个系统之间的相互关系的存在和消亡。"脱钩"概念可细化为扩张性复钩、强复钩、弱复钩、弱脱钩、强脱钩、衰退性脱钩等。早在1966年，国外学者就提出了关于经济发展与环境压力的脱钩问题，并首次将"脱钩"概念引入社会经济领域中。近年来，"脱钩"理论的研究进一步拓展到能源与环境、农业政策、循环经济等领域中，并取得了阶段性成果。近两年，学者开始借助"脱钩"理论分析我国经济发展与资源消耗之间的响应关系，而运用"脱钩"理论和方法来分析我国职业教育领域的研究问题尚属空白。本书借助"脱钩"理论和方法探索职业本科专业设置与产业结构之间的相互关系，为更好地优化专业设置提供参考和借鉴。

（五）多元回归分析法

多元回归分析法是指在相关变量中将一个变量视为因变量，其他一个或多个变量视为自变量，建立多个变量之间线性或非线性数学模型数量关系式并利用样本数据进行分析的统计分析方法。它是统计学中一种重要的数据分析工具，它通过数学模型数量关系式来探究这些变量之间的依存关系以及对因变量的影响程度。这种方法可以揭示各自变量对因变量的单独效应，如相关关系、因果关系等，从而帮助我们更深入地理解数据背后的复杂关系。在社会科学、经济学、生物医学等多个领域中，多元回归分析被广泛应用于预测、解释和验证变量间的因果关系，为科研工作和决策提供强有力的统计支持。多元回归分析法在本书中的运用目的在于确定影响职业本科院校专业设置与区域产业发展适配性的关键影响因素，因此，研究采用逐步回归方法对一系列潜在影响适配程度的变量进行筛选与剔除。通过此回归，最终确定那些 p 值低于 0.05 的变量，作为对职业本科院校专业结构与区域整体产业适配性可以产生显著影响的变量。一方面，可以确定哪些影响因素可以显著影响职业本科专业结构与产业结构的专产适配；另一方面，可以为后面运用模糊集定性比较分析方法确定适配路径时，选取前因条件的过程中提供参考。

（六）模糊集定性比较分析方法

fsQCA，即模糊集定性比较分析方法，是一种案例导向型的研究方法。

它基于集合论思想和组态思维,将定性分析与定量分析有效联结。该方法最初是为了解决社会学研究难题而产生,20 世纪 90 年代,由美国社会学家 Ragin 提出,他将布尔代数方法转向模糊集合方法,使传统的定性比较分析方法变得易于操作,也拓展了 QCA 方法的应用范围。fsQCA 的基本思想是借助架构理论和布尔代数运算,从集合的角度考察前因条件及条件组合与结果的关系,从而解释现象背后的复杂因果关系。fsQCA 认为,在分析某件事或者结果发生的原因时,通常是由多个原因或者条件组合产生,而非单一因素起作用。该方法广泛应用于社会科学、管理学、新闻传播学、教育学等多个领域。例如,在创业成功、创新和政策影响等方面的研究中,fsQCA 方法能够发现多个案例的共同组态,这些组态构成导致特定结果的特定路径,为研究者提供了对现象更细致的理解。

二、技术路线图

本书按照"理论分析 – 模型建构 – 实证研究 – 对策研究"的思路展开,重点分析稳步发展背景下职业本科院校专业结构"适配什么 – 适配程度 – 何以适配 – 为何适配 – 如何适配"的问题。(1) 结合适配理论和职业本科院校专业建设实践,构建专业结构适配性理论分析框架,回答适配什么;(2) 对不同类型职业本科院校专业结构的适配程度与类型进行实证测度,厘清适配程度;(3) 分析职业本科院校专业结构适配程度的影响因素,解答何以适配;(4) 探析职业本科院校专业结构适配的内在机理,回答为何适配;(5) 基于适配类型、适配影响因素、适配机理和适配困境,综合考虑职业本科院校专业结构适配性的提升策略,解答如何适配。

本书研究的主要目标是:(1) 结合适配理论和职业本科教育的发展规律,从院校层面构建职业本科院校专业结构纵向一体化贯通、横向同层次融通和外向产教耦合联通的"三通"适配模型;(2) 运用实证分析方法,结合不同维度专业结构适配的偏差系数、偏离系数、变协系数和灰色关联度等指标,全面测度职业本科院校专业结构的适配程度与主要类型;(3) 依托大数据案例库,系统梳理职业本科院校专业结构适配程度的影响因素与适配机理;(4) 立足当前稳步发展背景,基于职业本科院校专业结构的适配困境，提出优化职业本科院校专业结构适配性的对策建议。据此，本书设计了以下分析框架，如图 2-5 所示。

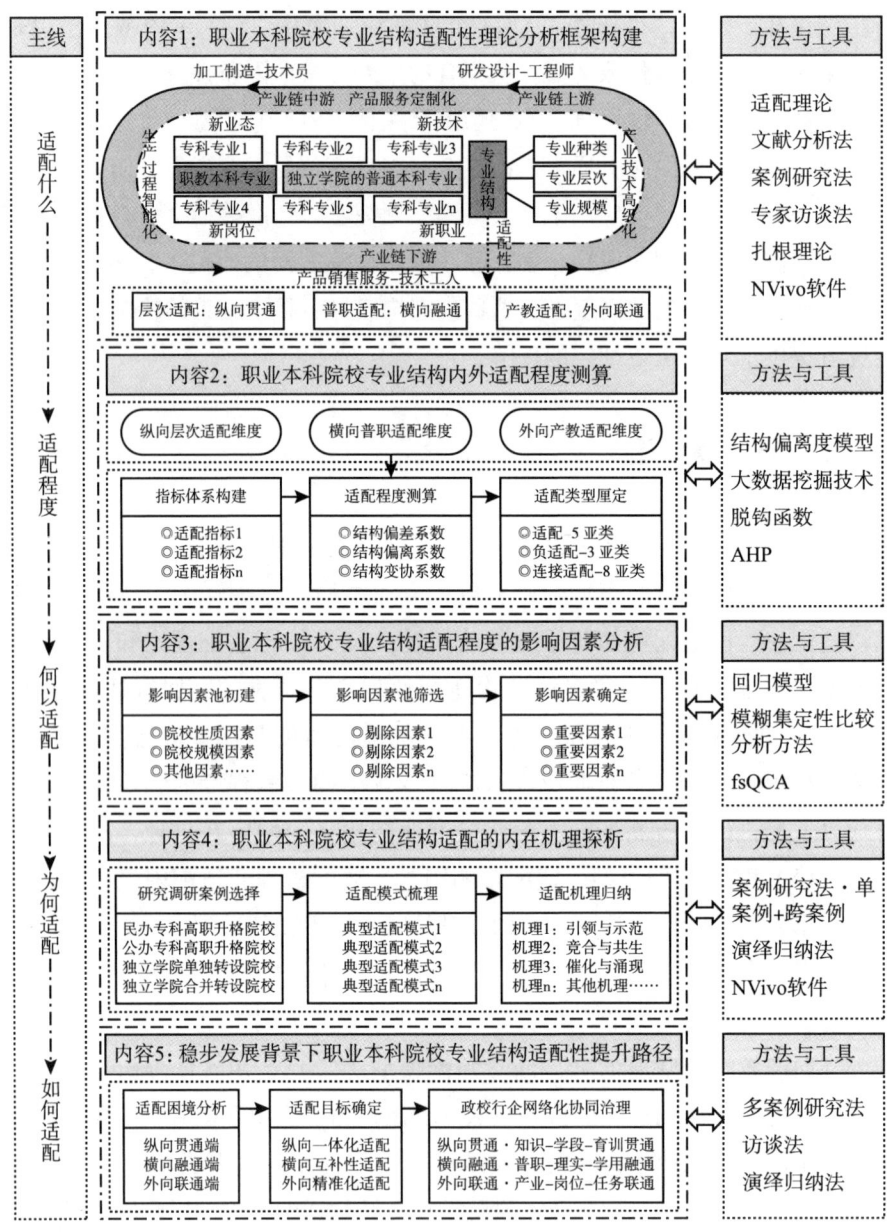

图 2-5 研究框架与技术路线

（1）问题的提出。明晰本书的研究价值、研究问题与研究目标。

（2）职业本科院校专业结构适配性理论分析框架构建。剖析职业本科院校专业结构适配性的核心要义，基于适配理论和实践案例，构建纵向贯通、横向融通、外向联通的"三通"适配模型：①纵向一体化贯通主要解决职业本科专业与现有专科专业、中职专业的衔接适配问题；②横向同层次融通主要解决职业本科专业与普通本科专业（合并转设独立学院）横向融合适配问题；③外向产教耦合联通主要探究现有专业结构与区域产业结构的外部适配性问题。

（3）职业本科院校专业结构内外适配程度的测算。运用大数据挖掘技术和灰色关联度分析法，从纵向层次适配、横向普职适配、外向产教适配维度构建适配评价指标体系，结合现有32所职业本科院校样本数据，测算各维度适配的结构偏差系数、结构偏离系数、结构变协系数，厘定职业本科院校专业结构的适配类型（适配、负适配、连接适配）及其亚类，从而客观展现当下职业本科院校专业结构的适配程度与特征。

（4）职业本科院校专业结构适配程度的影响因素分析。基于影响因素大数据库（院校性质、院校规模、办学时长、专业跨度、专业面向行业等因素），运用结构方程模型和有序 Probit 模型，筛选并厘清不同要素对职业本科院校专业结构适配类型的影响程度，根据影响程度的差异对各要素进行科学分类。

（5）职业本科院校专业结构适配的内在机理探析。结合上述分析结论，运用案例研究法（单案例＋跨案例）分析公办专科高职升格、民办专科高职升格、独立学院单独转设、独立学院合并转设等不同类型的职业本科院校专业结构适配的典型模式与内在机理（如引领与示范、竞合与共生等）。

（6）职业本科院校专业结构适配性提升路径。首先，基于案例分析与实地访谈资料，梳理纵向贯通、横向融通、外向联通等不同维度职业本科院校专业结构适配困境；其次，基于适配机理与困境分析，从政校行企等多元主体层面提出网络化协同治理的对策建议，促进职业本科院校专业结构纵向一体化适配（知识－学段－育训贯通）、横向互补性适配（普职－理实－学用融通）、外向精准化适配（产业－岗位－任务联通）。

基于上述研究内容，本书研究的重点为：（1）构建纵向贯通、横向融通、外向联通的职业本科院校专业结构"三通"适配模型；（2）通过实证研究测度职业本科院校专业结构不同维度适配的结构偏差系数、结构偏离系数和结构变协系数，厘定适配的主要类型、影响因素与适配机理；（3）探究职业本科院校专业结构适配性提升的科学之策。研究难点：（1）职业本科院校专业结构的纵向一体化贯通、横向同层次融通和外向产教耦合联通适配过程并非是线性与静态的，而是始终处于动态变化中，进一步增加了适配过程分析的复杂性和难度；（2）全面筛选并构建适配性评价的指标体系，并要确保其科学性、精确性和有效性。

为了突破职业本科专业结构和产业结构适配这个重难点问题，本书设计了以下研究程序。第一步，明确界定本书研究范畴内的核心概念，包括职业本科、专业结构、产业结构以及适配的具体含义和概念界定。在此基础上，本书以适配理论为基石，构建了系统的理论分析框架，为后续研究奠定了坚实的理论基础。第二步，本书从职业本科专业结构和产业发展现状两个维度进行深入剖析。一方面，通过对职业本科专业设置的类型、数量、布局及发展趋势等方面的整理归纳，揭示了职业本科教育的专业设置现状和专业布局模式；另一方面，通过对我国当前产业发展的规模、结构及未来趋势的综合分析，概括了产业发展的宏观态势。第三步，本书的核心环节在于职业本科专业结构与产业结构适配度的量化测算。为此，本书创新性地引入了结构偏离度模型、AHP层次分析法结合线性加权法以及点映射适配函数三种量化分析模型。其中，结构偏离度模型用于衡量国家整体层面职业本科专业结构与产业结构的适配程度；AHP层次分析法结合线性加权法则通过搭建职业本科专业系统和产业系统的指标体系对专业结构与整体产业结构的适配性进行综合评价；而点映射适配函数则聚焦于职业本科专业与高端产业之间的适配程度测算。第四步，本书根据上一步适配度测算结果，选取了多个可能影响职业本科专业结构与产业结构适配性的关键因素，并运用逐步回归分析方法进行实证研究，识别出对职业本科专产适配具有显著影响的因素，并借助模糊集定性比较分析法，深入探究了其中几个核心影响因素在专产适配过程中的驱动路径和作用机制。第五步，研究依据职业本科专产适配影响因素和驱动路径的厘定结果，对职业本科专产适配的内在机理进行深入剖析，旨在揭示专业结构与产业结构之间相互作用、相互影响的深层次规律。第六步，本书综合全书适配现状分析以及量化分析结果，对当前职业本科院校专业结构与产业结构适配过程中存在的困境进行全面总结，并据此针对性地提出优化策略，以推动职业本科院校专业结构与产业结构实现更加紧密、高效的适配。

第三章　职业本科院校专业结构的内部适配性分析

自 2019 年职业本科院校开展试点以来，其专业设置情况一直处于动态变化中，专业设置的大体趋势是朝着更加多元化、全面化的方向发展。产业更是处于飞速的迭代升级变化中。本章主要梳理当前我国职业本科院校的专业布局现状以及产业发展趋势，在专业层面，厘清各专业大类、专业类、专业的"冷热"程度和分布情况并总结专业布局的典型模型，在产业层面，分析当前产业结构、劳动力结构以及各行业发展现状，为科学测算职业本科院校专业结构与产业结构的适配度打下坚实的基础。

第一节　职业本科院校专业布局现状分析

为全面剖析职业本科院校专业布局现状以及变化趋势，本书对职业本科院校的专业设置情况进行了量化统计，详细分类总结了 2021~2023 年各专业大类内部的专业布点数分布情况。同时，通过横向、纵向比较不同学校以及不同时间阶段专业设置的时空差异，分析不同学校间专业设置情况的差异和时间维度的变迁。

一、职业本科院校专业布局整体情况分析

职业本科院校按照"稳步发展"的总基调，从 2019 年首批 15 所民办高职院校试点，到 2022 年底，我国职业本科院校总数已达到 32 所。其中，

公办院校 10 所，占职业本科院校总数的 31.25%，民办院校 22 所，占职业本科院校总数的 68.75%①。民办院校是目前职业本科院校的重要组成部分，公办职业本科院校主要通过独立学院和专科高职院校合并转设的方式形成，例如，河北工业职业技术大学通过整合河北科技大学理工学院、河北工业职业技术学院的办学资源形成职业本科院校，兰州资源环境职业技术大学通过整合兰州财经大学长青学院和兰州资源环境职业技术学院的资源合并转设为职业技术大学等。从时间维度看，在试点初期的职业本科院校大多为民办性质院校，在 2021 年之后新增的职业本科院校中大多为公办院校，如在 2021 年新增的 9 所本科高职院校中，8 所为公办性质的本科高职院校。为深入分析现有 32 所职业本科院校专业结构特征，本书通过对现有职业本科院校官方网站专业资料的整理汇总进行统计分析，得出了我国现有职业本科院校专业结构的基本样态。

（一）职业本科院校专业结构整体情况分析

从专科专业的数量和覆盖率看，全国现有的 32 所职业本科院校共设置了 290 种专科专业，专科专业的覆盖率为 38.98%（290/744）②，专科专业覆盖面较低。从专科专业类的数量和覆盖率看，职业本科院校设置的 290 种专科专业分布在 74 个专科专业类，专科专业类覆盖率为 76.29%（74/97），专科专业类覆盖率较高，基本覆盖了面向经济社会发展重点领域的专业类。从专科专业大类的数量和覆盖率看，290 个专科专业分布在 19 个专业大类，覆盖全部的专科专业大类。

从职业本科专业的数量和覆盖率看，32 所职业本科院校共设置 156 种职业本科专业，职业本科专业的覆盖率为 63.16%（156/247）③，职业本科专业覆盖率较高，基本涵盖当前制造业发展的重点领域。从职业本科专业类的数量和覆盖率看，32 所职业本科院校设置的 156 个职业本科专业分布在 68 个本科专业类，本科专业类覆盖率为 70.10%（68/97），虽然相对于专科专业类的覆盖率较低一些，但职业本科专业类整体覆盖水平较高，能够满

---

① 宋亚峰. 贯通·融通·联通：职业本科院校专业结构的适配逻辑［J］. 国家教育行政学院学报，2023（06）：78–87.
②③ 资料来源：根据 32 所职业本科院校官方网站招生简章和专业简介专栏，按照《职业教育专业目录（2021）》整理统计汇总所得。

足经济社会发展和生产实践一线对创新性高素质技术技能人才的需求。从职业本科专业大类的数量和覆盖率看，156个职业本科专业分布在19个专业大类中，覆盖全部的职业本科专业大类。

此外，现有部分职业本科院校也设置了普通本科专业，如景德镇陶瓷大学科技艺术学院单独转设形成的景德镇艺术职业大学等院校，除了设置职业本科专业外，还设置了10多个普通本科专业。

综合分析职业本科院校的实践样态可以发现，职业本科院校内部专业的组成主要包括专科专业、职业本科专业和普通本科专业等不同类型。从专业规模来看，专科专业和职业本科专业是主体，且专科专业的种数超过本科专业的类数，部分还设置了少量普通本科专业。从专业种类来看，专科专业和职业本科专业分布的专业类和专业大类较为齐全。从专业层次来看，现有专业结构跨越了专科专业和本科专业两个层次，本科同层次专业又设置了职业本科和普通本科两类同层次不同类型的专业。整体来看，我国现有职业本科院校专业组成结构较为复杂。

（二）不同类型职业本科院校专业结构差异分析

32所职业本科院校内部专业组成情况存在不同的特征。首先，从全部职业本科院校整体内部差异来看，在专科专业设置方面，现有职业本科院校平均设置了38个左右的专科专业（见表3-1），但院校之间专科专业设置情况差异明显，有院校设置的专科专业数超过70个，也有院校的专科专业数还不足10个。在职业本科专业设置方面，32所职业本科院校平均设置了20个左右职业本科专业，设置职业本科专业最多的院校为39个，最少院校仅为9个，院校之间的差异也较为明显，但相对于专科专业设置情况的差异，职业本科专业设置情况差异较小。在普通本科专业情况方面，仅有景德镇陶瓷大学科技艺术学院单独转设形成的景德镇艺术职业大学设置了13个普通本科专业，其他职业本科院校则以设置职业本科专业为主。

其次，从民办专科高职升格类职业本科院校专业设置情况来看，在专科专业设置方面，21所民办专科高职升格类[①]职业本科院校平均设置了34个

---

① 2019年5月首批公示试点的有15所、2019年12月公示的有5所、2020年6月公示的有1所，共计21所由民办专科层次高职院校升格的职业本科院校。

专科专业，设置专科专业最多的院校有 51 个，最少的仅为 9 个，虽然相对于 32 所职业本科院校整体情况差异较小，但其内部差异也较为明显。在职业本科专业设置方面，现有民办专科高职升格类职业本科院校平均设置了 18 个职业本科专业，各院校职业本科专业设置情况相对于专科专业设置情况差异较小。

最后，从独立学院合并转设类①职业本科院校专业设置情况来看，在专科专业设置方面，9 所独立学院合并转设类职业本科院校平均设置了 48 个专科专业，是各类院校中设置专科专业最多的院校。同时，院校之间专科专业设置情况差异也较为突出，设置专科专业最多的院校超过 73 个，最少的仅为 11 个。在职业本科专业设置方面，现有独立学院合并转设类职业本科院校平均设置 23 个职业本科专业，设置职业本科专业最多的院校为 39 个，最少院校仅为 12 个（见表 3-1），院校之间的差异也较为明显，但相对于专科专业设置情况差异本科专业设置情况差异也较小。此外，公办专科高职升格类②和独立学院单独转设类③职业本科院校各自仅有 1 所院校，分别是南京工业职业技术大学和景德镇艺术职业大学。

表 3-1　　　　不同类型职业本科院校专业组成及差异情况　　　单位：个

职业本科 院校类别	专科专业情况					职业本科专业情况					普通本科专业情况					专本 比
	MAX	MIN	RA	ME	SD	MAX	MIN	RA	ME	SD	MAX	MIN	RA	ME	SD	
职业本科 院校的整 体情况	73	9	64	38	16	39	9	30	20	7	13	0	13	0.4	2.26	1.86

---

① 分别为整合山西大学商务学院、山西交通职业技术学院、山西建筑职业技术学院办学资源，设置山西工程科技职业大学；整合河北科技大学理工学院、河北工业职业技术学院办学资源，设置河北工业职业技术大学；整合华北电力大学科技学院、邢台职业技术学院办学资源，设置河北科技工程职业技术大学；河北工业大学城市学院、承德石油高等专科学校办学资源，设置河北石油职业技术大学；西北师范大学知行学院和兰州石化职业技术学院、甘肃能源化工职业学院合并转设为兰州石化职业技术大学；兰州财经大学长青学院和兰州资源环境职业技术学院合并转设为兰州资源环境职业技术大学；广西大学行健文理学院和广西农业职业技术学院合并转设为广西农业职业技术大学；贵州师范大学求是学院和贵阳护理职业学院合并转设为贵阳康养职业大学；浙江海洋大学东海科学技术学院与浙江医药高等专科学校合并转设为浙江药科职业大学，共计 9 所。
② 2019 年 12 月，由南京工业职业技术学院公办专科高职院校升格形成。
③ 2020 年 12 月，由景德镇陶瓷大学科技艺术学院转设为景德镇艺术职业大学。

续表

职业本科院校类别	专科专业情况					职业本科专业情况					普通本科专业情况					专本比
	MAX	MIN	RA	ME	SD	MAX	MIN	RA	ME	SD	MAX	MIN	RA	ME	SD	
民办专科高职升格类情况	51	9	42	34	10	25	9	16	18	4	0	0	0	0	0.00	1.89
公办专科高职升格类情况	13	13	0	13	0	23	23	0	23	0	0	0	0	0	0.00	0.57
独立学院单独转设类情况	38	38	0	38	0	28	28	0	28	0	13	13	0	13	0.00	0.93
独立学院合并转设类情况	73	11	62	48	22	39	12	27	23	9	0	0	0	0	0.00	2.09

注：MAX 代表最大值，MIN 代表最小值，RA 代表极差，ME 代表平均值，SD 代表标准差；专本比 = 专科专业数平均值/(职业本科专业数平均值 + 普通本科专业数平均值)。

资料来源：根据32所职业本科院校官方网站整理汇总所得。

（三）不同类型职业本科院校专科专业与本科专业占比分析

职业本科院校内部专业的组成情况较为复杂，主要包括专科专业、职业本科专业和普通本科专业等不同类型不同层次的专业。在一所职业本科院校内部，其专业组成结构中不同类型和不同层次专业的占比是不同的。从32所职业本科院校的整体情况来看，在其内部专业组成中，专科专业平均数和本科专业平均数的比值为1.86，专科专业的数量多于本科专业的数量。从21所民办专科高职升格类职业本科类院校内部专业结构来看，专科专业平均数和本科专业平均数的比值为1.89，专科专业数明显多于职业本科专业数，且专本比高于32所职业本科的整体水平。从9所独立学院合并转设类职业本科院校内部专业结构组成看，专科专业平均数和本科专业平均数的比值为2.09，专科专业明显多于职业本科专业，是所有类型中专科专业最多的院校。公办专科高职升格类和独立学院单独转设类职业本科院校专科专业平均数和本科专业平均数的比值为 0.57 和 0.93，是职业本科专业多于专科专业的两类院校，在公办专科高职升格类职业本科院校内部专业组成中，职业本科专业占据明显优势。此外，在独立学院单独转设类职业本科院校专业结构组成中包含了专科专业、职业本科专业和普通本科专业，专业组成更加多元。

二、职业本科院校之间专业布局差异分析

职业本科院校之间的专业布局情况可以从专业大类、专业类和专业三个层面展开分析，其中每一层面从总数、平均值、极差值、标准差四个角度展开探究。

首先，从专业大类层面分析，在全国职业本科院校专业大类总数视角下，2021~2023 年职业本科院校的专业大类涵盖率一直是 100%，覆盖面较广，每个专业大类均设有相应专业。在职业本科院校内部涵盖专业大类的平均值视角下，3 年间 32 所职业本科院校涵盖专业大类数的平均值处于增长趋势，这表明越来越多的职业本科院校的专业大类覆盖面在扩张，学校涉猎的专业领域越来越多样化，到 2023 年，32 所学校平均覆盖 8 个专业大类（见表 3-2），覆盖专业大类总数的 40%。从职业本科院校涵盖专业大类数的极差视角来看，32 所职业本科院校内部涵盖专业大类数最多的院校和涵盖专业大类数最少的院校间的差值在逐年减少，这表明学校间专业大类覆盖差距缩小。2023 年，涵盖专业大类数最多的学校是山西工程科技职业大学、广东工商职业技术大学、广西农业职业技术大学、景德镇艺术职业大学，涉及 11 个专业大类，占据专业大类总数的近 58%，学校涉及专业领域较广。涵盖专业大类数最少的学校是贵阳康养职业大学，仅涉及 3 个专业大类，学校发展集中在某个专业领域，对其他专业领域的涉足较少。从职业本科院校涵盖专业大类数的标准差视角来看，32 所职业本科院校的涵盖专业大类的标准差从 2021 年的 2.21 缩减至 2022 年的 2.20，各院校涵盖的专业大类数量之间的差异正在逐渐缩小，表明职业本科院校在专业设置时呈现朝着更广泛的专业大类领域扩张的趋势。整体来看，职业本科院校的专业设置呈现向更广泛的专业领域扩张的积极动向，不再拘泥于一两个优势专业大类，而是

积极开设更多专业大类的专业，有助于提升职业教育适应性，培养多元化的高技能人才①。

其次，从专业类的层面分析，在全国职业本科院校的专业类总数视角下，2021~2023年，职业本科院校涵盖专业类的数目呈增长趋势，其中，2021~2022年增长较快，增长幅度近16%，2022~2023年增长幅度较小。到2023年，职业本科院校共覆盖68个专业类，占当前专业类总数的近74%。在职业本科院校内部涵盖专业类的平均值视角下，学校开设的专业涉及专业类的数目逐年递增，2023年，32所职业本科院校平均开设近15个专业类的专业，涵盖的专业类越来越丰富。从职业本科院校涵盖专业类数的极差视角来看，涵盖专业类数量最少与最多学校之间的极差呈现出逐年递增的趋势，表明部分教育资源和专业资源较为丰富的学校的扩张专业类的能力较强，且不同院校在扩展专业领域方面的能力与布局规划存在着显著的差异性。其中，山西工程科技职业大学涵盖专业类的数目最多，多达25个，涵盖专业类总数的近27%，成为涵盖专业类别最为广泛的院校之一；辽宁理工职业大学涵盖专业类的数目最少，仅有7个，涵盖专业类较为单一。从职业本科院校涵盖专业类数的标准差视角来看，32所职业本科院校涵盖专业类的标准差呈递增趋势，表明不同院校因专业布局规划或专业类别扩张能力的差异导致各学校间涵盖专业类数的差异越来越大。总体而言，职业本科院校涉及的专业类呈现越来越丰富的趋势，各院校也在积极开设不同专业类的专业，扩张自身的专业类丰富度，但不同院校的专业类丰富度的差距呈逐年递增趋势②。

最后，从专业层面分析，在全国职业本科院校专业总数视角下，2021~2023年，32所职业本科院校的职业本科专业数量呈现出显著增长趋势，2023年的职业本科专业数比2021年增长了近65%。这表明职业本科专业规模在近年来处于快速发展和扩张态势，各职业本科院校都在积极增设职业本科专业，优化专业布局。其中，兰州资源环境职业技术大学在三年间增设的职业本科专业数最多，增设了近20个职业本科专业。在职业本科院校专业平均值视角下，32所职业本科院校平均开设职业本科专业数在3年间增长

---

①② 资料来源：根据32所职业本科院校官方网站及质量年度报告统计汇总所得。

迅速，2022年比2021年增长了近44%，2023年比2022年增长了近15%，2023年32所职业本科院校平均每所院校设有近22个职业本科专业，其中，13所院校在本科专业设置数量上超过了平均水平，仅有2所院校本科专业设置数量仍为个位数，远低于平均水平。在职业本科院校专业极差值视角下，各职业本科院校间设置职业本科专业的规模存在差异性，且在2021～2023年职业本科专业规模最大的学校和专业规模最小的学校之间的差异在逐年增大。可能原因在于拥有更多优质教学资源的院校往往能够吸引更多的教师和学生，从而开设更多的专业，进而形成良性循环；而资源较为匮乏的院校则可能陷入扩大专业规模较为困难的发展困境。从职业本科院校专业标准差值的视角来看，32所职业本科院校的专业规模标准差从2021年的5.71增长至2022年的6.47，再到2023年的6.79，呈现出逐年递增的趋势。这表明各职业本科院校在职业本科专业设置与规模扩张上的不均衡性越来越严重，可能与教育资源分配的差异、学校战略规划的不同、市场需求变化导致的专业调整速度不一等原因有关。尽管各学校在本科专业设置的数量和完善程度方面仍存在较大的差距，但整体来看，职业本科院校都在加大力度完善本学校的专业布局，扩大学校专业大类的覆盖面，如表3-2所示。

表3-2　2021～2023年32所职业本科院校职业本科专业描述性统计

指标	2021年			2022年			2023年		
	专业大类	专业类	专业	专业大类	专业类	专业	专业大类	专业类	专业
总计	19	58	424	19	67	610	19	68	700
平均值	6.13	9.94	13.25	7.28	13.28	19.06	7.60	14.50	21.88
极差	9	16	28	9	17	30	8	18	31
标准差	2.21	3.73	5.71	2.20	4.34	6.47	2.20	4.51	6.79

资料来源：根据32所职业本科院校官方网站及质量年度报告统计汇总所得。

三、职业本科院校专业种类分布差异分析

本书为全面剖析职业本科院校的专业设置现状以及变化趋势，在进行

专业数据归纳整理时，不仅聚焦于学校角度职业本科专业大类、专业类和专业的量化统计分析，还从专业角度详细分类、总结了2021~2023年各专业大类、各专业类和专业的专业数量情况、冷热差距情况以及布点学校情况。旨在通过不同专业种类间与纵向时间线的比较分析，揭示不同专业大类、专业类和专业在职业本科院校中的普及程度与发展趋势，着重关注那些专业布点密集、反映产业需求旺盛或教育资源集聚效应显著的专业领域。

（一）专业大类分布情况

首先，从专业大类总数来看，2021~2023年，职业本科院校所设置专业覆盖19个专业大类，覆盖率达到100%，但各专业大类涵盖的专业数量差距较为显著。2021~2023年，32所职业本科院校涉及的专业大类按照热门程度排序，排名前5的专业大类依次是电子与信息大类、财经商贸大类、装备制造大类、文化艺术大类、土木建筑大类。其中，最热门的电子与信息大类在2023年涵盖的专业数高达134个。然而，相对冷门的农林牧渔大类、能源动力与材料大类、水利大类、轻工纺织大类、公安与司法大类、公共管理与服务大类在2023年涵盖的专业数仅为个位数。其次，从各专业大类规模变化来看，可以发现，除了农林牧渔大类以外的专业大类涵盖专业数基本都呈递增趋势，增长趋势较明显的分别是电子与信息大类、装备制造大类、财经商贸大类和医药卫生大类。值得注意的是，电子与信息大类、装备制造大类和财经商贸大类，这三个热门专业大类不仅增长势头迅猛，同时也是涵盖专业数量最多的三个专业大类。最后，从各专业大类布点学校数来看，以2023年的数据为例，财经商贸大类的布点学校数最多，涉及的学校数量达到31所，几乎涵盖了所有研究样本学校。此外，电子与信息大类、装备制造大类、土木建筑大类和文化艺术大类的学校普及度也较高，涵盖的学校数占研究样本总数的80%以上，属于"热门"专业。然而，农林牧渔大类、水利大类、轻工纺织大类、公安与司法大类则处于相对冷门的地位，仅有极少数学校开设相关专业。总的来看，职业本科院校的专业大类覆盖面很广，不同专业大类之间"冷热"差距明显，热门专业紧贴制造业重点领域。具体如图3-1所示。

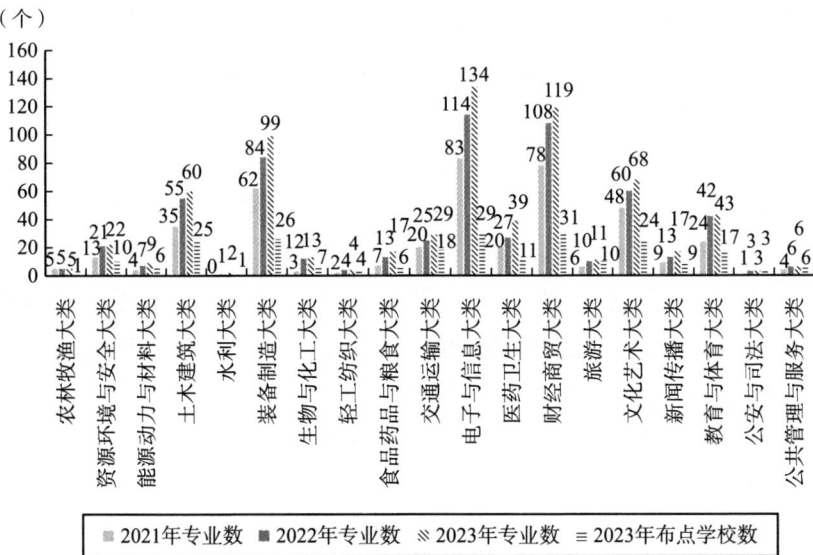

图 3-1　2021~2023 年各专业大类专业数和 2023 年各专业大类学校布点数

资料来源：根据各职业本科院校官方网站专业设置情况整理汇总所得。

（二）专业类分布情况

首先，从专业类数量来看，职业本科院校本科专业类分布领域较为广泛，基本覆盖国民经济的重点行业。根据最新的职业教育专业目录，高等职业教育共设 92 个专业类，其中，2021 年职业本科院校的本科专业类覆盖率将近 63%，2023 年则增长到了近 74%。热门职业本科专业类主要包括计算机类、艺术设计类、财务会计类、机械设计制造类，其中，计算机类在 2023 年开设了近 100 个专业，远超其他专业类（见表 3-3）；相对冷门的专业类包括资源勘查类、地质类、气象类、电力技术类、新能源发电工程类、黑色金属材料类、市政工程类、生物技术类、轻化工类、纺织服装类、眼视光类、餐饮类等；冷门专业类则包括渔业类、热能与发电工程类、房地产类、水文水资源类、轨道装备类、公安技术类、公共事业类等。专业类之间冷热差距较为明显，最热门专业类涵盖专业数近 100 个，却仍有较多相对冷门的专业类尚处于未开设或开设不足的状态。其次，从各专业类规模变化来看，2021~2023 年，涵盖专业数增长幅度较大的专业类包括计算机类、艺术设计类、自动化类、电子信息类、财务会计类、工商管理类、语言类。其中增长幅度最大的专业类是计算机类，2023年比2021年增加了30多个专业，专业规模呈现快速的扩张趋势，反映了技术进步与行业需求对职业本科专业设置的重要影响。相对冷门专业类的专业规模变化趋势也较小，基本处于小幅增加或不变状态。最后，从专业类布点学校数来看，布点学校数较多的专业类包括计算机类、机械设计制造类、财务会计类、艺术设计类，布点数较多的专业类和专业规模较大的专业类呈现重合，均属于"热门"专业类。在2023年的数据中，依旧是计算机类的布点学校数最多，32所职业本科院校中有29所均开设了该专业类的相关专业。总体来看，职业本科专业类的覆盖范围较为广泛，且呈现覆盖范围扩张的趋势，但不同专业类之间专业规模和布点差异性较大（专业类布点学校数据表格见附录A8）。

表3-3　2023年职业本科院校热门本科专业类中专业数情况（TOP50）　单位：个

序号	本科专业类	类中专业数	序号	本科专业类	类中专业数
1	计算机类	94	17	化工技术类	12
2	艺术设计类	57	18	表演艺术类	11
3	财务会计类	38	19	广播影视类	10
4	机械设计制造类	38	20	旅游类	10
5	自动化类	30	21	经济贸易类	10
6	电子信息类	26	22	通信类	10
7	语言类	25	23	药品与医疗器械类	10
8	汽车制造类	23	24	金融类	9
9	土建施工类	22	25	新闻出版类	7
10	物流类	21	26	健康管理与促进类	7
11	道路运输类	20	27	康复治疗类	7
12	电子商务类	19	28	中医药类	7
13	工商管理类	19	29	护理类	7
14	建设工程管理类	18	30	食品类	7
15	建筑设计类	15	31	体育类	6
16	教育类	12	32	城市轨道交通类	5

续表

序号	本科专业类	类中专业数	序号	本科专业类	类中专业数
33	机电设备类	5	42	财政税务类	3
34	环境保护类	5	43	航空装备类	3
35	测绘地理信息类	5	44	非金属材料类	3
36	公共管理类	4	45	有色金属材料类	3
37	医学技术类	4	46	安全类	3
38	药学类	4	47	煤炭类	3
39	集成电路类	4	48	石油与天然气类	3
40	建筑设备类	4	49	农业类	3
41	法律实务类	3	50	公共服务类	2

资料来源：根据各职业本科院校官方网站专业设置情况整理汇总所得。

(三) 专业分布情况

首先，从具体专业数量来看，职业本科院校设置专业的种类较为丰富，专业覆盖率较高，且呈现覆盖面逐年扩张趋势。2021年，全国职业本科院校共设置近120种职业本科专业，2022年增长到150多种，2023年则覆盖了近170种职业本科专业。到2023年，全国职业本科院校已开设职业本科专业占全部职业本科专业种类的比例超过60%，专业紧密对接我国国民经济重点行业及领域。其中，2021~2023年，较为热门的专业包括机械设计制造与自动化、电子商务、软件工程技术、大数据与财务管理、大数据与会计等（见表3-4）。其次，从各专业布点学校数来看，2021~2023年，全国职业本科院校布点学校数一直位于前三的专业是软件工程技术，布点学校数占总数的近1/3；相对布点数较多的专业是机械设计制造与自动化、大数据与会计；且这三个专业的布点学校数呈现逐年递增趋势。其他较为冷门的专业则仅有1个学校开设。总的来看，职业本科院校的专业覆盖面逐年扩张，但专业之间的冷热差距较为明显。

表3-4　2023年职业本科院校热门本科专业分布情况（TOP50）

序号	本科专业	频次	序号	本科专业	频次
1	330302 大数据与会计	20	26	310301 现代通信工程	9
2	310203 软件工程技术	18	27	330602 市场营销	9
3	330802 现代物流管理	18	28	260304 机器人技术	8
4	350106 环境艺术设计	18	29	260701 汽车工程技术	8
5	260102 智能制造工程技术	17	30	370201 应用英语	8
6	260101 机械设计制造及自动化	16	31	240302 智能建造工程	7
7	300203 汽车服务工程技术	16	32	320201 护理	7
8	310205 大数据工程技术	16	33	360101 网络与新媒体	7
9	330701 电子商务	16	34	240101 建筑设计	6
10	330301 大数据与财务管理	15	35	260301 机械电子工程技术	6
11	240301 建筑工程	14	36	270201 应用化工技术	6
12	310102 物联网工程技术	14	37	310207 信息安全与管理	6
13	240501 工程造价	13	38	350202 舞蹈表演与编导	6
14	260702 新能源汽车工程技术	13	39	220801 生态环境工程技术	5
15	350102 视觉传达设计	12	40	240102 建筑装饰工程	5
16	350103 数字媒体艺术	12	41	240502 建设工程管理	5
17	370101 学前教育	12	42	330202 金融科技应用	5
18	310101 电子信息工程技术	11	43	340101 旅游管理	5
19	310201 计算机应用工程	11	44	350201 音乐表演	5
20	310202 网络工程技术	11	45	370202 应用日语	5
21	310209 人工智能工程技术	11	46	260305 自动化技术与应用	4
22	310204 数字媒体技术	10	47	310401 集成电路工程技术	4
23	330501 国际经济与贸易	10	48	320301 药学	4
24	330601 企业数字化管理	10	49	320601 康复治疗	4
25	260302 电气工程及自动化	9	50	330201 金融管理	4

资料来源：根据各职业本科院校官方网站专业设置情况整理汇总所得。

第二节　职业本科院校专业布局模式分析

习近平总书记在全国职业教育大会上作出重要批示指出："要稳步发展职业本科教育，加快构建现代职业教育体系"。随后，在党的二十大、党的二十届三中全会、全国教育大会上，习近平总书记进一步指出要"构建职普融通、产教融合的职业教育体系，大力培养大国工匠、能工巧匠、高技能人才"。职业本科的诞生是职业教育适应产业结构升级和技术迭代升级的客观要求，是职业教育体系向上延伸的关键一环，也是培养创新型高技能人才的重要教育类型，更是培养赋能新质生产力提升所需新型劳动者的重要抓手。习近平总书记在2023年9月以来关于"新质生产力"有系列重要指示批示。"新质生产力"作为赋能中国式现代化向纵深推进的力量之源，主要由产业深度转型升级、技术革命性突破、生产要素创新性配置而形成，主要表现为劳动者、劳动资料、劳动对象及其优化组合的质变，重点表征为全要素生产率提升。发展新质生产力的关键抓手之一即打造新型劳动者队伍，而职业本科教育则是培育新型劳动者的关键要素和核心变量，对新质生产力的提升具有重要现实意义。

从发展职业本科教育的政策法规来看，2022年新修订的新版职教法中将高职学校教育明确为"专科、本科及以上教育层次"，自此，职业本科教育向上纵向贯通发展有了法律依据。在相关法律出台之前，国家也出台了系列政策文件探索职业本科教育的发展，从时间维度来看，相关政策最早可以追溯至2014年发布的《国务院关于加快发展现代职业教育的决定》，在此决定中，首次明确要"探索发展本科层次职业教育"，2019年国务院发布的《国家职业教育改革实施方案》（又称职教二十条）再次强调"开展本科层次职业教育试点"。中办、国办2021年10月印发的《关于推动现代职业教育高质量发展的意见》和2022年12月印发的《关于深化现代职业教育体系建设改革的意见》等政策文件为职业本科教育的发展奠定了政策法规基础，勾勒出了职业本科教育稳步发展的"四梁八柱"。在上述政策的支持下，截至2024年9月，我国职业本科院校数量已经增加至51所，分布在全国的 24 个省级行政单位和 42 个地市级行政单位，成为培养发展新质生产力所需创新型高素质技术技能人才的重要教育类型①。

从关于职业本科的研究来看，相关研究主要集中在以下主题，首先，关于职业本科的内涵及其特征的分析，相关研究主要通过技术哲学和知识论等理论视角分析职业本科教育的本质特征与内涵，论证职业本科与应用型本科、普通本科之间的共性与差异。其次，关于职业本科的发展定位研究，现有研究从职业本科院校发展的现实环境出发，基于中国式现代化的宏观背景，提出了职业本科院校发展的未来路向。再次，关于职业本科教育的国际比较研究，也是现有关于职业本科教育研究最多的领域，相关研究通过比较分析德国、英国、法国、日本、新西兰等国家职业本科教育发展的典型经验，提出了对我国的经验启示。最后，关于职业本科院校信息化转型的研究，相关研究通过分析人工智能技术赋能职业本科院校发展的实践路向和生态优化，提出了职业本科发展的信息化转型之路。

综上所述，在研究层面来看，相关研究主要侧重宏观维度职业本科院校的发展定位研究；从研究方法来看，侧重于运用哲学思辨和比较分析方法研究职业本科院校发展的理论逻辑和实践路向。相较而言，中观层面职业本科院校专业的研究不足，尤其对职业教育内部中－高－本不同层次的专业之间的纵向贯通、职业本科专业和普通本科专业之间的职普融通、产业与产业之间耦合适配等问题缺乏研究。为此，本书聚焦于分析新质生产力背景下职业本科院校的专业布局样态，通过梳理我国现有职业本科院校的专业布局模式，探究其专业结构内外适配的主要机理，以期为优化职业本科院校的专业整体布局，助推职业本科教育在赋能新质生产力提升实践中不断探索，在探索中不断发展。

当今世界正经历百年未有之大变局，不稳定性、不确定性明显增加。应对世界之变、时代之变、格局之变，适应科技革命、数字革命和产业变革新挑战，化解生产力不充分不均衡之难题，需要把加快发展新质生产力放在更加突出的地位，而发展职业本科正是赋能新质生产力提升的重要抓手。为深入分析我国现有职业本科院校专业布局模式和适配样态，探究职

---

① 中华人民共和国教育部. 全国高等学校名单 [EB/OL]. (2024－6－20) [2025－01－21]. http：//www.moe.gov.cn/jyb_xxgk/s5743/s5744/A03/202406/t20240621_1136990.html.

业本科院校专业结构适配的内在逻辑与机理，以优化职业本科院校专业布局，提升职业本科赋能新质生产力的水平。本书将采取以下具体路线进行相关研究。

第一，全面梳理和统计现有职业本科院校最新的《高等职业教育质量年度报告》和官方网站的专业简介信息，确定本书研究案例资料和专业数据采集来源；第二，以教育部发布的《职业教育专业目录（2021年）》为专业分类统计依据，以现有职业本科院校作为矩阵的"行"要素，以其中高等职业教育本科专业和专科专业作为矩阵的"列"要素，形成职业本科院校的专科专业布局矩阵和本科专业布局矩阵；第三，基于对专业布局矩阵的量化分析勾勒职业本科院校专业布局的数字画像与基本特征；第四，通过职业本科院校专业布局矩阵的层次聚类分析和IPA分析，得出现有职业本科院校专业布局的主要模式；第五，综合专业布局画像和专业布局模式的基本特征，结合我国职业本科院校发展的现实样态，总结凝练出新质生产力背景下我国职业本科院校专业结构适配的内在机理。

科学研究样本的选择应兼顾其代表性、抽样的科学性和数据的可获得性等要求。在综合考虑上述要求的基础上，本书以现有职业本科院校为研究样本，截至2024年9月，我国已有51所职业本科院校，但考虑到其中10余所2024年5月才正式公示并无一年以上的办学实践。因此，本书以2023年具有稳定招生的32所职业本科院校为数据来源。案例职业本科院校主要通过"独立学院+公办专科高职1""独立学院+公办专科高职1+公办专科高职2"、一所独立学院直接转设为民办职业本科院校、民办专科高职院校单独转设为民办职业本科院校、优质专科高职院校单独转设为公办专科高职院校等多样途径形成，形成途径比较多元。从案例院校的办学特色和服务面向类型来看，涵盖了综合类、农林类、语言类、财经类、艺术类、医药类等不同类型的院校。从案例职业本科院校的地域分布来看，案例院校主要分布在全国的20个省级行政单位（见图3-2），29个地市级行政单位。综上所述，研究案例现有职业本科院校形成途径比较多元、学校服务面向和类型较为多样、在全国省域分布比较广泛，整体上具有较好的典型性和代表性。

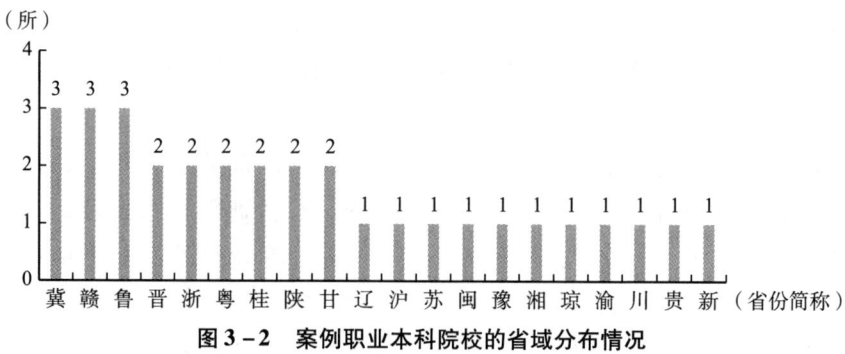

图3-2 案例职业本科院校的省域分布情况

研究样本选定之后，进入样本，科学收集案例资料和样本数据是得出准确研究结论的关键一步。为此，本书系统梳理了关于职业本科院校专业设置和建设的系列数据，综合考虑样本案例资料与数据的可获得性、权威性等因素，重点选取了教育部官方网站、职业本科院校2023年发布的《高等职业教育质量年度报告》、职业本科院校官方网站最新的专业设置与简介专栏的资料等系列文件，确保了样本案例资料和数据的权威性、科学性和可获得性。同时为更加科学准确地刻画我国现有职业本科院校的专业布局模式，本书以《职业教育专业目录（2021年）》为专业分类统计依据，以19个专业大类下97个专业类包含的744个高等职业教育专科专业为"列"要素，以32所职业本科大学为"行"要素，构建744×32的专科专业布局矩阵；以19个专业大类下97个专业类包含的247个高等职业教育本科专业为"列"要素，以32所职业本科大学为"行"要素，构建247×32的本科专业布局矩阵。专业布局矩阵的构建将为后文层次聚类分析、专业布局特征和专业布局模式的分析奠定数据基础。

职业本科教育是横向融通、纵向贯通现代职业教育体系的重要牵引，是职业教育体系向上延伸到本科层次的教育类型，也是强化职业教育类型特色的关键一环，为探析新质生产力背景下其专业布局结构特征与模式，本书以我国现有设置一年以上且具有稳定专业建设过程和招生实践的32所职业本科院校为研究样本，重点分析其专业布局矩阵与基本特点，以全面展示全国职业本科院校专业布局的典型实践与专业布局模式。

职业本科院校专业布局结构特征映射出了其专业设置的集聚和分散特征，主要是从职业本科院校设置了何种专业视角去分析院校的专业生态。在

第三章　职业本科院校专业结构的内部适配性分析

一所职业本科院校内部，由于学校办学历史、所在地产业结构、办学定位等多元因素的影响，其所设置的专业之间会被打上"骨干""优质""优势""劣势""特色"等标签。与此同时，也会根据科层制的特点，将所设置的专业依据办学水平的不同和认证结果的差异划分为"国家级""省级""校级"等不同子类型。各级各类专业在整个院校专业生态中所拥有的生态位是有差异的，不同的生态位专业之间相互作用与影响，将形成特定时空下的专业布局模式。为科学分析 32 所职业本科院校专业布局的主要模式，研究以各院校本专科专业布局矩阵为数据来源，运用层次聚类方法和 IPA 分析，根据全国现有职业本科院校专业布局结构的相似程度和专业建设具体案例，将我国职业本科院校专业布局模式总结为如图 3-3 所示的基本类型。

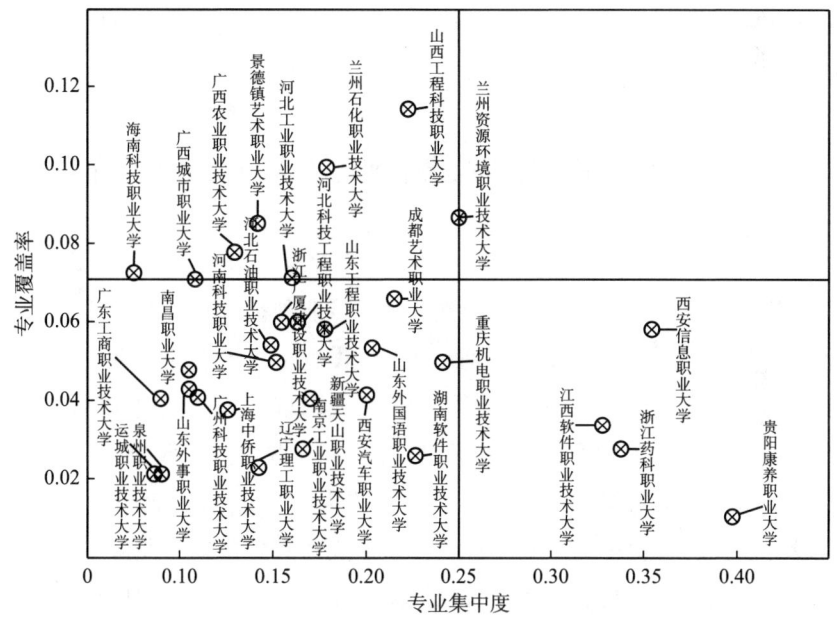

图 3-3　职业本科院校的专业布局模式

注：专业覆盖率 = 某职业本科院校总数/专业目录中专业总数（744 + 247）；专业集中度 = 某职业本科院校相关专业大类专业数/该院校专业总数。

一、高专业覆盖率 + 高专业集中度的"大而精"专业布局模式

"高 - 高大而精"的专业布局模式院校主要分布于专业布局模式图 3-3

的右上位置，此类布局模式院校设置了多样专业种类，同时每个专业大类下的专业布局也较为集中，专业布局既有广度也有深度。在我国现有32所职业本科院校中，"大而精"的专业布局模式的院校较少，仅有兰州资源环境职业技术大学是较为接近此类专业布局模式的院校，该校设置了20多个职业本科专业和60多个专科专业，主要面向气象、民航、煤炭、地质、安全、冶金、水利、化工、珠宝、财贸等行业培养高层次技术技能型人才，具有较高的专业覆盖率和较高的专业集中度。一般情况下，高专业覆盖率和高专业集中度的"大而精"专业布局模式是较为理想化的专业布局模式，该模式的优势在于既能够提供多样性的专业群生态，为不同专业之间的协同发展营造良好的生态环境，同时该类模式又非"大水漫灌"式的贪大求全，而是在每一专业大类都精耕细作，形成"大而精"的专业布局模式，有着较好的专业调整韧性和较强的外部适应性。该模式的主要问题在于对院校办学过程的人力、财力和物力投入要求过高。

二、高专业覆盖率+低专业集中度的"大而全"专业布局模式

"高-低大而全"的专业布局模式院校主要分布于专业布局模式图3-3的左上位置，此类布局模式院校设置了多样专业种类，且每个专业大类下的专业布局较为分散，甚至部分专业大类下仅设置了一个专业，专业布局仅有广度，同一专业大类下横向拓展度较低。在我国现有32所职业本科院校中，选择"大而全"的专业布局模式的院校有7所，占院校总数的21.88%。通常而言，高专业覆盖率和低专业集中度的"大而全"的专业布局模式虽然拥有较为多样的专业种类，其优势是可以形成富有生机的专业群生态，也可以输出多样化的技术技能人才，可以覆盖多元的行业门类，但也存在明显的劣势，"大而全"的专业布局模式对院校师资、实训条件、办学空间等软硬件资源都提出了更高要求。"大而全"的专业布局模式因其专业布局的多样性，可以为新质生产力背景下专业系统动态适应区域产业转型升级提供灵活性，但脱离区域产业结构现实需求，一味追求"大而全"的专业布局模式，容易产生"大水漫灌"的资源浪费现象，不利于院校有限办学资源的优化配置。

三、低专业覆盖率+低专业集中度的"小而全"专业布局模式

"低-低小而全"的专业布局模式院校主要分布于专业布局模式图3-3的左下位置,此类布局模式院校专业种类覆盖的专业大类较少,专业大类覆盖率较低,但具体专业分散在多个专业大类,专业集聚度较低。在我国现有32所职业本科院校中,选择"小而全"的专业布局模式的院校有20所,占院校总数的62.5%,是四类专业布局模式中院校数最多的一类。聚焦几个专业大类设置相关专业的布局模式,能够凝练出较为明显的院校特色和专业特色,同时在特定专业类下拓展专业分布宽度,有助于提升职业本科院校专业生态系统动态调整的韧性。"小而全"的专业布局模式是职业本科院校在有限办学资源下,提升专业结构宽度的最优选择,有利于在特色明晰的前提下,在多样化的专业大类下"多点开花"。例如,成都艺术职业大学的音乐表演这一专业细分了声乐美声唱法、声乐民族唱法、流行演唱、钢琴等多个专业方向。整体来看,"低-低小而全"的专业布局模式是目前职业本科院校最主流的专业布局模式,是职业本科院校在发展新质生产力背景下,在有限办学条件下,横向拓展专业广度,延展专业生态韧性,提升专业外部适应性的最主要的专业布局模式。

四、低专业覆盖率+高专业集中度的"小而精"专业布局模式

"低-高小而精"的专业布局模式院校主要分布于专业布局模式图3-3的右下位置,此类模式院校布局专业设置覆盖的专业大类更少,专业大类覆盖率低,主要分布在个别专业大类,且学校设置的相关专业中不论是职业本科专业,还是专科专业,都主要集中在特定专业大类下的专业类,专业的集中度高,主要依托优势特色专业引领院校的整体发展。在我国现有32所职业本科院校中,"小而精"的专业布局模式的院校有4所,占院校总数的12.5%。例如,浙江药科职业大学已设置专业主要集中在食品药品与粮食大类,贵阳康养职业大学已设置专业主要集中在医药卫生大类。所设置专业主要分布在院校特色明显的几个专业大类,且特色优势专业还细分了多个专业

方向。再如，江西软件职业技术大学的专业设置主要集中在电子与信息大类，其中，该大类下的软件技术专业细分了 UI 设计、WEB 软件设计、软件测试技术、网络游戏开发等多个专业方向。相较于"低－低小而全"的专业布局模式，"低－高小而精"的专业布局模式的主要优势在于更容易凝练院校特色和专业特色，实现特色化差异化发展。与此同时，此类专业布局模式的主要劣势是专业生态较为单一，不利于新质生产力背景下提升其专业生态系统的整体韧性。因此，"小而精"的专业布局模式应在发展过程中应协调好特色凝练和生态塑造的关系。

第三节　职业本科院校内部专业互动适配分析

2021 年 4 月，习近平总书记在全国职业教育大会上作出重要批示指出，要稳步发展职业本科教育，加快构建现代职业教育体系。职业本科教育作为现代职业教育体系纵向贯通的关键一环，是新时期中国职业教育改革发展的重要着力点。为了促进职业本科教育的发展，国家出台了系列政策文件，从 2014 年国务院印发的《关于加快发展现代职业教育的决定》中首次提出"探索发展本科层次职业教育"，到 2019 年国务院印发的《国家职业教育改革实施方案》，再次明确"开展本科层次职业教育试点"。2020 年教育部印发了《关于加快推进独立学院转设工作的实施方案》，在独立学院的转设路径中首次提出"可探索统筹省内高职高专教育资源合并转设"。为了促进职业本科院校的规范发展，2021 年，教育部分别印发了《本科层次职业教育专业设置管理办法（试行）》和《本科层次职业学校设置标准（试行）》的通知，明确了本科层次职业学校和专业设置标准。同年，教育部在《关于"十四五"时期高等学校设置工作的意见》中也明确提出"以优质高职院校为基础，稳步发展本科层次职业学校"。关于职业教育的发展规模，2021 年中办、国办印发的《关于推动现代职业教育高质量发展的意见》中，明确提出了职业本科教育在 2025 年的招生规模"要不低于整个高职招生规模的 10%"。2022 年 12 月，中办、国办印发的《关于深化现代职业教育体系建设改革的意见》也明确提出"以中等职业学校为基础、高职专科为主体、职业本科为牵引",不断拓宽学生成长成才通道。

在国家一系列密集发布的政策支持下,截至2022年底,我国职业本科院校数已达32所。现有的32所职业本科院校主要通过公办专科高职升格、民办专科高职升格、独立学院单独转设、独立学院合并转设等多元途径转变为职业技术大学。职业本科院校形成途径的多元性,使得职业本科院校内部专业结构多样化和复杂化。职业本科院校内的专业类型主要包括专科专业、职业本科专业和普通本科专业(含合并转设独立学院的专业),如此多元的专业构成,形成了复杂的专业生态系统。专业生态系统内部,同类型不同层次、同层次不同类型的专业之间如何实现协同共生,是促进职业本科教育稳步发展的关键。

反观现有关于职业本科教育的相关研究,主要职业本科的内涵界定、职业本科人才培养目标、职业本科的内涵发展路径、职业本科制度建设、职业本科的国际比较等不同方面。现有研究认为,职业本科教育属于本科水平的工程技术类和复杂技能类教育,职教本科专业是职业教育延伸到本科层次的结果,通过比较职业本科、应用本科和普通本科之间的区别和联系,现有研究指出,职教本科专业的起点是职业和工作,遵循工作体系的逻辑。职业本科院校的人才培养定位应面向行业产业的高端领域,培养有较强的专业能力、创新能力、方法能力、组织领导能力、可持续发展能力和综合职业素养,相当于"技术工程师"层次的技术型人才。职业本科院校的内涵建设应以技术学科建设为龙头,以高质量专业建设为要点,以双师队伍建设为关键,以职业技术大学文化建设为亮点。职业本科教育的行稳致远也要建立健全与其相适应的制度体系,其中最重要的制度设计包括学位体系制度、升学与就业制度、人才培养制度等。与此同时,职业本科教育的发展也要大力借鉴国外发展经验,现有研究重点关注了德国应用技术大学、日本专门职业大学、新西兰职业本科教育质量保障体系等。整体来看,现有研究主要集中在比较宏观视角的发展路径和实践现状的分析,缺乏微观层面对专业发展的研究,特别是以系统的视角探究一所院校内不同专业之间的协同发展问题。为此,本书聚焦现有职业本科院校的专业生态系统的基本结构特征,在生态学视域下审视职业本科院校专业系统不同要素的协同互动及其治理之策,以期为促进我国职业本科教育稳步发展和行稳致远提供启示。

一、职业院校专业生态系统结构透视

职业本科院校形成途径的多元性，使得在同一所院校内部至少包含专业专科和职业本科专业两种不同层次的专业，部分职业本科院校甚至设置了专科专业、职业本科专业和普通本科专业（含合并转设独立学院的专业）等不同层次不同类型的专业。整体来看，职业本科院校专业结构较为复杂。为了更加科学全面地分析职业本科院校专业结构的整体特征，本书将从教育生态学的理论视角出发，通过学科隐喻和移植的手段，将一所职业本科院校视为一个独立的专业生态系统，基于对现有职业本科院校专业设置情况的系统分析，以全面立体透视和刻画职业本科院校的专业结构。

生态学是探究各类生态系统的基本结构、主要功能及其演化过程的一门学科，重点分析人与环境、人与生物等不同要素之间的相关关系，其研究对象涉及自然生态系统，也涉及人类生态系统和外部环境系统内多元的系统要素。根据研究对象范围的大小，可将生态学划分为个体生态学、团体生态学和综合生态学等不同的子领域。其中，综合生态学又被称为群落生态学，主要以生物群落为基本分析单位，探究生物群落的发展过程，也关注生物群落与外部环境系统相互作用的过程；团体生态学又被称为种群生态学，主要关注生物集群的发展演化过程和生物种群与外部环境系统互动的过程；个体生态学主要分析生态系统内不同生物个体与其生存密切相关的外部系统之间的关系。整体来看，生态学的研究视角相较于传统的分析视角存在显著优势，生态学的分析视角可以避免从孤立的、碎片化的单一视角出发分析相关问题，该视角将各个要素的子问题都作为系统的一部分进行分析，能够为各类问题的分析提供系统全面的分析视角。

传统的生态学研究主要关注生物、人以及自然环境的关系，形成了不同的子系统，在分析对象的选择上通常会选取个体、种群和群落等从小到大的分析单元。根据经典生态学和教育生态学的基本理念和原理，可以将其隐喻和移植到职业本科院校专业系统的分析过程中，从而形成职业本科院校专业生态系统的概念模型，如图 3-4 所示。

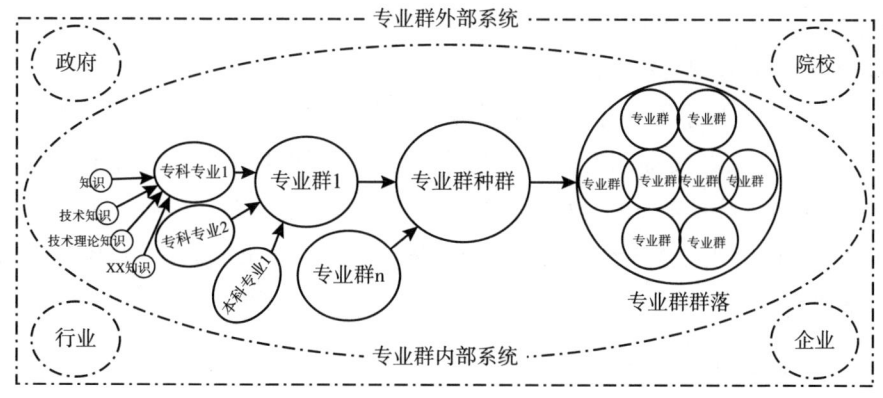

图 3-4　职业本科院校专业生态系统

在一所职业本科院校内部将会形成相对独立的专业生态系统。其中，职业本科院校专业群内部生态系统主要由专业个体（individual）、专业种群（population）和专业群落（community）组成，系统内部专业个体主要包含职业本科专业、专科专业和普通本科专业等不同层次和不同类型的专业。在专业种群层面将形成职专－职本专业种群、职专－普本专业种群、职本－普本专业种群等不同类型的种群，各级各类专业依据亲疏远近关系和对接产业链与岗位群的差异性而形成了不同的专业群落。职业本科院校专业生态系统的运转也将受到外部环境系统的影响，外部环境系统主要由政府、行业、企业和同区域院校（中职院校、专科高职院校和职业本科院校）组成，通过职业本科专业系统所在院校与外部环境系统多元主体的有效互动，实现专业生态系统的动态平衡与可持续发展，在整体上形成一个动态进化的复杂自适应系统。

从 2018 年首批 15 所民办高职院校试点，到 2022 年底，我国职业本科院校总数已达到 32 所。其中，公办院校有 10 所，占职业本科院校总数的 31.25%；民办院校有 22 所，占职业本科院校总数的 68.75%。从院校分布区域来看，32 所职业本科院校分布在全国的 20 个省级行政单位、29 个地市级行政单位所在城市。从现有院校的形成途径来看，主要通过公办专科高职升格、民办专科高职升格、独立学院单独转设、独立学院合并转设等多元途径形成职业技术大学。从现有院校的主要类型来看，涵盖了综合、财经、语言、农学、艺术、医药等不同类型的院校。整体来看，现有职业本科院校地域分布较为广泛、来源途径较为多元、学校类型较为多样。因此,对现有32所职业本科院校的专业生态系统的解构和分析具有典型性和代表性。为此,本书逐一检索了现有32所职业本科本院校官方网站的专业设置和专业介绍专栏,依据教育部发布的最新专业目录《职业教育专业目录（2021年）》进行了统计汇总和分析。通过对相关数据的分析发现,我国现有职业本科院校的专业生态系统分别在专业个体、专业种群和专业群落层面呈现出以下特征。

(一) 专业个体层面

在职业本科院校专业生态系统内部,专业个体是组成系统整体的基本单位,也是形成专业种群和群落进而形成"生机盎然"的专业生态系统的基本单元。相较于专科层次高职专业生态系统中专业个体类型和层次的单一性,职业本科院校专业生态系统的专业个体组成较为多元,包含了不同类型和不同层次的专业个体。首先,从层次来看,在职业本科院校专业生态系统内部既包含了专科层次的高职专业,也包含了本科层次的高职专业;其次,从类型来看,部分职业本科院校专业生态系统中既包含普通本科专业,也包含职业本科专业和职业专科专业,从而使其专业生态系统基本组成单位的专业个体既具有普通教育的"基因",又具有职业教育的"基因"。整体来看,职业本科院校专业生态系统的专业个体组成较为复杂。

为了全面分析职业本科院校专业生态系统在专业个体层面的基本特征,本书以现有全部职业本科院校专业设置情况为数据来源,通过统计分析发现,我国职业本科院校专业生态系统在专业群个体层面呈现以下特征。

从专业个体的种类来看,首先,现有32所职业本科院校所设置专业主要分布在290种职业专科专业中,设置专科专业数占744种专科专业总数的比例还不足40%,专科专业个体的覆盖率较低;其次,现有职业本科院校共设置了156种职业本科专业,已设置职业本科专业占全部247种职业本科专业总数的63%,职业本科专业个体的覆盖率较高。此外,现有职业本科院校中也设置了13个普通本科专业,仅占771种普通本科专业总数的1.69%,普通本科专业个体开设率较低。

从专业个体的冷热程度来看，现有职业本科院校设置最多的专科专业为软件技术、大数据与会计、现代物流管理、电子商务、建筑工程技术、工程造价、机电一体化技术、大数据技术、工业机器人技术、数字媒体技术等。32所职业本科院校设置最多的普通本科专业为大数据与会计、软件工程技术、电子商务、机械设计制造及自动化、智能制造工程技术、环境艺术设计、大数据工程技术、现代物流管理、建筑工程等。职业本科院校设置的"热门"专科专业和本科专业的主要类型基本一致，主要聚焦于在大数据、软件技术、电子商务、机械制造等不同领域，如表3-5所示。

表3-5　职业本科院校热门本科和专科专业分布情况（TOP20）

序号	专科专业名称	频次	本科专业名称	频次
1	软件技术	28	大数据与会计	22
2	大数据与会计	26	软件工程技术	21
3	现代物流管理	25	电子商务	17
4	电子商务	23	机械设计制造及自动化	16
5	建筑工程技术	20	智能制造工程技术	16
6	工程造价	20	环境艺术设计	16
7	机电一体化技术	20	大数据工程技术	15
8	大数据技术	20	现代物流管理	15
9	工业机器人技术	19	建筑工程	14
10	数字媒体技术	19	汽车服务工程技术	14
11	新能源汽车技术	17	大数据与财务管理	14
12	计算机应用技术	17	工程造价	13
13	机械制造及自动化	16	物联网工程技术	12
14	物联网应用技术	16	数字媒体艺术	12
15	计算机网络技术	16	学前教育	12
16	市场营销	16	网络工程技术	11
17	旅游管理	16	应用英语	11

续表

序号	专科专业名称	频次	本科专业名称	频次
18	环境艺术设计	16	新能源汽车工程技术 电子信息工程技术 计算机应用工程 数字媒体技术 国际经济与贸易 视觉传达设计	10
19	电气自动化技术	15	现代通信工程	9
20	汽车制造与试验技术	14	汽车工程技术 应用化工技术 人工智能工程技术 市场营销	8

资料来源：根据职业本科院校官方网站整理汇总。

从"冷门"专业的分布来看，在职业本科院校已设置的156种专业中，有63种职业本科专业仅一所院校设置，占已设置专业总数的40.39%，这些职业本科专业主要集中在现代种业技术、作物生产与品质改良、智慧农业技术、设施园艺、动物医学、宠物医疗、现代畜牧、现代水产养殖技术、资源勘查工程技术、环境地质工程等不同领域；在职业本科院校已设置的290种职业专科专业中，有115种专科专业仅一所院校设置，占已设置专业总数的39.67%，① 这些专科专业主要集中在作物生产与经营管理、现代农业技术、园艺技术、植物保护与检疫技术、中草药栽培与加工技术、矿山智能开采技术、大气科学技术、大气探测技术、应用气象技术、环境管理与评价、资源综合利用技术、化工安全技术、应急救援技术、消防救援技术、分布式发电与智能微电网技术等不同领域。

整体来看，最热门的职业本科专业同时有22所院校设置，占现有职业本科院校总数的68.75%；最热门的专科专业同时有28所院校设置，占现有职业本科院校总数的87.5%。而不论是已设置的职业本科专业还是专科专业，均有40%规模的专业仅有一所院校开设。因此，从冷热程度来看，

---

① 宋亚峰．职业本科院校的专业生态与治理方略［J］．职教论坛，2023，39（07）：46-55.

现有职业本科院校已设置的专业之间冷热差距明显,"冷门"专业的院校特色和区域特色较突出。

从专业个体的服务面向来看,职业本科专业和专科专业基本能够覆盖"战略性新兴产业、交通运输、制造业、服务业、社会建设与社会管理"等经济社会发展的重点领域。热门本专科专业主要聚焦于"新一代信息技术产业、新材料、先进轨道交通装备、高档数控机床和机器人、节能与新能源汽车"等我国的制造重点领域,特别是现有职业本科专业的布局主要对接产业高端和高端产业"两个高端"进行布局。此外,即使是"冷门"专业,其区域特色也非常明显,能够较好地满足经济社会发展需要。因此,整体来看,职业本科院校面对生产性服务业向专业化和价值链高端延伸、生活性服务业向高品质和多样化升级的趋势,聚焦于战略性新兴产业重点领域布局了相关专业体系,能够较好地服务制造强国、质量强国、数字中国等国家重大工程建设,较好地对接了现代产业体系,为我国经济社会的发展培养了一批高素质、创新性和复合型技术技能人才。

(二) 专业种群层面

职业本科院校的专业个体会随着职业本科专业生态系统的整体演化而进化,通过相关特色优势专业"裂变"与"聚变"方式形成新的类属和服务面向相近的专业个体,类属相近的专业个体将在特定专业生态系统通过重叠和组合方式形成特定的专业种群。在本书中,为了分析数据的科学性和可获得性,本书将职业本科院校专业种群对应于《职业教育专业目录(2021年)》的"专业类",以我国现有的32所职业本科院校的专业设置资料为数据来源,通过量化分析现有职业本科院校专业类的分布情况,从而全面分析和刻画职业本科院校专业生态系统在专业种群层面的特征。

从专业种群的种类来看,现有职业本科院校的所有专科专业共分布在74个专科专业类中,占专科专业类总数(97类)的76.29%;全部职业本科专业共分布在68个本科专业类中,占职业本科专业类总数的70.10%。因此,从专业种群种类的覆盖面来看,不论是专科层次,还是本科层次,其覆盖面都较高,涵盖了多元的专业种群,有利于形成良好的专业群生态。

从专业种群的冷热程度来看,热门的专科专业种群有计算机类、艺术设计类、自动化类、语言类、汽车制造类、建设工程管理类、财务会计类、机械设计制造类、电子信息类、道路运输类、电子商务类等不同专业种群，其中，最热门的计算机类共设有该类别相关专科专业多达 152 个；热门职业本科专业种群主要由计算机类、艺术设计类、财务会计类、机械设计制造类、自动化类、语言类、电子信息类、土建施工类、电子商务类、建设工程管理类等不同专业种群。热门专科专业种群和热门本科专业种群分布领域比较一致，主要集中在计算机类、艺术设计类等不同领域，如表 3-6 所示。

表 3-6 职业本科院校热门本科和专科专业类分布情况（TOP20） 单位：个

序号	本科专业类	类中专业数	专科专业类	类中专业数
1	3102 计算机类	85	5102 计算机类	152
2	3501 艺术设计类	52	5501 艺术设计类	81
3	3303 财务会计类	38	4603 自动化类	68
4	2601 机械设计制造类	36	5702 语言类	44
5	2603 自动化类	25	4607 汽车制造类	42
6	3702 语言类	24	4405 建设工程管理类	41
7	3101 电子信息类	23	5303 财务会计类	41
8	2403 土建施工类	19	4601 机械设计制造类	40
9	3307 电子商务类	19	5101 电子信息类	40
10	2405 建设工程管理类	18	5002 道路运输类	34
11	2607 汽车制造类	18	5307 电子商务类	33
12	3308 物流类	18	5401 旅游类	33
13	3002 道路运输类	17	4401 建筑设计类	30
14	2401 建筑设计类	14	5306 工商管理类	29
15	2702 化工技术类	14	4702 化工技术类	27
16	3306 工商管理类	13	4403 土建施工类	26
17	3502 表演艺术类	12	5308 物流类	26
18	3701 教育类	12	5302 金融类	19
19	3305 经济贸易类	10	4902 药品与医疗器械类	17
20	3401 旅游类	10	5502 表演艺术类	17

资料来源：根据职业本科院校官方网站整理汇总。

冷门专科专业种群主要有金属与非金属矿类、新能源发电工程类、建筑材料类、城乡规划与管理类、水土保持与水环境类、包装类、邮政类、公共卫生与卫生管理类等种群，上述专科种群内仅仅包含一个专业；冷门本科专业种群主要有渔业类、资源勘查类、地质类、气象类、电力技术类、新能源发电工程类、黑色金属材料类、有色金属材料类、市政工程类、水利工程与管理类、生物技术类、轻化工类、纺织服装类、航空运输类、集成电路类和公共事业类等种群，上述不同的专业种群内仅设置了一个专业。

从专业种群的服务面向来看，主要面向国家重大战略需求、面向人民生命健康、面向经济主战场设置具体专业，特别是热门专业种群主要面向相关政策文件提出的战略性新兴产业领域。

（三）专业群落层面

职业本科院校专业群落主要由一系列相互关系紧密和亲疏远近关系较近的专业组成的更大范围的组织形态。相较于专业种群，专业群落内部的专业组成更加多元。为了在更大的范围内进行专业生态治理，本书选取了专业群落这一更大范围的组织分析单元。关于专业群落的划分，现有研究并未提出较为明确的分类维度。相较于职业本科专业群的分类现状，目前较为成熟的更大范围组织形态的分类研究主要是关于学科群和科学研究的分类。例如，托尼·比彻（T Becher）为了分析学术部落与学术领地的基本特征，将知识划分为应用软科学、应用硬科学、纯硬科学、纯软科学的四分法，托克斯（D Stokes）则根据"求知"和"求用"的维度，将科学研究分为了巴斯德象限、波尔象限、皮特森象限、爱迪生象限等不同的类型。这些分类方式为解构职业本科院校专业生态提供了重要启示。同时，为了保证数据统计口径的统一性和数据的可获得性，本书在突出职业本科教育类型属性的前提下，选择《职业教育专业目录（2021年）》的"专业大类"作为分析职业本科院校专业群落的对应单位。以我国现有的32所职业本科院校的专业设置情况为数据来源，通过统计分析可以发现：

从专业群落的种类和数量来看，现有32所职业本科院校设置的本专科专业分布在19个专业大类，专业群落涵盖了职业教育专业目录所列出的全部专业大类。专业大类之间的冷热程度存在较为明显的差异，热门的专业群落主要有电子与信息大类、财经商贸大类、装备制造大类和文化艺术大类等不同的专业大类，例如，最热门的电子与信息类大类共设置有210个专科专业和118个本科专业。较为冷门的专业群落主要有水利大类、农林牧渔大类、公安与司法大类、公共管理与服务大类、轻工纺织大类，例如，水利大类中仅设置了4个专科专业和1个本科专业。整体而言，职业本科院校专业群落的服务面向基本能够涵盖战略性新兴产业、先进制造业、现代服务业、现代农业等重点领域，其中，本科层次热门专业群落主要面向产业高端和高端产业（见图3-5）。

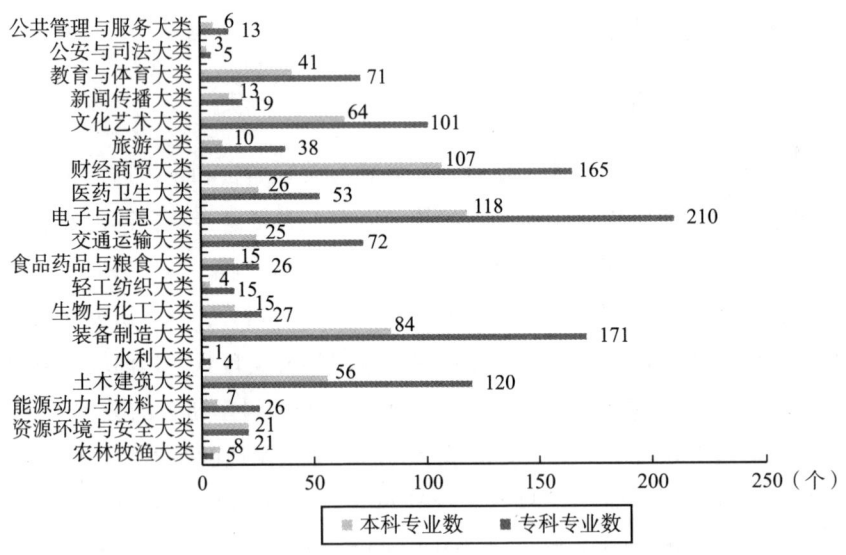

图3-5 职业本科院校所设置专业分布大类情况

资料来源：根据职业本科院校官方网站整理汇总。

二、职业本科院校内的专业生态类型

职业本科院校的专业布局特征可以在一定程度上反映不同高校的办学定位和社会贡献服务能力。本书结合职业本科院校开设专业所属专业大类和专业类的情况，将职业本科院校内专业生态类型总结为平原发展型、单峰领头型、多峰并进型。

（一）"平原发展型"专业生态类型

该专业生态类型的学校在专业布局方面追求专业大类较为均衡覆盖态势，教学资源基本平均分配给全部专业，并不突出某一或某些专业大类的特色和优势。此现象在图 3-6 中表现为学校层面的数据曲线波动平缓，呈现出一系列低矮的"小山峰"或近似于"平原"的形态。均衡型办学较为典型的代表有泉州职业技术大学、广州科技职业技术大学、海南科技职业大学、上海中侨职业技术大学、广东工商职业技术大学、景德镇艺术职业大学。前四所学校的职业本科专业设置均覆盖 10 个专业大类且没有专业设置数量过于突出的专业大类（各专业大类的专业设置数目的方差较小）。后两所学校的职业本科专业设置均覆盖 11 个专业大类且专业设置数量较为均衡。该类型职业本科院校在专业设置上的共性是缺乏优势明显的专业领域，学校通过多元化的专业布局，广泛对接不同产业链的需求，展现了较强的产业适应性和灵活性。

（二）"单峰领头型"专业生态类型

该专业生态类型的学校集中自身优势办学资源，优先并着重发展其擅长领域内的某一专业大类，形成鲜明且显著的专业特色与优势。这一模式在图 3-6 中通常表现为学校层面的数据曲线中矗立着一座深色的"高峰"，其周围则环绕着低矮的"小山峰"或广阔的"平原"，形成鲜明的对比。最典型的代表学校是西安信息职业大学，该学校开设的专业共分布在四个专业大类中，其中，电子与信息大类的专业占据 76%，构成一个显著的信息类专业高峰。此外，江西软件职业技术大学、山东外国语职业大学、贵阳康养职业大学、浙江药科职业大学等亦属此类，它们各自在某一优势专业大类上实现了专业规模的显著集中，优势专业大类的专业规模占据学校开设总专业数的 50% 左右，且未有其他专业大类在数量上形成竞争态势，整体呈现出为某一特定产业专门化服务的特征，体现了高度的专业聚焦与产业对接。

（三）"多峰并进型"专业生态类型

该专业生态类型的学校将办学资源重点倾斜于几个具备相对优势的专业

大类，保障几个专业大类协同并进发展，形成较为明显的专业特色和竞争优势。在图3-6中一般表现为在学校层面的数据曲线中存在不止一个较深颜色的"山峰"。该类型比较典型的学校有山东工程职业技术大学、山东外事职业大学、南京工业职业技术大学、山东工程科技职业大学、河北工业职业技术大学等。学校专业布局中存在多个专业规模较大的专业大类，占据优势的专业大类间专业规模差距较小，同时远超其他非优势专业大类。其中，占据优势的专业大类一般集中于电子与信息大类、财经商贸大类、土木建筑大类和装备制造大类，优势专业大类与当前经济社会发展需求可以较好地契合。

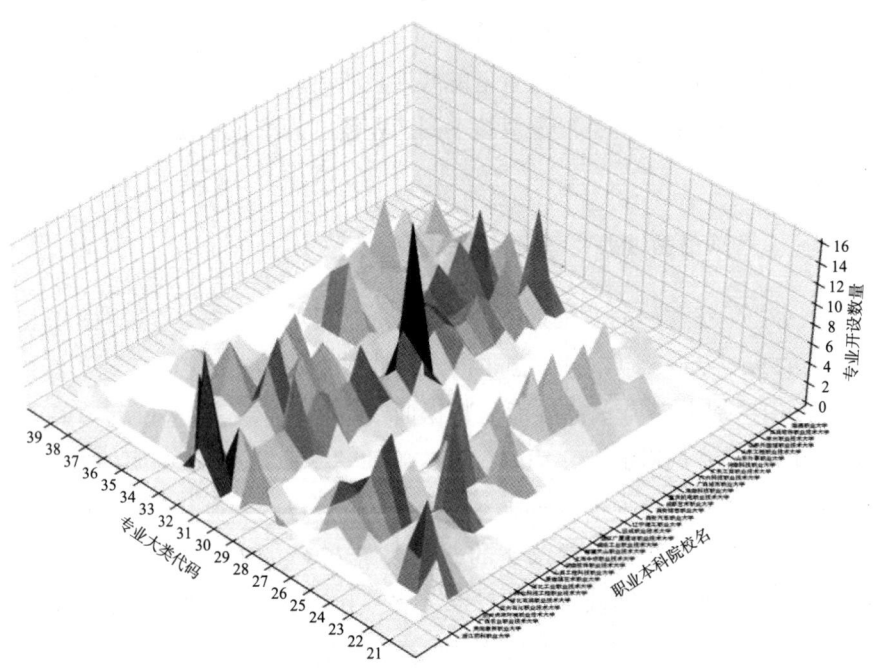

图3-6 2023年32所职业本科院校19个专业大类涵盖专业数

注：21~39的专业大类分别指的是：21农林牧渔大类、22资源环境与安全大类、23能源动力与材料大类、24土木建筑大类、25水利大类、26装备制造大类、27生物与化工大类、28轻工纺织大类、29食品药品与粮食大类、30交通运输大类、31电子与信息大类、32医药卫生大类、33财经商贸大类、34旅游大类、35文化艺术大类、36新闻传播大类、37教育与体育大类、38公安与司法大类、39公共管理与服务大类。

资料来源：根据各职业本科院校官方网站专业设置情况整理汇总所得。

三、职业本科院校的专业群组建模式

专业群建设是职业本科院校实现专业结构内部适配的重要抓手之一，也是推动我国职业教育发展高质量发展的重要途径，是满足经济社会发展对高水平技术技能人才需求的重要方式，国家政府高度重视专业群发展，多次出台相关文件推动专业群建设。2000年1月，教育部印发了《关于加强高职高专教育人才培养工作的意见》①，指出"要根据高职高专教育的培养目标，针对地区、行业经济和社会发展的需要，按照技术领域和职业岗位（群）的实际要求设置和调整专业。专业口径可宽可窄，宽窄并存"。文件中提出"群"的概念，并要求以此为依据对专业进行调整。2006年11月，教育部、财政部印发了《关于实施国家示范性高等职业院校建设计划加快高等职业教育改革与发展的意见》，②明确提出"重点建成500个左右产业覆盖广、办学条件好、产学结合紧密、人才培养质量高的特色专业群"，这是"专业群"概念第一次被写入国家文件，各高职院校以此为依据加强自身专业建设，推动专业群建设的快速发展。2014年6月，教育部、国家发展改革委、财政部、人力资源社会保障部、农业部、国务院扶贫办联合印发了《现代职业教育体系建设规划（2014—2020年）》③，指出"加强职业教育基础能力建设，支持一批本科高等学校转型发展为应用技术类型高等学校，形成一批支持产业转型升级、加速先进技术转化应用、对区域发展有重大支撑作用的高水平应用技术人才培养专业集群。"2019年4月，教育部、财政部发布的《关于实施中国特色高水平高职学校和专业建设计划的意见》明确提出，要打造高水平专业群，促进专业资源整合和结构优化，发挥专业群的集

---

① 中华人民共和国教育部．关于印发《教育部关于加强高职高专教育人才培养工作的意见》的通知［EB/OL］．（2000-01-17）［2023-09-20］．http：//www.moe.gov.cn/s78/A08/tongzhi/201007/t20100729_124842.html.

② 中华人民共和国教育部．教育部、财政部关于实施国家示范性高等职业院校建设计划加快高等职业教育改革与发展的意见［EB/OL］．（2006-11-03）［2024-06-20］．http：//www.moe.gov.cn/srcsite/A07/moe_737/s3876_qt/200611/t20061103_109728.html.

③ 教育部．现代职业教育体系建设规划（2014—2020年）［EB/OL］．（2020-04-03）［2024-02-20］．http：//old.moe.gov.cn/publicfiles/business/htmlfiles/moe/s8159/201406/170737.html.

聚效应和服务功能，实现人才培养供给侧和产业需求侧结构要素全方位融合。"双高计划"的发布极大地推动了我国专业群建设，越来越多的职业院校通过对自身专业进行调整重组来开展专业群建设的实践探索，职教领域的相关学者也加强了对专业群建设的理论研究。本书以我国 32 所职业本科院校为研究样本，以职业本科院校《高等职业教育质量年度报告（2023 年）》为主要资料来源，分析我国职业本科院校专业群建设情况，以期为我国职业教育专业群发展提供参考。

随着经济的不断发展，我国产业结构的不断调整，对人才的需求也在不断变化，跨领域和复合型的工作种类日渐增多，这些岗位要求技术人员不仅要能够很好地掌握自己领域的专业技能，还要求具备更加全面综合的知识、能力和素质。专业群的建立可以面向多个职业岗位，让学生更多地接触到不同的领域，拓宽知识边界、提高创新能力和可持续发展能力。就专业自身发展来说，专业群的组建有利于专业结构更好的优化调整。从 2019 年 3 月教育部、财政部印发《关于实施中国特色高水平高职学校和专业建设计划的意见》（简称"双高计划"），至今已有 5 年每所学校已经发展形成了自己的优势特色专业群。本书以教育部官方网站和 56 所"双高计划"建设院校的《中国特色高水平高职学校和专业建设计划申报书》为数据来源，对其专业群组建情况进行统计分析发现：我国"双高计划"建设院校的专业群从专业层面来看，专业是组成专业群的最小单元，在 56 所建设院校的 112 个专业群中，有近一半的专业群内部是由 5 个专业组成，超过 80% 的专业群是由 4 个及以上的专业组成，这些专业主要集中在电气自动化技术、工业机器人技术、软件技术、计算机网络技术等热门专业。从专业群个体来看，56 所"双高计划"建设院校的 112 个专业群中共有 81 个不同的专业群，专业群的覆盖面较广。设置频率较高的热门专业群主要为机械制造与自动化专业群、机电一体化技术专业群、模具设计与制造专业群、物联网应用技术专业群、软件技术专业群、畜牧兽医专业群等。专业群在组建时有群内全为专科专业、群内全为职业本科专业、群内本专科专业并存等多元组建方式，并且组群方式的复杂程度与因"群主"专业选择有关。

专业群的组建是为了实现"1+1>2"的协同效应，通常情况下，职业本科在组建专业群时往往会选择 3~5 个相关专业，但由于不同院校在学校的办学历史、地区发展情况方面存在差异，不同地区职业本科院校在专业群编组上也存在不同的情况（见图3-7）。有的院校在进行专业群组建时，往往会强调"大而全"的专业布局，如深圳职业技术大学共设置了87个专业，覆盖17个专业大类，达到覆盖近90%的专业大类，形成商科类专业群、工科类专业群和人文艺术类专业群。有的院校更加注重打造"小而精"的专业群，在群内专业布局时更加强调群内专业的相关性，组建完成后，对群内各专业的资源进行合理配置，实现聚集效应的最大化。以河北石油职业技术大学为例，该校按照"现场工程师"的培养要求，合理分配群内师资，构建公共基础、技术系统、技能系统、素质拓展的课程体系。通过精准对接目标岗位群，凝练典型工作任务，提取课程知识点和技能点，开发面向工作场景能力递进的模块化课程。以提升工作现场实践能力和工程素养为导向，构建包括基本技能训练、专项技能训练、综合技能训练等的实践教学体系，促进学生掌握工作原理，实现理论与实践的融会贯通。还有的院校在专业群组建时更加强调优势特色专业的作用，以优势特色专业为主体布局群内专业，如河北工业职业技术大学，以黑色冶金技术这一优势专业为主，组建黑色冶金技术专业群，依托"全国钢铁职业教育联盟"和"河北省钢铁焦化职业教育集团"平台，以教学资源库和在线精品课程建设为重点，政行企校合力打造开放共享的黑色冶金技术专业群国家级资源平台，毕业生成为全国大型钢铁企业招聘首选。

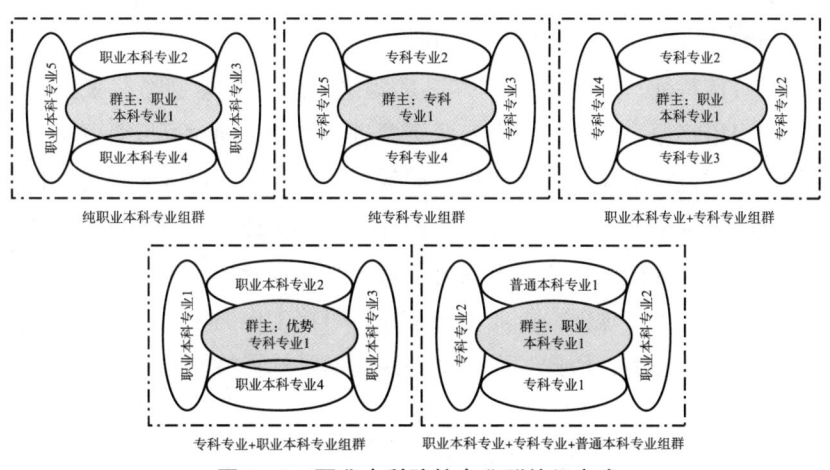

图3-7 职业本科院校专业群编组方式

对比高等职业教育专科单一的专业群组群方式，职业本科院校在组建专业群时有群内全部为专科专业、群内全部为职业本科专业、群内专业包含职业本科专业和专科专业、群内专业包含职业本科专业和专科专业以及普通本科专业等多元组建方式，职业本科院校在专业群组建过程中呈现以下特征。

一是产业特征，群内各个专业共同服务于特定的产业和岗位群，满足区域内重点产业对高技能应用型人才的需求。高职院校专业群建设的最终目的是人才培养，高职院校输出的人才最终要投入到实际的产业链中，外界环境的变化是影响专业群建设的一个重要因素。在互联网技术飞速发展的现代，传统的产业链发生了巨大的变化，对技术技能人才的需求也更加复杂，专业群在建设的过程中要关注外界环境的变化，积极应对人才市场的需求变化和产业升级现实诉求，及时调整专业群建设目标和资源分配情况，促进专业群内个体相互促进，发挥整体协同作用，提升整个专业群对外界环境的适应能力，促进其可持续的发展。同时积极与企业开展合作，企业作为市场经济的重要组织部分，对市场经济的发展具有敏锐的感知力，通过与企业的合作可以帮助职业本科院校了解市场动态，明晰企业人才需求，及时调整专业群建设，更新群内专业，促进专业群与产业的高效对接。以河北工业职业技术大学为例，该校组建了本科专业群、专科专业群、专本一体化专业群共16个。这16个专业群紧密对接先进钢铁、高端装备、新一代信息技术等河北支柱产业和区域新兴产业，同时主动适应数字产业化和产业数字化的发展趋势，全面推进专业群升级和数字化改造。专业群覆盖河北省支柱产业比例达87%，与河北产业需求匹配度达到100%。[①]

二是资源特征，顾名思义"群"的观念代表了一类事物的聚集，专业群的组建可以将原来分散的单个专业资源进行整合，同时可以对群里资源要素的组合方式进行优化调整，实现资源效益最大化。通过资源聚集，促进相关专业共享实训基地、技术平台、优秀师资等办学载体，克服单个专业在资源建设上的局限性。通过资源汇聚可以进一步体现专业特色，帮助高职院校找准专业定位，更好地面向企业生产实际，对接工作岗位，提升高职教育的技术创新和服务能力，因此，职业本科院校通常选择将专业基础课程、实训

---

① 宋亚峰，许钟元．和合共生：职业本科院校专业群组建模式研究——基于全国职业本科院校的多案例研究［J］．中国职业技术教育，2024（16）：86-95．

设备等可以实现共享的专业进行组队建设专业群。但在专业群内部，因为高职专业群系统资源和外部环境系统资源的有限性，所以在一个专业群中的专业一定存在着资源的争夺与竞争。存在适度的竞争压力，可以使群内专业在教学理念、教学模式、教学内容等方面不断进行改革创新，促进群内专业的动态进化，协同发展，更好地适应产业转型升级对人才培养的新需求。以浙江广厦建设职业技术大学为例，在组建专业群时，该校遵循行业基础、学科基础、岗位群相近等原则，集中优势资源，做大做强优势专业群，在专业群课程体系的设立中，构建专业群平台课程和专业群方向课程，夯实学生专业基础，促进学生个性化发展。专业群内师资互通互享，借助学校大力实施的"领雁、强雁、飞雁、护雁"四大工程，为群内教师提供发展平台，为优质职业教育提供师资保障。同时与企业合作共建实训基地、协调创新中心、产业学院等，实现共建共享。

三是政策特征，以南京工业职业技术大学为例，该校聚焦中国制造2025、长三角一体化发展等国家重大发展战略，以本科层次职业教育试点为契机，紧紧围绕江苏及区域战略性新兴产业、先进制造业和现代服务业等经济社会发展急需的专业领域，以专业群建设为抓手，推动专业升级、拓展新专业，服务高端产业和产业高端。学校建立"国家、省级、校级"三层级专业群建设机制。同一所职业本科院校的专业群与专业群之间相互协同，以高水平专业群建设为主，通过辐射带动作用推动校内其他专业群建设，共同服务于本校人才培养。以河北科技工程职业技术大学为例，学校坚持以服务环渤海三大战略性新兴产业集群和区域主导产业为导向，聚焦军地"产业基础高级化、产业链现代化"需求，对接新能源汽车、高端装备制造、新一代信息技术等战略性新兴产业，对接纺织服装、建筑、现代服务等传统产业高端，以汽车工程、机电工程、电气工程专业群为主体，以信息技术、管理服务专业群为融合支撑，以服装工程、建筑工程专业群为发展特色，优化形成以融合与特色为两翼共同支撑装备制造主体专业群发展的"一体两翼"专业群布局。

职业本科教育作为中国特色现代职业教育体系纵向贯通的关键一环，是培养创新型复合技术技能人才的重要依托。专业群是职业本科院校应对产业转型升级要求进行专业结构优化的关键抓手。为厘清职业本科院校专业群的组建模式，本章运用多案例研究法，以《2023年职业本科质量报告》《双高申请书与建设方案》各省份教育厅官方网站、所选10所职业本科院校官方网站的专业文件及对选择院校教务人员进行访谈的文本资料作为主要数据来源，并采用"开放性编码－轴心编码－选择性编码"的三级编码方式将收集的数据进行整理分析。对我国现有职业本科院校专业群组建模式进行分析发现，现有的专业群在组建模式上主要有产业驱动型、资源共享型和政策驱动型三种。其中，产业驱动模式主要服务区域产业和对接岗位群方式实现；资源共享模式主要通过建设共享课程体系、教学团队同行互享和实习实训基地共享方式实现；政策驱动模式主要通过中央政府统筹规划和地方政府协调推动方式实现。

（一）研究设计与过程

本书在选取数据案例时主要依据两个原则：一是职业本科院校专业群建设的水平，分为三个级别：（1）中国特色高水平高职院校和专业群；（2）省域级高水平高职院校和专业群；（3）普通职业本科院校和专业群。二是职业本科院校的形成路径，当前，我国高职院校的形成路径主要有三种：高职院校独立升格、合并转设和独立学院转设。为了保证样本选取的科学性和权威性，以教育部、财政部关于公布的《中国特色高水平高职学校和专业建设计划建设单位名单的通知》及各省份教育厅公布的关于高水平职业院校和专业群建设名单的相关文件为依据，构建职业本科院校专业群组建的典型案例库，通过筛选之后，共选出18所职业本科院校37个专业群，其中，高职院校独立升格的有4所，高职院校合并转设的有3所，独立学院单独转设的有1所。

本书选取通过高职院校独立升格、合并转设和独立学院转设三种方式形成的10所职业本科院校共16个专业群。其中，"中国特色高水平高职院校和专业群"有4个，省域级高水平职业本科院校和专业群有5个，普通职业本科院校和专业群有1个。所选案例从形成路径来看，案例院校包括了民办和公办的高职院校独立升格、合并转设和独立学院转设职业本科院校三种不同类型的学校；从专业群建设水平来看，案例院校以中国特色高水平高职院校和专业群为主，同时包含了各省份自行组织评选的高水平职业本科院和专业群。既能够突出职业本科院校专业群组建方式的典型性,又能够增强专业群组建方式的特色性和全面性。综上所述,本书选取的10所院校16个专业群对研究职业本科院校专业群组建模式具有较好的代表性和结构性,具体案例选取如表3-7所示。

表3-7　　　　　　　　　　调研案例数据描述

案例编号	学校名称	区域	学校性质	形成路径	专业群类型	专业群名称
S01	河北工业职业技术大学	东部	公办	合并转设	国家级高水平学校建设单位（B档）	电气自动化技术
					国家级高水平学校建设单位（B档）	黑色冶金技术
S02	深圳职业技术大学	东部	公办	升格	国家级高水平学校建设单位（A档）	通信技术
					国家级高水平学校建设单位（A档）	电子信息工程技术
S03	河北科技工程职业技术大学	东部	公办	合并转设	国家级高水平专业群建设单位（A档）	汽车检测与维修技术
S04	河北石油职业技术大学	东部	公办	合并转设	国家级高水平专业群建设单位（C档）	石油工程技术
S05	兰州石化职业技术大学	西部	公办	合并转设	省级高水平学校建设单位（A档）	应用化工技术
					国家级高水平专业群建设单位（A档）	石油化工技术
S06	兰州资源环境职业技术大学	西部	公办	合并转设	国家级高水平学校建设单位（C档）	应用气象技术
					国家级高水平学校建设单位（C档）	金属精密成型技术
S07	山东外国语职业技术大学	东部	民办	升格	/	电子商务
					省级高水平专业群	现代金融服务

续表

案例编号	学校名称	区域	学校性质	形成路径	专业群类型	专业群名称
S08	上海中侨职业技术大学	东部	民办	升格	省级高水平专业群	现代物流管理
S09	景德镇艺术职业大学	中部	民办	单独转设	/	艺术设计
S10	南京工业职业技术大学	东部	公办	升格	省级高水平专业群	机械设计与制造
					省级高水平专业群	电气自动化技术

案例选择完成后，本书以《2023年职业本科质量报告》《双高申请书与建设方案》、各省份教育厅官方网站、所选10所职业本科院校官方网站的专业文件及对选择院校教务人员进行访谈的文本资料作为主要数据来源，将收集数据进行整理分析，采用"开放性编码－轴心编码－选择性编码"的三级编码方式对数据和案例进行逐一编码，在编码过程中需要不断比对和调整，直至理论饱和，归纳其组建模式。

（二）数据编码

开放性编码（open coding）是指通过将获取的文本文献和一手资料打散，再进行逐行逐句的编码和命名，用相关概念界定资料内容所反映的信息，然后将编码获取的初始概念进行重新分组，从而形成范畴化信息。概念是能够代表资料中所包含的思想观点的词语，是从原始资料中提取的词语。在对职业本科院校专业群组建的原始材料进行逐字逐句的阅读中，在职业本科院校专业群组建模式编码中共得到66个初始编码；通过筛选、整合、调整，剔除不相关编码，进一步反复阅读和比较，共整理出18个概念化类属。

轴心编码（axial coding）是指将开放性编码过程中形成的初始范畴建立各种联系，将其进行再次凝练、分析糅合成范畴化的过程。通过不断地阅读、思考和比较，在对职业本科院校专业群组建模式的编码中共得到7个范畴化类属。

选择性编码（selective coding）是指在轴心编码形成的概念中聚焦核心范畴，并通过概念化的方式厘清核心范畴和其他范畴之间的联系，以此来解释各种类属之间的关系，并对研究结果作出初步的结论。

理论饱和度检验是指经过三次编码后，当选定的文本数据不再产生新概念时，就意味着这类概念属性饱和，也意味着理论范畴没有出现新的异化，即可视为达成理论饱和。在上述资料分析结束后，本书随机挑选 3 所院校的职业本科质量报告和官网数据进行分析，没有发现新的概念，说明本次文本达到理论饱和，进一步的数据搜集不会帮助研究者对故事或理论产生更深入的理解，因此，没必要继续搜集和分析数据。表 3 - 8 为职业本科院校专业群组建模式。

表 3 - 8　　　　　　　　职业本科院校专业群组建模式

核心类属 （一级类属）	范畴化类属 （二级类属）	概念化类属 （三级类属）	原始数据 （举例）
F01 产业驱动型	FA01 服务区域产业	A01 服务支柱产业	黑色冶金技术专业群涵盖了钢铁生产的主要流程，对接绿色钢铁产业中的冶炼、轧钢生产操作、质量检验和冶金环保等核心岗位群，有效地服务河北省第一大支柱的冶金行业的人才需求……（S01 - 01 - 67）
		A02 面向区域重点行业	
	FA02 对接岗位群	A01 对接岗位群	针对合作钢铁企业生产岗位的特定人才需求，开发构建定制化的专业课程体系和课程教学内容，开展灵活多样化高素质技术技能人才培养，对接钢铁绿色化生产，开展本科层次职业教育试点（S01 - 01 - 71）
		A02 制定人才培养目标	
F02 资源共享型	FA01 建设共享课程体系	A01 专业基础课程共享	按照"能教辅学、边建边用"的原则，校企共建资源丰富、应用便捷的开放共享型课程资源库，包括课程资源、专业拓展资源、企业案例等（S05 - 01 - 33）
		A02 专业核心课程相互补充	
		A03 拓展课程共享互选	

续表

核心类属 （一级类属）	范畴化类属 （二级类属）	概念化类属 （三级类属）	原始数据 （举例）
F02 资源 共享型	FA02 教学团队同行互享	A01 专业基础课统一授课 A02 教学团队协作 A03 模块化的教学 A04 建设教学资源库	组建结构化教学创新团队，依托"智慧城市"综合项目，按照"云、管、端"和信息安全等任务模块，分别组建结构化教学创新团队，挖掘各任务模块中的知识点、技能点，开展模块化课程、项目化教学；"云"团队围绕"智慧城市"中云的构建，组建由数据中心、云平台应用、存储系统、大数据、云安全等方面教师组成的教学团队……（S02-01-13）
	FA03 实习实训基地共享	A01 校企共建实践教学基地 A02 健全共享机制 A03 开发生产性的实践项目	推进产教深度融合，建设高水平专业化实训基地，学校牵头成立全国钢铁行业职业教育联盟、河北省钢铁焦化职业教育集团、河北省新一代人工智能产教融合联盟等，近两年，企业投入超亿元共建智能制造技术应用工程中心、3D打印中心等16个高水平专业化实训基地……（S01-02-05）
F03 政策 驱动型	FA01 中央政府统筹规划	A01 顶层设计	充分发挥专业和资源优势，瞄准绿色低碳、清洁安全等绿色产业发展的人才急需领域，与政府职能部门、企事业单位深度合作，共建了安全监管监察学院、甘肃省应急管理学院、中国气象干部培训学院甘肃分院、人力资源和社会保障部专业技术人员继续教育基地、甘肃省第八国家职业技能鉴定所、甘肃省中小微企业人才精准服务平台、甘肃省大学生海外就业服务中心等平台（S06-01-02）
		A02 评选考核	贯彻"学生中心、工作过程+学习成果导向、持续改进"的思想，参考《悉尼协议》，在不断优化人才培养方案的基础上，实施与国际接轨优化人才培养质量评价体系，持续开展培养目标毕业要求达成度评价，确保培养质量的持续提升（S06-01-85）
	FA02 地方政府协调推动	A01 政策支持	政府明确高职学校牵头的汽车、服装职教集团非营利、公益性团体地位；职教集团定期评选"产教融合优秀企业"，并积极申报产教融合型企业，政府给予优秀企业减税特惠政策，将校企合作费用记入企业生产成本……（S03-01-33）
		A02 共建智库	积极吸收引进北京科技大学、东北大学、中国钢铁研究总院、河北钢铁集团等一流高校、科研院所和企业的业内专家，进入专家智库，并加强师资队伍的培……（S01-01-48）

(三) 结果分析

对7个范畴化类属进行分析后发现,在职业本科院校进行组群的过程中,有一部分专业群的组建是由于外部因素的驱动,属于认知心理学所说的外部动机。如为了适应不断发展现代经济发展和产业集群趋势而面向服务区域产业和岗位群进行组建的专业群。有一部分专业群的组建是由于内部因素的驱动,属于认知心理学所说的内部动机。例如,为了促进课程、师资和实训基地等内部教育资源的优化整合,进一步提高学校办学效益而形成的专业群。从职业本科院校在专业群组建过程中院校自身的自我决定程度来看,有一些专业群是院校为了方便校内管理而进行组群。例如,某些专业群由于群内专业相近,其教师队伍在知识结构和学科背景上较为相近,将其组群能够将有限的教育资源进行充分利用,同时极大地提高校内管理的效率。有些专业群是职业本科院校为了与产业链进行匹配,保证其毕业生就业率而进行的组建,群内专业因产业而集合。

因此,围绕"动力"这一核心概念,区分出"外部驱动—内部驱动""自我决定程度高—自我决定程度低"两个维度,由二者构成的坐标轴共包含3个核心类属,如图3-8所示。服务区域产业、对接岗位群整合为"产业驱动型",这是专业群组建最普遍的模式;建设共享课程体系、教学团队同行共享、实习实训基地共享归为"资源共享型";中央政府统筹规划、地方政府协调推动是"政策驱动型"。

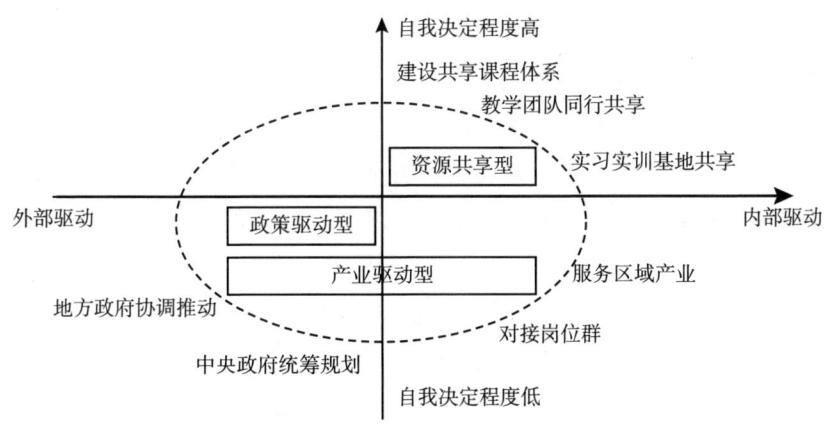

图3-8 范畴化类属归类及其关系

由案例资料分析发现,职业本科院校专业群组建模式主要有产业驱动型、资源共享型和政策驱动型三类。产业驱动型专业群是为适应新时代区域产业集群化发展趋势,确保本科层次人才培养规模与产业发展相适应而组建的专业群。群内专业布局满足区域内重点产业对高技能应用型人才的需求,根据产业相关岗位群制定人才培养目标,以满足企业岗位人才需求,畅通毕业生的就业渠道。资源共享型专业群在组建时综合考虑职业本科院校办学基础及区域优势,对专业群进行科学布局,整合办学资源,能够更好地发挥专业群的集聚优势和服务功能。专业群组建完成后根据经济结构的变化,充分利用群内资源,对课程、师资、实习实训基地进行组合调整,重新构建课程体系、组建师资队伍、完善实训体系,从而更好地对学生进行培养,解决因产业变化而产生的就业匹配问题。政策驱动型专业群是在政府统一协调下,根据不同地区经济发展特点进行专业群建设。国家在宏观层面对职业本科专业群的建设进行政策引导和统筹规划。地方政府再根据相关政策结合本地区经济发展情况,因地制宜地制定相关政策对其进行指导,专业群建设完成后支撑国家重点产业、区域支柱产业发展,服务当地经济建设。

1. 以产业发展为依据的产业驱动模式

产业驱动型是为适应新时代区域产业集群化发展趋势,确保本科层次人才培养规模与产业发展相适应而组建的专业群。目前,我国经济社会正由高速增长阶段向高质量发展阶段转变,经济发展阶段和发展方式的转变,促使产业发展也呈现出了新的特征,集群现象越发明显,产业之间的边界日益模糊,跨领域和复合型的工作种类日渐增多,企业的用人需求发生改变。职业教育作为培养技术技能型人才的教育,肩负着为经济高质量发展服务,为社会主义现代化国家建设提供人才和技能支撑的重任。但传统职业教育中那种单个专业的人才培养方式难于满足如今的经济社会发展对高水平技术技能人才的需求,专业群建设不仅可以打破原有的专业壁垒,促使群里专业相互交叉、融合,促进复合型人才的培养,在组建过程中还可以综合考虑学校的办学条件和区域优势,使专业群建设与当地产业发展更加契合。满足产业需求是职业本科院校专业群建设的逻辑起点,职业本科院校以产业发展为组建标准,调整群内专业结构,将一条产业链或同一产业背景下的专业进行聚集,搭建起高效优质的产业服务平台,促进区域产业与专业建设之间的联系，培养产业发展所需的高水平技术技能人才，推动区域经济的高速发展。图3-9为产业驱动型示意图。

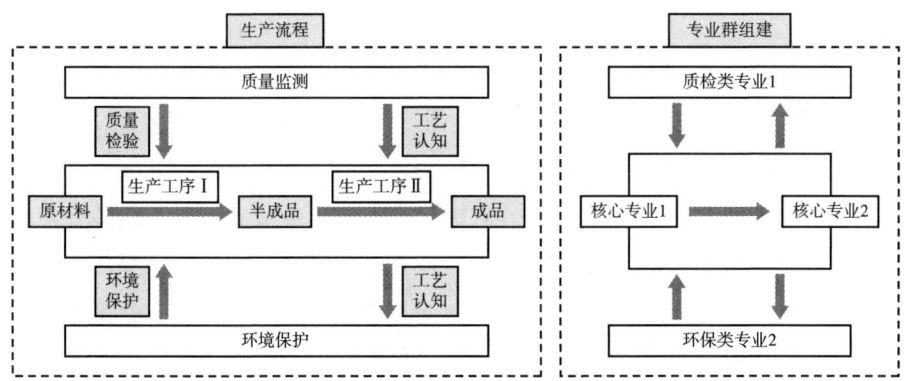

图3-9　产业驱动型示意

（1）服务区域产业。

近年来，随着技术的不断进步和更新迭代，产业结构发生调整，市场对劳动力结构和数量的需求也发生改变，企业的进一步发展需要更多的复合型高水平技术技能人才，职业教育作为与产业发展密切联系的教育类型，为了满足企业发展的人才需求，职业本科院校的专业群组建需要对接区域内支柱产业和重点行业，通过与企业进行合作交流，对产业链和技术链发展现状和结构进行深入分析，准确判断人才需求的规格变化趋势，以专业群为单位与产业链进行对接。作为专业群建设的重要外部环境，产业的结构并不是一成不变的，为了与产业进行有效对接，专业群建设需要对产业发展进行预测，在把握专业群发展规律的基础上，及时调整专业结构，适时开办新专业，超前储备人才，更好地促进国家经济发展。职业本科院校建设地点不同，地区的经济发展也有着不同的特点，人才培养的数量和质量要求也不尽相同，因此，职业本科院校的整体专业（群）布局应满足区域内重点产业对高技能应用型人才的需求，根据当地区域经济发展情况调整专业（群）建设，服务支柱行业。以河北工业职业技术大学为例，该校主动服务国家重大战略及区域经济结构调整与产业专业升级，坚持面向市场、服务发展、促进就业，对接科技发展趋势和市场需求，积极优化调整专业结构，推进学校人才培养供给侧与行业企业需求侧全方位融合，专业群建设紧密对接先进钢铁、高端装备、新一代信息技术等区域支柱产业和战略性新兴产业发展，组建专业群，构建了对接紧密、专本一体、数字化赋能的专业群建设新模式，专业群覆盖河北省支柱产业比例为87%，与河北省产业需求匹配度为100%。作为双高建设专业群的黑色冶金技术专业群更是全面对接河北省十二大主导产业，校企共同开展高层次技术技能人才企业需求调研，分析河北省经济社会高质量发展与高层次技术技能人才供给关系，分析专业群面向的服务领域和就业岗位群，明确人才需求和培养目标，优化调整专业布局，群内各专业共同服务于绿色钢铁生产，技术、优势互补互融、就业相关度高。黑色冶金技术专业侧重钢铁生产中钢铁冶炼到钢坯的生产；轧钢工程技术专业侧重钢铁生产中钢坯轧制为钢材；金属材料质量检测专业侧重于钢铁生产中的质量检验；环境工程技术专业侧重于钢铁生产中的节能环保，群内专业面向钢铁生产流程的不同阶段，各司其职、相互合作，培养钢铁人才，为河北省乃至全国钢铁企业输送了大批高素质技术技能人才，被誉为"钢铁企业工段长的摇篮"，为当地企业发展培养输送了大批"肯吃苦、守诚信、敢担当"的钢铁工匠。

（2）对接岗位群。

职业教育作为一种教育，其本质是有目的地培养人的活动，但相较于普通教育，职业教育具备的职业属性，使其与社会生产具有紧密的联系，在面向产业进行人才培养时，要结合区域经济发展情况，以区域内相近的职业岗位群为依据组建专业群。通过专业群与产业链的对应关系，考虑企业岗位设置需求，梳理分析岗位对应的关键技能、核心素质和职业素养，将胜任岗位所需具备基础知识和基本技能转化为群内专业建设的主要内容，同时与相关企业开展合作，根据企业相关岗位（群）制定人才培养目标，构建课程体系，以满足企业岗位人才需求，畅通毕业生的就业渠道。在经济发展新常态下，互联网技术、大数据、云计算等技术对各个行业的冲击较大，产业的飞速发展和技术革新往往会导致某一类的岗位（群）减少甚至消失，因此，专业群在对接岗位群时，要尽可能多地覆盖行业岗位集群，对群内专业和课程进行灵活组合，让学生在较宽的职业领域中进行学习，自主选择，毕业之后不仅可以从事本专业基础岗位的功能，还能适应专业相关的其他岗位需求,提高职业本科人才培养对岗位变化的适应能力,注重复合型人才的培养。河北工业职业技术大学的黑色冶金技术专业群包含黑色冶金技术、轧钢工程技术、金属材料质量检测、环境工程技术四个专业,服务河北省第一大支柱的冶金行业(S01-02-44),对接绿色钢铁产业中的冶炼、轧钢生产操作、质量检验和冶金环保等核心岗位群。其中,黑色冶金技术专业面向钢铁生产流程的前半段,服务于铁矿石到钢坯的生产工序,为轧钢生产提供原料钢坯;轧钢工程技术提供原料钢坯;轧钢工程技术专业面向钢铁生产流程的后半段,服务于钢坯到钢材的生产工序,为中国制造提供钢材;金属材料质量检测专业服务于钢铁生产工序中的原料、辅料、钢材产品的质量检验等;环境工程技术专业服务于钢铁生产工序中的节能降耗、超低排放、污染监测与治理,确保毕业生能够熟练掌握绿色钢铁产业核心技能,成为"精操作、能质检、懂环保"的复合型高水平技术技能人才。在专业群建设过程中,河北工业职业技术大学积极与企业开展合作,共同分析专业群面向的服务领域和就业岗位群,明确人才需求和培养目标,共同制定人才培养方案,创新服务中国产业走向全球中高端的长学制人才培养模式。及时将冶炼轧钢生产操作、质量检验、冶金环保、自动化控制和智能管理等钢铁生产流程的新技术、新工艺、新规范纳入教学标准和教学内容中,编写应用新型活页式、工作手册式等教材。与此同时,黑色冶金技术专业群在对接职业标准岗位要求时,进一步优化人才培养方案,在教育教学资源建设和教育教学过程中有效融入产业先进技术,开设素质拓展课程,注重培养学生的可持续发展能力和岗位迁移能力。

2. 以资源整合为目的的资源共享模式

资源共享型是综合考虑职业本科院校办学基础及区域优势,对专业(群)进行科学布局,整合办学资源,更好地发挥专业群的集聚优势和服务功能。高水平专业的建设和发展离不开教学资源、课程资源、实践资源的建设,职业本科院校为了适应技术变革对人才需求的变化,对符合社会职业需求的热门专业设置较多,容易形成专业设置同质化现象严重、学校自身办学特色弱化的现象。且每个专业在建设过程中都需要投入一定的人力、物力,但职业本科院校能够调配的教育资源有限,资源分配上往往会向龙头专业或国家重点专业等优质专业倾斜,难以顾及到每个专业的发展,导致配置不均衡，影响院校的人才培养质量。根据资源基础理论，组织是各种资源的一个集合体，通过对多方资源的整合有利于提升组织的竞争力，高水平专业群的建设可以统领专业群内各专业，并以此为基础，将课程、师资、实践等教育资源进行高效整合，既能避免资源浪费，还能最大限度地形成资源合力，发挥聚集效益，降低建设的成本，有效提高建设成效，同时促进优质资源共享，从而促进群内专业建设。在专业群建设过程中也要避免将各专业的课程、师资和实训资源等教育资源进行简单聚集，要切实促进群内资源共享，打破专业之间、院系之间的壁垒，促进专业发展，建设高水平的专业群。

深圳职业技术大学建立专业群与产业发展同步调整机制。绘制专业对接产业的"映射图"，研究开发专业对接产业的"契合度"模型，将"契合度"分析作为专业群与产业发展同步调整的重要依据。成立专业群产学研用建设与指导委员会，指导校内外实验实训基地建设，推荐兼职工程技术人员担任兼职教师，开展毕业生追踪调查分析、评价等（S02-02-66）。学校坚持"产教融合"的实训理念，紧密结合产业发展趋势和专业发展需求，集聚校企资源，共建五位一体的实践教学基地，依托通信技术、计算机网络技术、物联网技术3个中央财政实训基地，紧跟ICT领域的最新发展方向，与华为、红帽、360等公司合作，建设云计算等5个集实践教学、社会培训、企业生产、技术服务和创新创业"五位一体"的校内实践教学基地，下设5G移动通信等17个实训室；与华为、中国联通、中国移动、讯方技术等公司建设4个校外实践教学基地；建立健全校内外实践教学基地的校企共建共享机制，开发一批生产性实践项目，建成覆盖"云、管、端"三个领域的产教融合实训基地，各二级学院依据《校外实训基地设备管理办法》，充分利用现有设备，将校外实训内容及过程标准化、数字化，用信息技术改造传统校外实训教学，逐步实现校外实训基地的软硬件一体化建设，夯实校外实训基地的建设基础。同时，部分具备（远程办公）条件的产业及对应专业利用云计算、5G等数字化信息技术，通过云端部署工作环境、学生校内参加实践、企业导师远程指导、学校教师现场管理的方式，建设虚拟校外实训基地。双管齐下，学校实现了校外实训基地对专业顶岗实习的有力支撑。图3-10为资源共享型示意图。

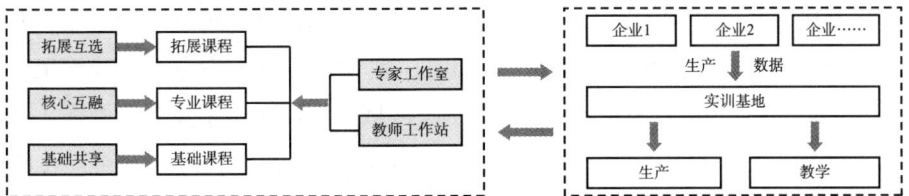

图 3-10　资源共享型示意

（1）建设共享课程体系。

课程是人才培养的核心要素，相较于单个专业开设课程，专业群可以根据经济结构的变化，充分利用群内资源，促进专业群内各专业的融合，建构专业群人才培养目标，重构群内课程结构，推动新课程的研发。专业群人才培养的最终目的是服务于产业发展，因此，在对群内课程进行组合调整时，要加强与企业合作，根据企业用人需求和市场发展变化制定人才培养目标，将目标进一步分解为课程任务，组织课程内容，推动学校理论知识与企业实践工作的紧密结合，深化产教融合。在职业本科院校专业群要注重模块课程、教材及其他教学资源的开发和设计，根据课程模块的不同内容跨专业组建师资队伍开展教学工作。因市场需求的不断变化，在构建模块化的专业群课程体系时，职业本科院校要根据经济发展和产业调整及时调整培养目标，更新课程内容，并将产业对人才培养的最新要求融入课程，构建以学习者为中心的符合企业人才需求标准的课程体系，更好地对学生进行培养，解决因产业变化而产生的就业匹配问题。河北科技工程职业技术大学在总体构建"两平台三模块"的课程体系时，同时引导鼓励各系部根据专业特点加强专业课程体系建设，不断优化课程结构。

其中，环境与管理评价专业依托教育部现代学徒制首批试点项目和国家创新团队建设，依据重点环保企业的职业岗位工作能力分析，创新形成了基于产教融合的"横向进阶、纵向递升、思政贯穿"的环保类工匠型人才培养的模块化课程体系。总结了学生能力水平提升分层级递进式规律，将课程体系按照模块化设计，分层融入企业岗位标准、证书标准、行业标准；有机融合思政元素、知识元素和技能元素，重新分布设置能力进阶化的课程内容；设置多平台课程评价体系，丰富课程评价维度，及时掌握学生能力水平提升情况，形成了模块化课程体系。为进一步深化校企合作，依托产业学院建设共同开发专业课程，为双方提供了更多合作的机会和渠道。通过共同开发课程，学校与企业可以建立长期稳定的合作关系。在此背景下，建筑工程系与邢台市交通建设集团有限公司等多家区域内行业龙头企业共同合作，开发《建筑设备工程》《建筑钢结构施工》《建筑材料》《建筑工程测量》等多门课程。同时建设人才供需信息中心，畅通供需两端资源。依托协同教育中心，龙头企业深度参与，进行同领域、分阶段、一体化专业布点，构建"基础-发展-运用"的模块化课程体系，实施校企"双导师、双场域、双评价"教学，完善三段贯通、校企协同培养模式。打造学生实践中心，统筹企业岗位和学校计划，协调解决学生入园实习实训等配套问题，提高人才培养质量与产业需求的匹配度。

（2）教学团队同行互享。

师资队伍的建设是职业教育发展的关键，职业本科院校专业建设、实践教学离不开高素质的师资队伍。不同于以往师资队伍的建设，专业群更强调"双师型"师资队伍的打造，近年来，《关于实施中国特色高水平高职学校和专业建设计划的意见》《全国职业院校教师教学创新团队建设方案》等政策文件的相继出台，体现出国家对于职业本科院校师资队伍的重视，在其专业素质方面也提出了更高的要求，在进行专业群建设的过程中，职业本科院校可以聚集起相关专业的教师资源，首先，形成师资队伍集群，成立教师团队，同时完善"双师型"教师团队建设和管理制度，学校在行政部门的参与与支持下，建立"双师型"教师认定、引进和平等的工作机制，通过公开招聘、人才引进等吸收人才，改善教师团队结构。对团队任职教师，完善培训制度，对不同层次、不同背景、不同岗位的教师有针对性地开展培训，同时注重专业带头人和骨干教师的培养。校企合作也是构建"双师型"教师团队的重要方式，职业本科院校通过与企业合作，共建教师发展中心，彼此共育共享优质师资。河北科技工程职业技术大学注重人才引进制度建设。根据新形势、新要求，修订完善了相关规章制度，构建人才引进长效机制，为进一步引进高层次优秀人才提供制度保障，同时落实本省招聘政策（S03-02-05）。结合学校发展需要，选聘优秀硕博生，使学校师资队伍数量和质量得到了提升，师资队伍在年龄结构、学历结构和专业结构等方面都得到进一步优化。在校内实施"双高工程"。

同时实施"高层次工程",与企业联合开展高层次学术研究、科技攻关、技术革新等项目,提升教师业务水平。实施"高影响力工程"。通过参加或指导学生参加技能大赛、参与大赛裁判工作、国内外研修和学术交流,提高教师行业影响力,形成"教师能力双高提升制度"。在教师发展方面,落实教师发展促进体系。该体系以目标标准系统为出发点,以教师培训系统为主体,以教学比赛系统为促进,以条件保障系统和制度激励系统为支撑,以诊断改进系统保良性运行,提取了教学能力、专业能力、研究能力三个能力维度,再加上师德师风,形成"四维度教师能力素质模型",基于这个模型制定了教师发展总标准,发挥"灯塔"作用;基于职业能力发展一般规律,将教师职业发展划分为入职期-发展期-骨干期-带头人期-专家期五个阶段,为处于不同发展阶段的教师衡量自身发展状况确立了明确的"刻度尺"。其次,通过教师培训系统为教师提供"能力提升帮助"。纵向五阶段、横向四维度均设置了适宜的培训项目,采取"全程伴随式"培训,要求教师带着实际教学改革任务参加培训,以"带着做、做中学"的方式开展培训。培训过程中学员边学习方法边利用方法开展教学改革,培训师同时也是教学改革咨询师,全程伴随,手把手指导,通过"预习-讲-做-指导反馈-优化"五步循环,帮助教师们在掌握方法的同时初步完成教改任务,促进教学改革"落地"。重视教学比赛系统发挥"牵引作用"。对应四维度教师能力素质模型,将比赛分为教学能力比赛和专业能力比赛两类,每一类均设置"校级-省级-国家级"三级比赛机制。将主要培训项目融入赛前培训,以赛促培训,实现了更好的培训效果。完善激励制度系统激发"发展动力"。设置发展五阶段培训结业证书,在职称评定、绩效考核中设置培训结业证书加分项,从发展期到专家期分值依次升高,引导各阶段教师向更高阶段发展。注重建立稳定的培训师团队和教研团队,提供教改咨询和个性化指导,同时开发示范样例、课改案例、任务书、微课视频等立体化资源,为老师们提供全方位学习支持。在教师评价方面,诊断改进系统服务"教师发展可见"。建设基于大数据采集与管理的教师发展信息平台,确保顺利诊断改进系统实施。

(3) 实习实训基地共享。

实践教学是职业教育的重难点,也是职业教育与普通教育的根本区别,实践教学的到位与否与职业教育人才培养质量的高低息息相关。实习实训基地是职业院校对学生实施实践教学的场所，但实训设备昂贵，建设过程中投资巨大，且需要建设完成后需要定期维护、更新，单个专业来说，为每个专业配备专门的实训设备建设实践基地，投资过大，会导致学校资金不足，顾此失彼，最终导致教学质量下降。在专业群建设过程中，因群内专业拥有共同的技术基础，在建设实践基地时，学校可以将有限资金的投入，形成完整的实训体系，构建良好的实训条件，提高实践教学效果。此外，因专业群在建设过程中与产业链进行对接，加强与企业合作，校企联合共建实训基地，作为职业本科院校学生在校实习实训、企业员工培训、企业技术研发等活动场所。根据企业用人需求制定培养目标，将日常工作任务转化为实训教学项目，实现企业生产环境与教学环境对接，让学生提前熟悉工作操作流程，改变教学落后与工作实践的现状，实现学生在校学习内容与企业日常实践的有机结合，提高人才培养效率。

3. 以政府协调为动力的政策驱动模式

政策驱动型是在政府统一协调下，根据不同地区经济发展特点进行专业群建设。在新的时代背景下，为了推动职业教育发展，建设中国特色和世界水平职业教育体系，中央政府相继出台相关政策文件表明对职业教育的重视，同时也为职业教育的发展指明方向。2019年，在《国家职业教育改革实施方案》中明确提出要开展本科层次职业教育试点，并于同年5月公布了15所职业本科试点院校，本科层次职业教育由理论走向实践。专业和专业群建设是职业本科进行高水平复合型人才培养的重要载体，也是职业本科院校内涵建设的关键，2019年，教育部、财政部出台了《关于实施中国特色高水平高职学校和专业建设计划的意见》，提出要集中力量建设50所左右高水平高职学校和150个左右高水平专业群，打造技术技能人才培养高地和技术技能创新服务平台，支撑国家重点产业、区域支柱产业发展，引领新时代职业教育实现高质量发展。2023年1月，教育部、财政部公布"双高计划"中期绩效评价结果，指出现阶段双高院校及专业群建设虽然取得了一定成效，但仍存在责权不明确、评价体系不完善等问题。国家政策的出台表明职业本科专业及专业群建设是推动我国经济高质量发展、建设现代教育体系的重要一维。地方政府在中央政府引导下，本着向上负责的原则，执行职业本科院校专业群建设任务，结合本地区实际情况出台相关政策文件，调动多方资源，推动地区专业群建设工作展开。图 3-11 为政策驱动型示意图。

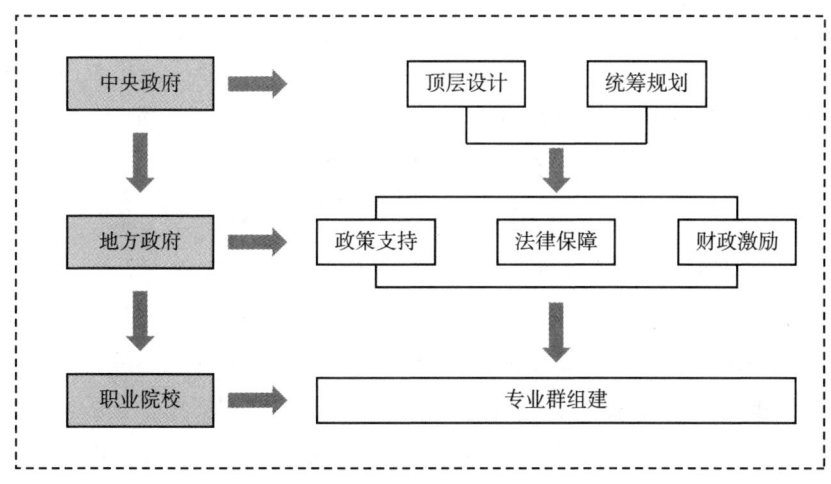

图 3-11　政策驱动型示意

（1）中央政府统筹规划。

国家长期重视高职专业和专业群建设，出台了一系列政策予以支持与引导专业群建设。2015 年，教育部出台《关于深化职业教育教学改革全面提高人才培养质量的若干意见》，指出要"围绕各类经济带、产业带和产业集群，建设适应需求、特色鲜明、效益显著的专业群"。2019 年，教育部、财政部出台《关于实施中国特色高水平高职学校和专业建设计划的意见》，提出要集中力量建设 50 所左右高水平高职学校和 150 个左右高水平专业群，打造技术技能人才培养高地和技术技能创新服务平台，支撑国家重点产业、区域支柱产业发展，引领新时代职业教育、实现高质量发展。之后，在专业群建设评价方面，政府也出台相关文件对评价内容、评价方式、评价标准等进行规定。2024 年，教育部办公厅、财政部办公厅印发《关于开展中国特色高水平高职学校和专业建设计划（2019—2023 年）绩效评价工作的通知》，启动中国特色高水平高职学校和专业建设计划绩效评价工作。由此可见，国家在宏观层面对职业教育专业群的建设起着政策引导和统筹规划的重要作用。兰州石化职业技术大学深入贯彻习近平新时代中国特色社会主义思想和党的二十大精神，认真贯彻习近平总书记关于党的建设的重要思想、习近平总书记关于教育强国的重要讲话精神，坚持党的领导，坚持正确办学方向，坚持立德树人，贯彻全国职业教育大会精神，深入学习领会新《职业教育法》，落实《国家职业教育改革实施方案》《关于深化现代职业教育体系建设改革的意见》《关于加快推进现代职业教育体系建设改革重点任务的通知》《职业教育产教融合赋能提升行动实施方案（2023—2025年）》《关于开展市域产教联合体建设的通知》的文件精神。

在落实《关于深化现代职业教育体系建设改革的意见》部署的起始之年，落实"十四五"规划的半程之年，学校以高质量发展为主线，以中国特色高水平高职学校和专业建设计划终期验收工作为契机，夯实基础、补齐短板、深化改革、激发活力、提质培优、以质图强，为促进经济社会持续发展和提高国家竞争力提供多层次高质量的技术技能人才支撑。立足甘肃、服务全国，瞄准产业发展前沿，紧贴区域现代产业体系发展需要，以打造技术技能人才培养高地、技术技能创新服务平台为重点，以高水平专业群建设为核心，以体制机制创新为根本动力，以产教深度融合为发展主线，以提升服务能力为重要任务，按照"技能甘肃"建设整体要求，聚焦关键领域改革，较好地完成目标任务，取得了一系列标志性成果和显著性成绩，形成了一系列高质量发展的改革范式，发挥特色优势支撑省域发展。紧紧围绕行业企业和区域经济社会发展需求，建有石油化工、应用化工、智能制造、生产性服务业新商科等优势特色专业群，称为国内石油化工、天然气化工、煤化工等石油化工类高素质技术技能人才的重要培养培训基地。

（2）地方政府协调推动。

地方政府在专业群建设过程中要对中央政府负责，根据国家发布的政策文件，执行专业群建设，在国家政策指导和地方组织领导下，积极回应，动员院校力量开展专业群建设工作，推动本地区高水平专业群建设，争取国家财政和政策的支持。同时也要服务区域发展，在国家专业群建设顶层设计的基础上，结合本地区经济发展情况，因地制宜地制定相关政策，指导当地职业本科院校进行专业群建设。同时，主动服务职业本科院校专业群建设，充分发挥政府在专业群组建过程中的指导与资源配置作用，避免职业本科院校过度追求组建热门专业群，引导其结合自身优势和办学特点对接地区支柱产业，在职业本科专业群组建过程中在政策和资金上予以倾斜。

做好专业群建设的把关工作，鼓励专业建设基础厚实、就业率高的专业群申报国家建设计划，打造品牌专业群。通过高水平专业群建设工作，全面提高本区域职业教育办学质量，培养更多能够服务区域发展和产业升级的复合型高素质技术技能人才，为地方经济的可持续发展提供人才支撑。新时代、新技术、新经济不断涌现，物联网、5G、人工智能等技术让生产模式智能升级，新职业、新技能快速更迭，企业面临着多层次高素质复合型人才缺口大、自主创新能力不足、关键核心技术短板等现实问题，急需一批高水平高职学校，对接高端产业和产业高端，开发技术技能人才红利，破解经济发展新需求的难题。为此，国家主导职业教育重大改革，《国家职业教育改革实施方案》《高职扩招专项工作实施方案》《职业技能提升行动方案（2019－2021年）》《建设产教融合型企业实施办法》《职业学校校企合作促进办法》等政策密集出台，全面优化职业教育发展环境，为职教改革提供全方位支持。河北省是职教大省，也是人口大省，学校有责任担当河北省职教改革的引领者，以民生幸福为导向，促就业重发展，提供高质量人才红利，打造可复制、可推广职教改革创新的标杆和示范，实现一级引领一级、一批带动一批，有节奏地推动河北省向职教强省迈进，助力国家职教改革发展战略。出台《河北省战略性新兴产业发展2018－2022）三年行动计划》《河北省服装产业转型升级2018年工作要点》《河北雄安新区规划纲要》为河北产业发展带来新动能，河北科技工程职业技术大学面对经济发展新需求的挑战，回应复合型高水平技术技能人才缺乏、关键核心技术短板等难题，迎难而上、开拓创新，重视新一代信息技术、新能源汽车与智能网联汽车、服装等产业发展等领域，打造高水平专业群，培养高水平技术技能人才、更高水平的服务力和贡献度支撑新时代经济转型升级。

第四章　职业本科院校专业结构与产业结构适配程度测算

本书研究的职业本科院校专业结构与产业结构的适配程度测算主要从三个维度展开：第一，从结构偏离度的视角，分别测算国家层面和学校层面的职业本科院校专业和产业的偏离情况，得出偏离程度数据，其中偏离程度越高，说明适配程度越低；第二，搭建职业本科院校专业结构与区域产业结构适配度的评价指标体系，结合运用层次分析法（AHP）和线性加权综合评估法计算出职业本科院校专业结构与整体产业的适配度值；第三，借鉴各类资源与产业结构高级化的适配度测算的方法，运用脱钩理论构建适配度测算函数，科学评估职业本科院校专业结构与高端产业的适配度值以及适配类型。综合运用三种量化方法，多元化地评估当前职业本科院校专业结构与产业结构的适配程度。

第一节　职业本科院校专业结构与产业结构的整体适配趋势分析

本书运用结构偏离度测算职业本科院校专业结构和产业结构的偏离程度，两者之间的偏离度越高，协调程度越差；反之，偏离度越低，协调程度越好。结构偏离度应用最广泛的是产业结构偏离度，常用于测算各产业增加值的比重与相应的劳动力比重的差异程度，衡量就业结构和产业结构的关系。专业结构与产业结构偏离度公式的计算方式与产业结构偏离度基本相同，主要是根据产业结构比重与相应产业对应专业大类的专业布点数比重来衡量某一地区专业设置是否与当地的产业结构相协调。具体计算公式为：

$$D_c = \frac{X_i/X_t}{Z_i/Z_t} - 1 \qquad (4-1)$$

其中，X_i/X_t 指的是第 i 类产业的产值占总产值的比重，Z_i/Z_t 指的是第 i 类产业下的专业布点数占总专业布点数的比重。结构偏离值若大于 0，则表明该专业布点数少于产业需求，仍应增设产业所需的相关专业。若结构偏离值接近 0，则表示专业布点数和产业需求之间趋于平衡状态。若结构偏离值小于 0，则表示某产业的专业布点数过多，供过于求，需要减少相关专业布点。

职业教育作为与产业联系最为密切的教育类型，其专业设置紧随产业新趋势，职业本科院校则面向区域高端产业和产业高端、前沿产业和产业前沿布局相关专业。为评估目前我国职业本科专业与产业适配现状，本章从国家和学校两个层面测算相应的结构偏离程度。

一、全国层面专业结构－产业结构整体适配趋势

根据 2021~2023 年三次产业结构偏离度数值的纵向对比分析，第一产业专业结构偏离度的绝对值逐年增加，偏离程度呈加深趋势，第二产业和第三产业的结构偏离度绝对值逐年减小，偏离程度则呈现减弱趋势，表明职业本科院校的第二产业、第三产业专业与产业吻合度逐步增加，发展趋势良好，而第一产业专业设置与产业发展需求存在一定的错位现象，吻合度发展欠佳。具体而言，职业本科院校的专业结构构成上表现为第二产业、第三产业对应的专业数量较多，而第一产业对应的专业数较少，呈现出专业布局较不均衡的现象。根据 2021~2023 年三次产业结构偏离度数值的横向对比分析，第一产业专业结构偏离度值和第二产业专业结构偏离度值均为正值，专业布点难以满足产业需求，处于供不应求状态。相对而言，第三产业在三年间结构偏离度的值均为负值，相关专业布点供给过剩，处于供过于求的状态。如表 4-1、表 4-2 所示。

表 4–1　　　　2021~2023 年三次产业增加值和专业布点数　　　单位：%

年份	第一产业增加值	第二产业增加值	第三产业增加值	第一产业专业布点数占比	第二产业专业布点数占比	第三产业专业布点数占比
2021	7.2	39.3	53.5	1.2	29.7	69.1
2022	7.3	39.3	53.4	0.8	32.3	66.9
2023	7.1	38.3	54.6	0.7	32.2	67.1

资料来源：国家统计局和各职业本科学校官网专业介绍统计结果汇总所得。

表 4–2　　　　2021~2023 年三次产业的结构偏离度情况

年份	第一产业结构偏离度	第二产业结构偏离度	第三产业结构偏离度
2021	5.1056	0.3225	-0.2258
2022	7.9060	0.2169	-0.2016
2023	8.8832	0.1900	-0.1863

注：结构偏离度为"正"代表专业处于供不应求状态，为"负"代表专业处于供过于求状态。

结合专业产业的横向纵向分析，第一产业供不应求程度加深的原因主要与第一产业转型升级和职业本科院校的办学定位有关。具体而言，一方面，随着经济社会的发展，第一产业的比重在逐年降低，且现代高科技赋能下的农业和特色农业的发展，对人才的需求也在发生变化。另一方面，职业本科院校在专业设置上定位于高端产业和产业高端领域。因此，第一产业相关专业并未成为职业本科教育专业设置的重点领域，这在一定程度上加剧了职业本科院校的第一产业专业布点数与第一产业产值比重之间的偏离程度。与第一产业明显不同的是，随着人民生活水平的提高和消费结构的升级，服务业得到快速发展，第三产业的比重逐年升高，社会对相关人才的需求也更加旺盛，促使职业本科院校均在增设第三产业相关专业。因此，与第三产业有关的专业大类都比较热门，最突出的是电子信息大类和财经商贸大类，大多数学校都积极设立第三产业的热门专业大类，导致第三产业专业设置比例高于产值比例，第三产业专业人才数量过剩，处于供过于求状态。第二产业专业结构偏离程度虽然逐年减弱，但也存在第二产业专业设置较少的问题，表明第二产业专业布局未满足第二产业尤其是制造业的人才需求。制造业作为国民经济的支柱产业一直备受重视，且制造业绿色化发展对制造业技能人才的培养在数量和质量上均产生了新的需求，迫切需要制造业相关专业的高技能人才助力第二产业的转型升级。第二产业转型升级涉及的高端装备制造业、新材料新能源等新专业设置偏少，相关专业设置与人才培养力度有待加强。

二、学校层面专业结构–产业结构整体适配趋势

学校层面选取32所职业本科院校的专业数据和32所学校所在地级市的产业数据对其结构偏离度进行测算。依据教育部办公厅印发的《本科层次职业教育专业设置管理办法（试行）》，本科层次职业教育的专业设置应主动服务产业基础高级化、产业链现代化，支撑现代化经济体系建设，并满足更高质量和更充分就业的需求。因此，职业本科教育的专业定位明确指向高端产业和产业高端领域。根据配第—克拉克定理，产业结构高级化的表现在于第二产业、第三产业产值占全部产值的比例提升。职业本科教育作为服务产业高级化的应用型教育，其专业设置重点面向先进制造业、现代服务业等新兴领域，而非传统农业。在32所职业本科院校中，只有广西农业职业技术大学开设了第一产业的专业，其他学校第一产业专业布点数均为0，无法计算第一产业专业的占比。因此，本书只计算第二产业和第三产业专业的结构偏离度。

（一）全国职业本科院校专业结构与产业结构的平均偏离情况

针对第二产业的结构偏离度，对比发现，2022年第二产业的结构偏离度平均值大于其2021年的平均值，表明这32所职业本科院校第二产业专业与产业之间的结构偏离程度处于增加态势，学校设置的第二产业专业的数量无法满足第二产业的需求量，第二产业技术技能人才和产业需求之间的人才供不应求状态愈加明显。针对第三产业的结构偏离度，其平均值在2021年是正值，表明第三产业专业布点数不足以满足第三产业人才需求，然而，2022年第三产业的结构偏离度平均值已经转变为负值，且其绝对值大小趋近于0，表明职业本科院校在适应第三产业发展趋势方面作出了积极调整，

通过优化自身专业结构、合理增加第三产业相关专业布点数,使得学校专业设置与地方产业发展之间的偏离程度显著减弱。

(二) 全国职业本科院校专业结构与产业结构偏离情况的纵向对比分析

针对第二产业的结构偏离度,从结构偏离度的绝对值决定其偏离程度的视角分析,根据计算 2022 年第二产业结构偏离度的绝对值和 2021 年第二产业结构偏离度的绝对值的差值可以发现,在 30 所职业本科院校中有 20 所院校的第二产业结构偏离度的绝对值处于减小趋势(不考虑因为学校并未开设第二产业专业而无法计算偏离度的两所学校),表明第二产业的专业布点数与当地产业发展偏离程度减弱,大多数职业本科学校在积极按照产业需求完成自身专业布局的优化。其余 10 所院校的第二产业结构偏离度绝对值处于增加趋势,表明第二产业的专业布点数与当地产业发展偏离程度加深,还需进一步优化专业布局。从结构偏离度的正负决定其供求关系的视角分析来看,有 3 所学校在 2021~2022 年实现了结构偏离度正负的转变,南京工业职业技术大学和广西城市职业大学是由负转正,学校按产业需求增设专业布点的敏感度稍差。山东工程职业技术大学则是由正转负,从一开始的专业布点无法满足产业需求状态,到依据产业情况积极开展第二产业对应专业后,第二产业专业布点数不仅可以满足产业需求,甚至处于稍饱和状态。

针对第三产业的结构偏离度,从结构偏离度的绝对值决定其偏离程度的视角分析,计算 2021~2022 年各学校第三产业结构偏离度的差值,共有 19 所院校第三产业结构偏离度的绝对值处于减小趋势,即第三产业的专业与当地产业的偏离程度减弱。有 13 所院校第三产业结构偏离度的绝对值处于增加趋势,即第三产业的专业与当地产业的偏离程度加深。从结构偏离度的正负决定其供求关系的视角分析,上海中侨职业技术大学和广州科技职业技术大学发生了专业设置与产业需求供求关系的转变,且均为积极地从正转负,从专业布点数不足变为按产业需求积极增设有关专业的稍饱和状态。

(三) 全国职业本科院校专业结构与产业结构偏离情况的横向对比分析

针对 2022 年第二产业的结构偏离度,有 15 所职业本科院校的第二产业结构偏离度是负值，即第二产业专业布点数供给大于当地产业所需的供过于求状态，有16所职业本科院校的第二产业结构偏离度是正值，即第二产业专业布点数无法满足当地产业所需的供不应求状态。其中，在16所专业布点供不应求的院校中，结构偏离度的值最大的是西安信息职业大学，达到5.3726，远远大于0，表明该学校所在地区的第二产业发展情况较好，而学校的第二产业专业布点数远远无法满足当地产业的需求，第二产业专业设置与产业需求不匹配情况较为严重。在15所专业布点供过于求的院校中，结构偏离度的绝对值最大的是兰州石化职业技术大学，其值为 -0.5403，稍小于0，表明该学校的第二产业专业布点稍显过剩，可以适当减缓第二产业专业设置的速度。

针对2022年第三产业的结构偏离度，有9所职业本科院校的第三产业结构偏离度呈现正值，表明这些院校在第三产业相关专业布局上存在不足，即当前第三产业的专业布点数未能充分满足当地产业发展的实际需求，形成了供不应求的局面。另有23所职业本科院校的第三产业结构偏离度呈现负值，表明这些院校在第三产业相关专业布局上相对过剩，即第三产业的专业布点数已经超出了当地产业发展的实际需求，形成了供过于求的状态。供过于求状态相对严重的学校是广东工商职业技术大学，可以适当减少第三产业专业的布点，注重学校专业设置与当地第三产业的匹配度。供不应求的状态较为明显的是兰州石化职业技术大学，学校可以合理增设当地第三产业所需的专业，积极贴合产业需求，减少专业产业偏离度。具体如表4-3所示。

表4-3　　　2021~2022年第二产业、第三产业的结构偏离度情况

院校	2021年第二产业结构偏离度	2021年第三产业结构偏离度	2022年第二产业结构偏离度	2022年第三产业结构偏离度
河北工业职业技术大学	-0.4960	0.4926	-0.4480	0.4511
河北科技工程职业技术大学	-0.5843	3.8410	-0.3678	0.2493
河北石油职业技术大学	-0.5869	1.0786	-0.4900	0.3188
山西工程科技职业大学	0.3136	-0.2816	0.2465	-0.3094

续表

院校	2021年第二产业结构偏离度	2021年第三产业结构偏离度	2022年第二产业结构偏离度	2022年第三产业结构偏离度
运城职业技术大学	-0.3174	-0.0086	-0.2854	-0.0136
辽宁理工职业大学	-0.2473	-0.1675	-0.2266	-0.1651
上海中侨职业技术大学	-0.1137	0.0450	-0.0066	-0.0007
南京工业职业技术大学	-0.0147	-0.0230	0.0376	-0.0486
浙江广厦建设职业技术大学	-0.1517	0.0652	-0.0719	0.0071
浙江药科职业大学	-0.1969	0.1989	-0.2330	0.3232
泉州职业技术大学	1.6679	-0.4833	1.0498	-0.4323
南昌职业大学	1.3295	-0.3835	1.4190	-0.3998
江西软件职业技术大学	2.4943	-0.4309	2.6285	-0.4459
山东工程职业技术大学	0.2187	-0.1375	-0.0094	-0.0500
山东外国语职业技术大学	/	-0.5060	/	-0.4964
山东外事职业大学	4.3900	-0.4455	2.7164	-0.4321
河南科技职业大学	0.9185	-0.4694	0.2834	-0.3859
湖南软件职业技术大学	2.0090	-0.4883	1.8364	-0.4906
广州科技职业技术大学	-0.2625	0.1279	-0.0150	-0.0092
广东工商职业技术大学	1.2117	-0.4893	1.2853	-0.4973
广西农业职业技术大学	0.5599	-0.0684	0.2039	-0.0291
广西城市职业大学	-0.0880	-0.2846	0.1562	-0.3576
海南科技职业大学	-0.5234	0.1764	-0.2690	0.0270
重庆机电职业技术大学	-0.0295	-0.1021	-0.0261	-0.0988
成都艺术职业大学	3.2826	-0.2922	1.9165	-0.2581
贵阳康养职业大学	/	-0.4014	3.2816	-0.3433
西安汽车职业大学	0.3284	-0.1512	0.7888	-0.2176
西安信息职业大学	3.6494	-0.3144	5.3726	-0.3290
兰州石化职业技术大学	-0.6305	4.2544	-0.5403	1.5440
兰州资源环境职业技术大学	-0.4827	0.7515	-0.5259	1.3320

续表

院校	2021年第二产业结构偏离度	2021年第三产业结构偏离度	2022年第二产业结构偏离度	2022年第三产业结构偏离度
新疆天山职业技术大学	-0.1837	0.0797	-0.0845	0.0266
景德镇艺术职业大学	1.1580	-0.3783	1.4746	-0.3991
平均值	0.6207	0.1501	0.6806	-0.0603

注:"/"代表由于专业布点数未发生改变导致计算公式无意义,数值为正代表专业布点数少于产业需求,数值为负代表专业布点数多于产业需求。

第二节 职业本科院校专业结构与产业结构的整体适配度分析

专业结构与产业结构适配度的提升,是深化职业本科院校产教融合的重要抓手。为厘清全国职业本科院校专业结构与区域整体产业结构的适配程度,本章结合复杂适应系统理论和AHP层次分析法,建构了职业本科专产适配评价指标体系,并运用线性加权评估法对职业本科院校专业结构与区域产业结构的适配度值进行测算,科学厘定适配情况及其类型。

一、职业本科院校专业与产业评价指标体系设计思路

职业本科专业和产业的评价指标体系在搭建的过程中,首先,要遵循指标体系的基本原则;其次,要确保指标的来源有较为明确的政策文件或文献依据;最后,依据复杂适应系统(CAS)理论和共生理论搭建最终指标体系。

(一)指标体系构建的基本原则

构建科学有效的评价指标体系是评价职业本科专业产业适配情况的中心环节,职业本科专业系统和产业系统指标的选取和系统构建是一项系统性工程,旨在通过科学、规范的指标来衡量和评价职业本科专业系统与当地产业

系统的情况。在目前职业教育研究中，并没有现成的统一遵循的专业产业系统发展情况的评价标准，本书主要结合职业本科发展的实际情况、职业本科质量年度报告数据可得性情况以及相关的研究论文，选取评价指标。为了保证本书研究选取的评价指标的科学性和合理性，在构建数据评价指标体系时应遵循以下原则。

1. 目标导向原则

在制定指标体系前，应明晰本书研究指标的具体导向，确保选取的指标能清楚地反映研究目标的现状。职业本科专业系统中指标的选取应紧密围绕教育部相关政策要求和职业本科专业建设目标等，立足于专业建设的所需、所能，遴选出能代表职业本科专业建设情况的有关指标。产业系统的指标选取则应参考产业发展战略规划，既要考虑产业系统输入端的资源，又要考虑产业系统可以输出的服务和价值，从而选取能够较为全面地体现产业系统发展水平的指标。

2. 科学性原则

设计评价指标时，要遵循高等职业教育的客观规律和产业经济发展的规律。职业本科专业系统和产业系统的建设是一项系统工程，整个系统的运转受诸多因素的影响。为准确地描绘两个系统发展的客观现状，需科学全面地制定评价指标，避免过多主观因素的影响。科学性原则要求设计指标时应注意：评价指标的设计应充分反映评价目标的本质特征；各评价指标应相对独立，既不矛盾也不重复，能够从多角度协同描绘目标要求；评价指标应能较为全面地概括系统发展现状，并突出评价重点；评价方法应采用定性与定量相结合的方式，提升评价的信度和效度；评价指标应具备可比性，能够反映不同评价客体间的差异。

3. 可行性原则

评价指标体系应遵循的可行性原则指的是，选取的指标一是要符合职业教育和产业经济的基本理论，在理论层面可行；二是指标的数据或信息应具有易于获取和操作的属性；三是指标体系应在全面反映评价目标的基础上，尽量简单清晰明了；四是指标评价的效果应尽可能具备可行性和可推广性，可以被学界认可。

(二) 指标选取依据

职业本科专业系统和产业系统指标的选取思路来源兼具权威性和合理性。首先，指标选取思路的主要依据是教育部办公厅印发的《本科层次职业教育专业设置管理办法（试行）的通知》《中华人民共和国职业教育法》《关于深化现代职业教育体系建设改革的意见》等与职业本科有关的政策文件，同时，辅以职业本科教育和产业发展领域的权威文献，以及高等质量年度报告中的计分卡、服务资源数据、教学资源数据和政策落实数据等关键性指标作为参照。其次，为保障指标选取的实践性和应用价值，研究团队对职业本科院校与当地产业间的适配关系进行了深入的实地调研。团队选择性地走访调研了河北工业职业技术大学等学校，通过和学校的不同专业带头人深度访谈，详细了解了目前专业设置更关注的指标以及可以反映专业建设成效的指标，从而确保了研究指标的选取能够紧密贴合实际，具有较好的针对性和可操作性。最后，本书研究的具体观测指标通过专家访谈法确定，根据德尔菲法相应流程，经过三轮专家征询之后，形成具体的观测指标体系。指标选取的思路流程确保了所选指标不仅具有学术权威性，同时也能够满足职业教育和产业发展的实际需要。

(三) 指标体系搭建

本书研究的指标体系构建的理论基础是共生理论，职业本科专业系统和产业系统是专产共生系统中的两个共生单元。在进行指标体系搭建时，主要从一级指标和二级评价两个层级结构指标着手，基于共生理论以及职业本科专业系统和产业系统的基本现状进行指标设计。

在设计指标时，秉承着将职业本科专业系统和产业系统视为两个既独立又相互关联的系统原则，分别有针对性地设计其各自的一级指标与二级指标体系。对于职业本科专业系统，依据复杂适应系统（CAS）理论，一级指标体系围绕系统资源、系统规模及系统绩效三大维度构建。在二级指标层面，系统资源主要聚焦于人、财、物三个核心维度。其中，"人"即学校的人力资源核心，是负责培养学生的教师团队。本书选取师生比和双师素质专任教师比例来衡量专业系统中人力资源情况，师生比可以衡量师资储备情况，双师素质专任教师比例凸显职业教育特色，可以衡量学校的双师型师资队伍建设情况。"财"主要指的是学校的资金状况，职业本科学校的资金来源较为多样化，包括但不限于政府财政拨款、学费收入、社会捐赠及校企合作资金等。本书选取年生均财政专项拨款作为关键指标来衡量学校的资金富裕程度，一方面，可以体现学校从政府层面获得的财政支持，另一方面，该指标可以较好反映学校整体资金运作的稳健性与可持续发展能力。"物"主要指的是用于专业教学的设备等固定资产情况，本书选取生均教学科研仪器设备值来衡量。生均教学科研仪器设备值是学校教学仪器设备总资产值与在校生总数之比。其中，教学仪器设备资产值是指学校固定资产中用于教学、实验、实习、科研等仪器设备的资产值，可以衡量学校用于专业科研的固定资产投入情况。职业本科专业系统规模的评估需综合考量多个核心要素，一方面，是专业自身规模，借助职业本科学校设置的职业本科专业个数来衡量，该指标可以较为直观地反映该校在专业布局上的覆盖范围；另一方面，是专业系统所承载的学生规模，借助学校的在校生人数来衡量，该指标可以反映该专业系统在人才培养方面的规模与容量。系统绩效紧密围绕职业本科学校的三个核心功能即人才培养、科技创新、社会服务，来衡量职业本科专业系统的绩效情况。在人才培养方面，系统的产出主要聚焦于职业本科教育对技术技能型人才的培育成效，这一成效可以借助毕业生就业人数进行量化评估。科技创新作为另一重要功能，其绩效的评估则侧重于教师团队的专业科研成果产出。在这一维度下，专利授权数量可以衡量学校教师团队技术研发成果情况，横向技术服务到款额与纵向科研经费到款额则分别从市场应用与科研投入两个角度，衡量学校在科技成果转化与科研活动支持方面的成效，这三个核心指标共同构成了科技创新绩效的多元化评价体系。在社会服务方面，系统绩效则着重评估职业本科学校对社会的实际贡献，非学历培训项目数作为衡量指标，直接反映了学校面向社会提供的非学历性教育培训服务数量与规模。

对于产业系统，同样依据复杂适应系统理论，其一级指标从系统资源、系统规模和系统服务的角度来展开。在二级指标层面，系统资源维度聚焦于人力资源与企业资源两大核心要素。人力资源的评估选取当地人口总数及高学历人口比例反映系统内部的人力资源储备与知识密集度；而企业资源则通过当地工业企业数量的统计来量化。系统规模的衡量采用了多维度经济指标，包括学校所在市区的生产总值，以及第一产业生产占比、第二产业生产占比、第三产业生产占比。这些指标可以衡量产业系统的经济总量与产业结构特征。系统服务方面侧重于评价系统对社会的双重服务功能：一是通过城镇非私营单位从业人员数的统计，评估系统为社会提供就业岗位方面的贡献；二是借助专利授权数的分析，衡量系统在社会科技成果创新与转化方面的效能。职业本科专业产业系统指标体系如表4-4所示。

表4-4　　　　　　　　职业本科专业产业系统指标体系

系统层	一级指标	二级评价指标	单位
职业本科专业系统	系统资源	师生比	%
		双师素质专任教师比例	%
		年生均财政专项拨款	元/生
		生均校内实践教学工位数	个/生
		生均教学科研仪器设备值	元/生
	系统规模	职业本科专业总数	个
		全日制在校生人数	人
	系统绩效	毕业生就业人数	人
		专利授权数量	项
		横向技术服务到款额	万元
		纵向科研经费到款额	万元
		非学历培训项目数	项
产业系统	系统资源	学校所在市区户籍人口总数	人
		学校所在市区工业企业数	个
		学校所在市区本专科在校学生数	人
	系统规模	学校所在市区的生产总值	亿元
		第一产业生产占比	%
		第二产业生产占比	%
		第三产业生产占比	%
	系统服务	城镇非私营单位从业人员数	人
		专利授权数	件

二、职业本科院校专业与产业评价指标体系权重测算

在运用职业本科专业与产业评价指标体系进行评价的过程中，科学赋权是确保指标贡献度精准表征的核心环节。鉴于权重确定方法的多样性与复杂性，本书在深入分析指标体系特性及目标导向的基础上，优选了AHP作为权重测算的核心方法。

（一）权重确定方法介绍

本书采用层次分析法（AHP）对职业本科专业系统和产业系统的权重进行确定。层次分析法是一种系统性的兼具定性和定量分析的决策分析方法，方法的核心是根据各指标间的相互关联影响以及隶属关系，将指标划分为不同的层次。处于同一层级的指标是一种平等的关系，而不同层次的指标则存在隶属关系。在划分完具体层级后，将不同层次的指标分别在每一层展开进行两两比较，形成判断矩阵结果。通过计算特征向量来确定比较层次的贡献度，最后计算出各个指标层对于整个目标的重要程度即权重值。

（二）权重赋值步骤

首先，根据职业本科专业系统和产业系统的指标体系建立层次结构模型，并按照各层级的内容设计《职业本科专业产业适配权重设计专家咨询问卷》，收集专家对各指标重要性程度的判断情况，通过对专家咨询问卷反馈结果进行数据分析，进一步确定指标体系中各具体指标的权重。其中，专家以咨询问卷的形式，对构建好的判断矩阵进行两两比较，评分时共分为1~9个评分等级，其中，1代表两个元素具有相同重要性，3代表一个元素比另一个元素稍重要，5代表明显重要，7代表非常强烈重要，9代表一个元素比另一个元素极端重要，评分2、评分4、评分6、评分8代表上述相应值的中间状态。

其次，收集并整合来自多位专家的问卷反馈数据，基于数据结果，系统性地构建多个判断矩阵。第一步是针对专业系统与产业系统这两个核心研究对象，构建一个总体的判断矩阵；第二步是根据每个系统的一级指标和二级指标的内容，对判断矩阵进一步细化，最终形成9个判断矩阵。为了综合专

家们的意见并减少因主观判断带来的数据误差,将不同专家打分得出的判断矩阵进行几何平均处理,得到一个汇总的判断矩阵。

再次,依据汇总的判断矩阵,确定最后指标的权重值。具体步骤如下:第一步,检验各判断矩阵的一致性情况。当这一层级指标数小于等于2时,表明该判断矩阵的一致性较好,可直接进行层次分析,得出权重值。当这一层级指标数大于2时,判断矩阵应进行进一步的一致性检验,先计算矩阵的最大特征值 λ_{max},再运用公式计算出偏差一致性指标 CI 值。其中,为了检验判断矩阵的一致性结果,需要将 CI 与同阶平均随机一致性指标 RI 进行比较,得到的比值称为判断矩阵的随机一致性比例,记为 CR。当 CR 的值小于 0.1 时,表明判断矩阵的一致性可以通过检验,而 CR 值大于等于 0.1 时,则需要进一步调整判断矩阵。本书计算得出的 CR 值见表 4-5、表 4-6,9 个判断矩阵的 CR 值均小于 0.1,则 9 个判断矩阵的一致性是可以接受的,不需要进行修正,即经过详细的一致性检验,所有判断矩阵均已满足标准要求。

$$CI = (\lambda_{max} - n)/(n - 1) \quad (4-2)$$

$$CR = CI/RI \quad (4-3)$$

表 4-5　　　　　　　　　随机一致性 RI 值

n 阶	1	2	3	4	5	6	7
RI 值	0	0	0.52	0.89	1.12	1.26	1.36

表 4-6　　　　　　一致性结果检验汇总(省略重复内容)

最大特征根	CI 值	RI 值	CR 值	一致性检验结果
2	0	0	Null	通过
3.039	0.019	0.520	0.037	通过
5.307	0.077	1.120	0.069	通过
5.130	0.032	1.120	0.029	通过
4.219	0.073	0.890	0.082	通过

最后,依据权重求解公式,代入数值计算得出各级评价指标体系的同级权重,并依据各级别的同级权重计算出全局权重,如表 4-7 所示。

表 4-7　　职业本科专业系统和产业系统权重

系统层	一级指标	同级权重	全局权重	二级指标	同级权重	全局权重
职业本科专业系统（0.25）	系统资源	0.1062	0.0266	师生比	0.2738	0.0073
				双师素质专任教师比例	0.3871	0.0103
				年生均财政专项拨款	0.1595	0.0042
				生均校内实践教学工位数	0.1204	0.0032
				生均教学科研仪器设备值	0.0592	0.0016
	系统规模	0.2605	0.0651	职业本科专业总数	0.2500	0.0163
				全日制在校生人数	0.7500	0.0488
	系统绩效	0.6334	0.1584	毕业生就业人数	0.4236	0.0671
				专利授权数量	0.1020	0.0162
				横向技术服务到款额	0.2647	0.0419
				纵向科研经费到款额	0.1545	0.0245
				非学历培训项目数	0.0552	0.0087
产业系统（0.75）	系统资源	0.1062	0.0797	学校所在市区户籍人口总数	0.1062	0.0085
				学校所在市区工业企业数	0.2605	0.0207
				学校所在市区本专科在校学生数	0.6334	0.0504
	系统规模	0.2605	0.1954	学校所在市区的生产总值	0.1895	0.0370
				第一产业生产占比	0.1076	0.0210
				第二产业生产占比	0.4768	0.0931
				第三产业生产占比	0.2262	0.0442
	系统服务	0.6334	0.4751	城镇非私营单位从业人员数	0.2500	0.1188
				专利授权数	0.7500	0.3563

三、职业本科院校专业结构与产业结构的适配度计算

在完成对职业本科专业与产业评价指标体系中各关键指标权重的精确计算后，本书进一步采用线性加权综合评估法，系统地将各指标的量化数据与对应的权重相结合，以科学、全面地衡量职业本科专业与产业结构的适配程度。此方法不仅确保了评估过程的客观性，还通过权重分配反映了不同指标在适配度评价中的重要性和差异性。

(一) 决策单元数据来源

从首批职业本科院校 2019 年诞生以来到 2024 年 7 月，我国职业本科院校的数量已达到 51 所，但由于 2023~2024 年获批的 19 所职业本科院校专业建设周期较短，职业本科专业与区域产业互动还未形成较为成熟的适配模式。因此，本书选取了在 2019 年开展职业本科试点后，截至 2021 年 9 月成立且经过了 2 年专业建设周期的 32 所职业本科学校作为研究对象。数据来源于 2021 年和 2022 年各职业本科院校公布的质量年度报告中计分卡、服务贡献表、教学资源表、落实政策表等。其中，景德镇艺术职业大学在 2021 年和 2022 年由于转设后没有毕业生的原因一直未公布质量年度报告，新疆天山职业大学后面附表中指标所需数据缺失较为严重，浙江药科职业大学、泉州职业技术大学、河南科技职业大学、西安汽车职业大学、辽宁理工职业大学这五所学校的 2021 年质量年度报告后面没有计分卡、服务贡献表、教学资源表、落实政策表等数据表格。因此，在适配度测算的环节，受限于数据的可获得性，本书选取数据较为齐全的 25 所职业本科学校作为实际研究对象。

(二) 适配度测算

在利用权重计算适配度之前，需将 2021 年和 2022 年的职业本科学校的专业数据和产业数据进行标准化处理。这是由于在多指标评价体系中，各评价指标的性质不同，通常具有不同的量纲和数量级。当各指标间的水平相差很大时，如果直接用原始指标值进行分析，就会突出数值较高的指标在综合分析中的作用，相对削弱数值水平较低指标的作用。因此，为了保证结果的可靠性，需要对原始指标数据进行标准化处理。本书选取标准化中的归一化方法对数据进行处理（其中，年生均财政专项拨款这一指标，由于部分学校办学性质的原因，没有年生均财政专项拨款，因此，2022 年的年生均财政专项拨款水平的计算方式为年财政专项拨款除以在校生数再加上年生均拨款）数据的归一化是将专业和产业的各个评价指标数据按照一定规则进行缩放，转换为 (0，1) 区间的小数，使得数据处理方便。由于数据的归一化后保留数据之间的相对大小关系，所以研究可利用归一化后的数据测算职业本科的专产适配度。

本书采用线性加权法计算职业本科专业系统和产业系统的最终适配评价得分,即适配度数值。线性加权法顾名思义是将各个指标的具体数值及其全局权重进行简单的加权计算。最后计算出各学校2021~2022年专业产业适配度数值如表4-8所示,原始数据见附录D1~D8。

$$评价结果(适配度数值) = \sum 各项指标全局权重 \times 各项数值得分 \tag{4-4}$$

表4-8　　　　2021~2022年25所职业本科学校适配度值

学校名称	2021年适配度	2022年适配度
河北工业职业技术大学	0.28	0.29
河北科技工程职业技术大学	0.24	0.23
河北石油职业技术大学	0.16	0.17
山西工程科技职业大学	0.19	0.20
运城职业技术大学	0.11	0.11
上海中侨职业技术大学	0.57	0.57
南京工业职业技术大学	0.49	0.44
浙江广厦建设职业技术大学	0.27	0.25
南昌职业大学	0.22	0.22
江西软件职业技术大学	0.22	0.21
山东工程职业技术大学	0.28	0.32
山东外国语职业技术大学	0.15	0.16
山东外事职业大学	0.16	0.18
湖南软件职业技术大学	0.15	0.14
广州科技职业技术大学	0.64	0.66
广东工商职业技术大学	0.18	0.19
广西农业职业技术大学	0.22	0.21
广西城市职业大学	0.21	0.21
海南科技职业大学	0.13	0.13
重庆机电职业技术大学	0.35	0.40
成都艺术职业大学	0.45	0.45
贵阳康养职业大学	0.18	0.17

续表

学校名称	2021 年适配度	2022 年适配度
西安信息职业大学	0.28	0.28
兰州石化职业技术大学	0.25	0.25
兰州资源环境职业技术大学	0.20	0.19

四、职业本科院校专业结构与产业结构适配类型判定

科学全面地测算完职业本科专业和产业间的适配度后,为精准衡量各学校专业与产业匹配的实际状态及层次,本书依据适配度数值的分布特征与阈值界定,构建了一套系统化的适配度类型划分体系。此体系旨在通过量化的方式,明确界定不同适配度数值所代表的具体适配程度,从而实现对各职业本科学校专业与产业适配类型的精确判断与归类。

(一) 适配度类型划分

借鉴学者在研究高职专业群系统与区域产业系统的耦合关系的研究[①],根据计算出的适配度具体数值大小将职业本科专业与产业适配类型划分为 10 个子类型和 3 个主要大类。同时,依据专业系统和产业系统两者之间的匹配关系,划分职业本科专业和产业之间的协调类型,主要分为职业本科专业系统滞后型、产业系统滞后型、两系统同频共振型等不同类型(见表 4-9)。

表 4-9　　　　　　　相对适配度适配类型划分

适配度值	二级适配类型	一级适配类型	协调类型
0.00 ~ 0.09	极度不适配	不适配	职业本科专业系统滞后型
0.10 ~ 0.19	严重不适配		
0.20 ~ 0.29	中度不适配		
0.30 ~ 0.39	轻度不适配		

---

① 宋亚峰,许钟元. 高职专业群系统与区域产业系统的耦合关系及时空差异 [J]. 中国职业技术教育,2022 (27): 53-61.

续表

适配度值	二级适配类型	一级适配类型	协调类型
0.40~0.49	濒临适配	临界适配	同频共振型
0.50~0.59	勉强适配		
0.60~0.69	初级松散适配	适配	产业系统滞后型
0.70~0.79	中级标准适配		
0.80~0.89	高级规模适配		
0.90~1.00	优势创新适配		

职业本科专业系统滞后型的主要表现是，职业本科的专业设置与产业结构的变化之间存在显著脱节。具体而言，专业系统在响应产业布局的变迁及产业发展最新趋势与需求方面展现出明显的滞后性。在产业结构发生调整或新兴产业兴起时，职业本科专业系统调整的速度较慢，跟不上产业布局变化的速度。这种时间上的延迟，导致按照以往产业布局而设置的专业教育方法，所培养出的技术技能人才难以满足转型升级后的产业或新兴产业的需求。人才供需的错配会增加职业本科毕业生的就业难度，毕业生在就业市场上缺乏竞争力，形成了"滞后缺口"。

产业系统滞后型的具体表现在于，职业本科的专业设置比产业发展更具前瞻性，反而当地产业的发展速度较慢。具体而言，职业本科学校在进行专业设置时较为敏锐地捕捉到了当前行业发展的趋势，并据此更新学校的专业布局和课程教学方法等，以期培养出适应未来产业发展趋势的高素质技术技能人才，但产业系统的发展却落后于学校的专业布局，产业升级速度较慢。在此状态下，职业本科教育虽然已经超前布局引领产业发展的方向，产业系统却无法及时吸纳这些具有新知识和新技能的技术技能人才。

两系统同频共振型的主要表现在于，职业本科专业系统和产业系统之间相互协调、相互促进、共同发展。具体而言，职业本科专业系统可以敏锐洞察产业的发展方向和未来需求，及时调整专业设置与教学内容，确保教育供给与未来产业需求之间的精准对接。同时，产业系统也积极进行自身技术创新和产业迭代升级，并与职业本科学校及时沟通，共同进行技术技能人才培养，提升人才培养与产业需求的匹配度，有效减少专业培养人才的滞后效应。

（二）适配度类型判定

从全国职业本科院校专业结构和产业结构整体宏观适配状态来看（见表4-10），根据适配类型占比分析，在2022年的样本学校中，80%的职业本科院校专业结构和产业结构处于不适配状态，16%处于临界适配状态，仅4%的学校专产达到了适配状态。值得注意的是，处于不适配状态的学校中，近半数的学校呈现出严重不适配的情况，而4%处于适配状态的学校也仅达到初级松散适配状态。数据表明，在职业本科院校初期发展阶段，专产之间适配状态欠佳，学校专业设置与当地产业发展需求之间存在显著的脱节现象。专业系统与产业系统之间的匹配度较低，导致学校的专业体系无法有效促进当地产业系统的升级与发展，甚至在某些方面滞后于产业发展诉求。在样本院校中，适配程度最好的学校是广州科技职业技术大学，不论是2021年还是2022年该校都达到了初级松散适配状态，且适配度数值处于上升趋势。该校的专业设置紧密对接广东省尤其是珠三角地区、粤港澳大湾区的现代服务业、先进制造业等产业发展需求，构建了一个以工科为主，经济、管理、文学、艺术、医学多学科协调发展的专业体系。该校的专业设置根据当地产业实际需求进行精准对接，有效保障了学生的就业与专业的对口性，专业对口率达76.66%。适配程度相对较差的学校是运城职业技术大学，不仅适配度值在25所学校中处于较低水平，且在2021~2022年适配度值并没有较为明显的增长，适配类型均属于严重不适配状态。在运城市新能源等高端产业规模迅速扩张时，该校专业布局却并没有发生较大改变，并未及时增设或优化与新兴技术产业紧密相关的专业方向。且学校的职业本科专业设置虽覆盖六个专业大类，但各专业大类的规模较为单薄，截至2022年，仅设置了9个职业本科专业，且多个大类中仅含单一本科专业，这在一定程度上限制了学校快速响应产业变化、优化自身专业布局以及更加密切对接产业能力的发挥，导致学校专业与区域产业间适配程度一直处于较低水平。

表 4-10　2021~2022 年 25 所职业本科学校专业产业适配类型

学校名称	2021年	适配类型	2022年	适配类型
河北工业职业技术大学	0.28	中度不适配	0.29	中度不适配
河北科技工程职业技术大学	0.24	中度不适配	0.23	中度不适配
河北石油职业技术大学	0.16	严重不适配	0.17	严重不适配
山西工程科技职业大学	0.19	严重不适配	0.20	严重不适配
运城职业技术大学	0.11	严重不适配	0.11	严重不适配
上海中侨职业技术大学	0.57	勉强适配	0.57	勉强适配
南京工业职业技术大学	0.49	濒临适配	0.44	濒临适配
浙江广厦建设职业技术大学	0.27	中度不适配	0.25	中度不适配
南昌职业大学	0.22	中度不适配	0.22	中度不适配
江西软件职业技术大学	0.22	中度不适配	0.21	中度不适配
山东工程职业技术大学	0.28	中度不适配	0.32	轻度不适配
山东外国语职业技术大学	0.15	严重不适配	0.16	严重不适配
山东外事职业大学	0.16	严重不适配	0.18	严重不适配
湖南软件职业技术大学	0.15	严重不适配	0.14	严重不适配
广州科技职业技术大学	0.64	初级松散适配	0.66	初级松散适配
广东工商职业技术大学	0.18	严重不适配	0.19	严重不适配
广西农业职业技术大学	0.22	中度不适配	0.21	中度不适配
广西城市职业大学	0.21	中度不适配	0.21	中度不适配
海南科技职业大学	0.13	严重不适配	0.13	严重不适配
重庆机电职业技术大学	0.35	轻度不适配	0.40	濒临适配
成都艺术职业大学	0.45	濒临适配	0.45	濒临适配
贵阳康养职业大学	0.18	严重不适配	0.17	严重不适配
西安信息职业大学	0.28	中度不适配	0.28	中度不适配
兰州石化职业技术大学	0.25	中度不适配	0.25	中度不适配
兰州资源环境职业技术大学	0.20	中度不适配	0.19	严重不适配

从 2021~2022 年各职业本科学校专业结构与产业结构适配程度变化情况来看，有 9 所学校的专业产业适配度数值有所增加，占比为 36%；有 8

所学校的专产适配度数值有小幅度下降，占比为32%；有8所学校的专产适配度数值保持不变，占比为32%。其中，山西工程科技职业大学、山东工程职业技术大学、重庆机电职业技术大学三所学校的专业系统和产业系统的适配类型呈现优化趋势。在9所适配度数值有增长趋势的学校中，重庆机电职业技术大学的适配度增加最明显，深入研究学校案例发现，该校设有较为完善的"市场导向，主动适应"的专业动态调整机制，学校每年会对各专业建设情况进行评估，根据各专业发展情况对招生计划进行调整，动态控制专业规模，并调整专业设置，逐渐优化专业结构，且该校的职业本科专业全部与重庆市主导产业的人才需求对接。这一较为完善的动态调整机制，在面对区域产业结构变迁时，能够展现出较高的灵敏性与适应性，有效促进学校专业设置与区域产业之间的适配程度提升，为区域经济发展注入新活力。通过对2021~2022年学校适配度数据纵向对比分析，可以观察到职业本科学校在发展过程中不断优化自身的专业布局，按照产业需求积极完善学校专业设置，使其更加紧密结合当地产业发展，提高学校专业结构与产业结构的适配度。这一过程不仅促进了学校与地方产业协同发展，还可能将原先专业产业的不适配状态提升至同频共振甚至优势适配状态。

第三节　职业本科院校专业结构与产业高级化的适配度分析

为了探究目前我国职业本科与当地高端产业的适配程度，本书设计并构建了符合研究主题的适配度测算模型，整体评估并诊断出目前适配的基本现状以及存在的主要问题。该模型将符号函数及其映射原理融合在一起，对全国层面职业本科学校2021~2022年的专业和产业变化情况进行数据收集整理并按照映射原理赋值，依据赋值结果系统地分类判别当前全国层面职业本科学校的专业与产业高级化的适配类型，并探讨职业本科院校专业应当如何更好地适配产业高级化发展，以期更好地提升职业教育与区域产业的适配程度。图4-1为研究设计。

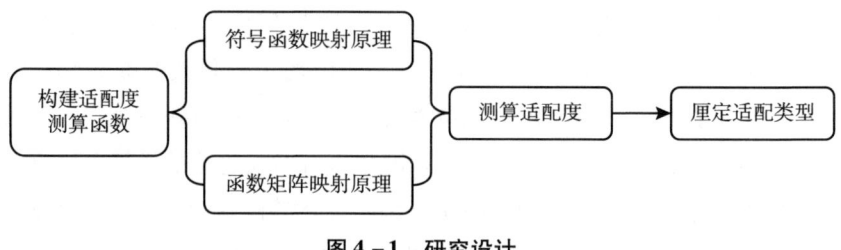

图 4-1 研究设计

一、职业本科院校专业与产业高级化适配函数构建

职业本科院校作为现代职业教育体系纵向贯通的最高层次,主要面向高端产业和产业高端、前沿产业和产业前沿进行专业设置。为精确评估职业本科专业与高端产业的适配水平,本书根据配第克拉克定理,引入产业高级化水平这一概念,将第二产业和第三产业变化情况结合在一起,运用第三产业增加值与第二产业增加值之比作为产业结构高级化水平的量化指标。考虑专业结构与产业结构高级化的变化程度和方向,借鉴水资源与产业结构高级化的适配度测算的方法,构建本书的二者适配度的弹性测算指标:

$$e(M_T/M_S, G_T/G_S) = \frac{(\Delta(M_T/M_S))/(M_T/M_S)}{(\Delta(G_T/G_S))/(G_T/G_S)} \quad (4-5)$$

其中,e 为两个变量适配度的弹性测算指标;M_T、M_S 分别为第三产业、第二产业的专业布点数(个);G_T、G_S 分别为第三产业、第二产业的增加值(亿元);$\Delta(M_T/M_S)$、$\Delta(G_T/G_S)$ 分别表示第三产业、第二产业专业布点数以及第三产业、第二产业增加值比值在某研究期间的变化程度。借鉴 OECD 的脱钩划分标准,结合二者适配程度的差异,构造一一对应的适配度测算函数 $f(z_i)$,函数组成形式如表 4-6、表 4-7 所示,其中 $\Delta(M_T/M_S)$、$\Delta(G_T/G_S)$ 取值为 0 或无效时,即第三产业、第二产业增加值或其专业布点数保持不变。

$$f\left(\begin{bmatrix} Sign(\Delta(M_T/M_S)) & Sign(\Delta M_T) & Sign(\Delta M_S) \\ Sign(\Delta(G_T/G_S)) & Sign(\Delta G_T) & Sign(\Delta G_S) \end{bmatrix} \right) \to \{INT[1,16]\}$$

$$(4-6)$$

$$sign(x) = \begin{cases} 1, & x > 0 \\ -1, & x < 0 \\ 0, & x = 0 \end{cases} \quad (4-7)$$

其中，z_i 中含有 6 个符号函数。

在构建完适配函数后，本书研究的核心内容在于规定适配函数的点映射原理，即 z_i 的内涵和 $f(z_i)$ 在特殊点的映射原理。适配度测算函数实际上是根据某个时间段内，第二产业、第三产业专业布点数和第二产业、第三产业产值的变化趋势，以及两者变化趋势之间的联系，来综合评估决策单元在该时段内其专业设置与产业结构之间的适配状态。适配度测算函数的矩阵结构由六个关键组成部分构成，每一部分均承载着反映专业和产业变化趋势的信息价值。在矩阵赋值过程中，依据各组成部分原始数值的正负性及其与适配度水平的关联逻辑，赋值 1、-1 或者 0。如表 4-11 所示。

表 4-11　　适配度测算函数在特殊点的映射原理

专业结构优化程度 $\Delta(M_T/M_S)$	第三产业专业布点情况 ΔM_T	第二产业专业布点情况 ΔM_S	产业结构高级化程度 $\Delta(G_T/G_S)$	第三产业发展 ΔG_T	第二产业发展 ΔG_S
>0 提高 $Sign\Delta(M_T/M_S)=1$	>0 增加 $Sign\Delta M_T=1$	>0 增加 $Sign\Delta M_S=1$	>0 提高 $Sign\Delta(G_T/G_S)=1$	>0 增长 $Sign\Delta G_T=1$	>0 增长 $Sign\Delta G_S=1$
<0 降低 $Sign\Delta(M_T/M_S)=-1$	<0 减少 $Sign\Delta M_T=-1$	<0 减少 $Sign\Delta M_S=-1$	<0 降低 $Sign\Delta(G_T/G_S)=-1$	<0 衰退 $Sign\Delta G_T=-1$	<0 衰退 $Sign\Delta G_S=-1$
=0 不变 $Sign\Delta(M_T/M_S)=0$	=0 不变 $Sign\Delta M_T=0$	=0 不变 $Sign\Delta M_S=0$	=0 不变 $Sign\Delta(G_T/G_S)=0$	=0 不变 $Sign\Delta G_T=0$	=0 不变 $Sign\Delta G_S=0$

二、职业本科院校专业与产业高级化适配标准确定

在运用适配函数评估各学校的具体适配类型前，应先明确优势适配、标准适配、松散适配及不适配四种适配类型对应函数矩阵的具体判定原理以及适配类型的划分标准，为后文进行适配函数运算奠定基础。

（一）适配函数判定原理

在对各职业本科院校适配矩阵进行适配程度分类之前，首要任务是明晰

本书研究中优势适配、标准适配、松散适配及不适配的具体判定准则。本书适配状态评估核心聚焦于职业本科专业结构变动与产业结构变迁之间的趋势契合度，即三产比二产专业布点数比值变化值与三产比二产产值比值变化值、三产专业布点数变化值与三产产值变化值、二产专业布点数变化值与二产产值变化值的动态关联。具体而言，若三类变化趋势均保持高度一致，则判定为优势适配类型；若其中两类变化趋势一致，则归类为标准适配；若仅有一类变化趋势相符，则视为松散适配；而三类变化趋势均不一致时，则判定为不适配类型。为精确量化四大适配类别框架下的适配程度赋值，还应进一步细化适配度数值的分级标准，数值划分的核心依据是"趋势为先、高级化为先、三产为先、同为正先、产业为先"的五先原则，原则的具体运行流程如图4-2所示。

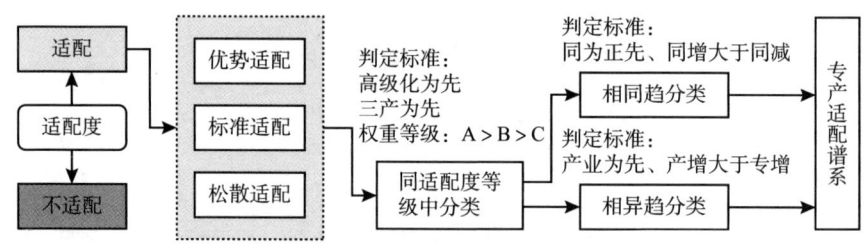

图4-2　专业结构和产业结构适配性判断标准

注：图中权重等级条件 A 是 $Sign\Delta(M_T/M_S) = Sign\Delta(G_T/G_S)$、条件 B 是 $Sign\Delta M_T = Sign\Delta G_T$、条件 C 是 $Sign\Delta M_S = Sign\Delta G_S$。

"趋势为先"，先根据三类变化趋势的一致性判断所属的适配大类，这一原则还体现在专业和产业之间对应的变化趋势的权重影响程度高于专产本身数值正负的影响程度。这是由于适配性的含义主要是看两者之间变化的协同程度，单一系统的变化情况是相对次要的。"高级化为先"，在细分适配矩阵的赋值时，三产比二产即高级化水平的专业和产业之间的变化趋势的协同性是首要考虑因素，即三产比二产专业布点数比值与三产比二产产值比值，两者之间的变化趋势演进方向的一致性程度在判定适配度数值时所占权重最大，依据"三产为先"，后面依次是三产专业布点数和三产产值的变化趋势，二产专业布点数和二产产值的变化趋势。"同为正先"，在专业和产业变化趋势相同的时候，变化趋势同为正的适配度要高于一个为正的适配度也高于变化趋势同为负的适配度。这是由于专业规模与产业规模均处于持续正向增长态势时，能够激发更多的创新活力，专业系统和产业系统适配产生的合力更大，更有利于经济社会的全面繁荣与进步。例如，三产比二产专业布点数比值变化值赋值为1、三产比二产产值比值变化值赋值为1，在其他4个位置的数值一样的条件下，其适配度赋值结果高于三产比二产专业布点数比值变化值赋值为-1、三产比二产产值比值变化值赋值为-1的情况。"产业为先"，由于教随产出，职业本科的专业系统实际是按照产业系统的变化而进行调整的，所以在其他条件不变时，产业规模扩大、专业规模缩小情况下的适配度大于产业规模缩小、专业规模扩大情况下的适配度。例如，三产比二产专业布点数比值变化值赋值为-1，三产比二产产值比值变化值赋值为1，在其他4个位置的数值一样的条件下，其适配度赋值结果高于三产比二产专业布点数比值变化值赋值为1、三产比二产产值比值变化值赋值为-1的情况。

（二）适配状态判定标准

本书将职业本科院校专业结构与产业结构的适配状态划分为四类，分别是优势适配状态、标准适配状态、松散适配状态和不适配状态。

1. 优势适配状态判定标准

优势适配是职业本科专业系统和产业系统之间达到一种最优化的适配状态。在这个适配状态下，职业本科的专业布局可以精准对接当地产业结构的布局与发展。具体而言，职业本科学校紧密围绕当地主导产业的核心需求，致力于培养并输送符合产业发展要求的高素质技术技能型人才，并在一定程度上促进当地产业结构的发展与升级。在这种最优状态下，两者之间会形成较为灵敏的动态调整机制，即职业本科学校会根据当地产业布局的演变趋势进行专业设置的动态调整，确保学校教育资源的精准投放与高效利用，从而为产业发展提供充足的人才支撑；同时，产业在吸纳职业本科培养的高素质技术技能人才后，会提升其创新能力与竞争力，进而推动产业结构的优化升级，在教随产出的基础上，形成教育与产业相互促进、共同发展的良性循环，共同促进当地经济社会的发展。

优势适配的判定条件在于，三产比二产专业布点数比值变化值与三产比二产产值比值变化值、三产专业布点数变化值与三产产值变化值、二产专业布点数变化值与二产产值变化值的变化趋势都是相同的，即变化值的赋值结果同为1或者同为-1。在优势适配这一类型下，适配程度也存在差异性，为精准评估此差异，依据适配程度的高低对其进行适配度赋值。赋值体系设定最高适配度值的判定依据是：三产比二产专业布点数比值变化值与三产比二产产值比值变化值、三产专业布点数变化值与三产产值变化值、二产专业布点数变化值与二产产值变化值的赋值结果同为1，简单来说，职业本科的三产专业布点数和二产专业布点数均处于增加状态且三产专业布点数增加得更快；三产产值、二产产值都是增加趋势且三产产值比二产产值增长速度更快。

2. 标准适配状态判定标准

标准适配是职业本科专业系统和产业系统之间达到的一种良好的适配状态。在此状态下，职业本科的专业设置和布局与当地产业布局基本契合，可以为当地产业发展供给其所需的技术技能型人才，实现教育与产业在基础层面的对接。但是，尽管存在这种基本适配，两者之间的动态调整机制却并不灵敏，具体表现为职业本科教育专业的调整与变革难以迅速响应并紧跟产业系统快速发展的步伐，存在一定的滞后性。

标准适配的判定条件在于，三产比二产专业布点数比值变化值与三产比二产产值比值变化值、三产专业布点数变化值与三产产值变化值、二产专业布点数变化值与二产产值变化值，这三个变化趋势中有两个变化趋势是一样的，即变化值的赋值结果同为1或者同为-1。

3. 松散适配状态判定标准

松散适配是职业本科专业系统和产业系统之间达到的一种勉强适配状态。勉强适配状态顾名思义，职业本科专业设置和当地的产业布局间仅能实现有限度的相互适应，存在一定的适配缺口，表现为部分职业本科学校培养的技术技能型人才无法充分契合当地产业发展的实际需求，导致教育与产业之间的供需失衡。两者之间的动态调整机制钝化严重，往往在产业结构变化以后，职业本科专业才开始缓慢的调整，不仅滞后于产业发展，且无法跟上产业结构的变化速度。

松散适配的判定条件在于，三产比二产专业布点数比值变化值与三产比二产产值比值变化值、三产专业布点数变化值与三产产值变化值、二产专业布点数变化值与二产产值变化值，这三个变化趋势中仅有一个变化趋势是一样的，即变化值的赋值结果同为 1 或者同为 –1。

4. 不适配状态判定标准

不适配状态指的是职业本科专业系统和产业系统之间存在的错位和不匹配现象，具体表现为职业本科学校培养的人才规格和产业发展并不匹配，无法满足产业发展的需求，专业布局和产业布局契合程度较差。例如，当地产业布局以第三产业为核心，第三产业和第二产业都在飞速发展，且第三产业规模增长速度大于第二产业时，职业本科的专业设置却减少了第三产业和第二产业的专业布点，且第三产业的专业布点减少的最多。

不适配的判定条件在于，三产比二产专业布点数比值变化值与三产比二产产值比值变化值、三产专业布点数变化值与三产产值变化值、二产专业布点数变化值与二产产值变化值，这三个变化趋势都是相反的，即变化值的赋值结果是当一个是 1 时另一个则为 –1。

三、职业本科院校专业与产业高级化适配结果分析

适配函数的运算过程包含以下步骤：首先，执行数据预处理阶段，该阶段的核心在于精确计算决策单元 z_i 内部各构成元素（即第二产业专业布点数、第三产业专业布点数、两者比值的变动，以及第二产业、第三产业产值及其比值变动）在选定时间阶段内的变化量。其次，实施阈值比较与符号化赋值，即将上述计算所得的各项变化值与基准值（此处为 0）进行逐一对比，并依据比较结果对每个矩阵的组成元素进行 –1、0 或 1 赋值，以表征其相对于基准状态的衰退、无变化或增长趋势。具体赋值原理参见表 4–11，确保赋值过程的一致性与客观性。再次，进入适配度计算阶段，根据六个组成部分的赋值情况，代入适配度函数测算公式，列出适配度测算矩阵，并根据适配状态的划分情况，得出具体适配值。最后，进行适配类型判定，即根据各决策单元适配度值的计算结果，参考预设的适配状态分类标准，对各个决策单元进行适配类型的划分。

根据研究制定的点映射原理，分别对32所职业本科学校专业和产业变化情况按照适配函数中矩阵组成因素的计算方式，进行计算并对计算结果进行赋值，赋值结果如表4-12所示。

表4-12　　　　　各学校点映射原理赋值结果

学校名称	$Sign\Delta(M_T/M_S)$	$Sign\Delta M_T$	$Sign\Delta M_S$	$Sign\Delta(G_T/G_S)$	$Sign\Delta G_T$	$Sign\Delta G_S$
河北工业职业技术大学	-1	1	1	-1	1	1
河北科技工程职业技术大学	1	1	1	-1	1	1
河北石油职业技术大学	1	1	1	-1	1	1
山西工程科技职业大学	-1	1	1	-1	1	1
运城职业技术大学	-1	1	1	-1	1	1
辽宁理工职业大学	-1	0	0	-1	1	1
上海中侨职业技术大学	1	1	1	1	1	1
南京工业职业技术大学	1	1	1	-1	1	1
浙江广厦建设职业技术大学	1	1	1	-1	1	1
浙江药科职业大学	-1	1	1	-1	1	1
泉州职业技术大学	-1	1	1	1	1	1
南昌职业大学	-1	1	1	-1	1	1
江西软件职业技术大学	-1	0	0	-1	1	1
山东工程职业技术大学	-1	1	1	1	1	1
山东外国语职业技术大学	1	1	0	1	1	1
山东外事职业大学	-1	1	1	1	1	1
河南科技职业大学	-1	1	1	1	1	1
湖南软件职业技术大学	-1	1	1	-1	1	1
广州科技职业技术大学	1	1	1	1	1	1
广东工商职业技术大学	-1	1	1	1	1	1
广西农业职业技术大学	-1	0	1	-1	1	1
广西城市职业大学	1	1	1	-1	1	1
海南科技职业大学	1	1	0	-1	1	1

续表

学校名称	$Sign\Delta(M_T/M_S)$	$Sign\Delta M_T$	$Sign\Delta M_S$	$Sign\Delta(G_T/G_S)$	$Sign\Delta G_T$	$Sign\Delta G_S$
重庆机电职业技术大学	-1	0	0	1	1	1
成都艺术职业大学	-1	1	1	1	1	1
贵阳康养职业大学	1	1	1	1	1	1
西安汽车职业大学	1	1	0	-1	1	1
西安信息职业大学	1	1	0	-1	1	1
兰州石化职业技术大学	1	1	1	-1	1	1
兰州资源环境职业技术大学	-1	1	1	-1	1	1
新疆天山职业技术大学	1	1	1	-1	1	1
景德镇艺术职业大学	1	1	1	-1	1	1

基于表 4-12 内职业本科学校专业和产业变化数据的深入观察分析可以发现，所有决策单元在第三产业与第二产业的产值规模上均展现出扩张态势；专业规模则维持稳定不变或呈现扩张趋势，没有缩减规模的情况；不管是专业还是产业的比值变动情况都不为 0。即在本书研究的现实情境中，第三产业和第二产业增加值在 2021~2022 年一直处于增长态势，赋值结果只有 1 这一种情况；第三产业和第二产业专业布点数在 2021~2022 年处于不变或增长态势，赋值结果只有 0 或 1 两种情况；第三产业和第二产业的增加值或专业布点的比值变动只有 1 和 -1 两种情况。为了简化适配度赋值过程并精准量化各组合与实际适配情况的契合度，本书在深入理解适配度函数和适配理论框架的基础上，采取了一种贴合实际组成情形的赋值策略，结合职业本科专业和所在地产业的现实样态以及适配函数的矩阵构造原理进行适配函数矩阵映射原理构造。因此，适配函数矩阵共存在 2^4，即 16 种组合可能性，这些组合可以全面覆盖所有决策单元可能存在的适配状态。具体而言，针对矩阵每一种组合可能，对其赋予一个介于 1~16 的适配度值，该值直接反映了决策单元专业与产业的适配程度。以下列出了各矩阵组合及其对应的适配度赋值结果，旨在为后续分析与决策提供科学的量化依据。如图 4-3 所示。

$$\left.\begin{array}{l}\begin{bmatrix}1&1&1\\1&1&1\end{bmatrix}\begin{bmatrix}-1&1&1\\-1&1&1\end{bmatrix}\\\begin{bmatrix}1&1&0\\1&1&1\end{bmatrix}\begin{bmatrix}-1&1&0\\-1&1&1\end{bmatrix}\begin{bmatrix}1&0&1\\1&1&1\end{bmatrix}\begin{bmatrix}-1&0&1\\-1&1&1\end{bmatrix}\begin{bmatrix}-1&1&1\\1&1&1\end{bmatrix}\begin{bmatrix}1&1&1\\-1&1&1\end{bmatrix}\\\begin{bmatrix}1&0&0\\1&1&1\end{bmatrix}\begin{bmatrix}-1&0&0\\-1&1&1\end{bmatrix}\begin{bmatrix}-1&1&0\\1&1&1\end{bmatrix}\begin{bmatrix}1&1&0\\-1&1&1\end{bmatrix}\begin{bmatrix}-1&0&1\\1&1&1\end{bmatrix}\begin{bmatrix}1&0&1\\-1&1&1\end{bmatrix}\\\begin{bmatrix}-1&0&0\\1&1&1\end{bmatrix}\begin{bmatrix}1&0&0\\-1&1&1\end{bmatrix}\end{array}\right\}$$

$$\begin{bmatrix}16&15&&&&\\14&13&12&11&10&9\\8&7&6&5&4&3\\2&1&&&&\end{bmatrix}\begin{array}{l}\text{优势适配}\\\text{标准适配}\\\text{松散适配}\\\text{不适配}\end{array}$$

图 4-3 适配映射原理

依据前文的适配度赋值映射原理,各学校的适配度赋值情况以及适配类型划分情况如表 4-13 所示。

表 4-13　　32 所职业本科学校的适配度赋值结果

学校名称	适配度值赋值结果	适配类型
河北工业职业技术大学	15	优势适配
河北科技工程职业技术大学	9	标准适配
河北石油职业技术大学	9	标准适配
山西工程科技职业大学	15	优势适配
运城职业技术大学	15	优势适配
辽宁理工职业大学	7	松散适配
上海中侨职业技术大学	16	优势适配
南京工业职业技术大学	9	标准适配
浙江广厦建设职业技术大学	9	标准适配
浙江药科职业大学	15	优势适配
泉州职业技术大学	10	标准适配
南昌职业大学	15	优势适配
江西软件职业技术大学	7	松散适配
山东工程职业技术大学	10	标准适配

续表

学校名称	适配度值赋值结果	适配类型
山东外国语职业技术大学	14	标准适配
山东外事职业大学	15	优势适配
河南科技职业大学	10	标准适配
湖南软件职业技术大学	15	优势适配
广州科技职业技术大学	5	松散适配
广东工商职业技术大学	15	优势适配
广西农业职业技术大学	11	标准适配
广西城市职业大学	9	标准适配
海南科技职业大学	5	松散适配
重庆机电职业技术大学	2	不适配
成都艺术职业大学	10	标准适配
贵阳康养职业大学	16	优势适配
西安汽车职业大学	5	松散适配
西安信息职业大学	5	松散适配
兰州石化职业技术大学	9	标准适配
兰州资源环境职业技术大学	15	优势适配
新疆天山职业技术大学	9	标准适配
景德镇艺术职业大学	9	标准适配

根据表4-13中适配度赋值结果数据，从全国整体适配情况来看，目前我国职业本科专业和高端产业适配的情况整体呈现向好趋势，将近97%的职业本科学校和当地高端产业发展趋势协同性较强处于适配状态，仅1所学校被归类为不适配状态。这表明大多职业本科的专业设置趋势和高端产业的发展趋势较为吻合，学校的专业调整可以跟得上产业结构变化的速度，在当地第二产业、第三产业等新兴产业规模发生扩张时，学校可以超前布局，预判产业的变动，从而为其培养所需的高素质技术技能人才。

从不同适配类型的占比情况来看，处于优势适配状态的学校占比为34.4%，占据总数的1/3还多，即有超过1/3的职业本科专业和当地高端产业十分匹配，学校会根据当地产业布局的演变趋势进行专业设置的超前布局和及时动态调整；处于标准适配状态的学校占比为43.8%，将近占据总数的1/2，这些学校的专业布局和产业布局间达到了基本适配状态，但缺乏较为灵敏的专业动态调整机制，专业调整存在一定的滞后性；处于松散适配状态的学校占比为18.8%，职业本科学校专业和当地产业的适配情况有所欠缺，存在一定的适配缺口，专业布局滞后性较为严重；处于不适配状态的学校占比为3.1%，结合具体数目来看，只有1所学校处于专业布局和产业布局契合程度较差的不适配状态，如表4-14所示。

表4-14　　　32所职业本科适配判定标准以及适配结果数量占比

适配类型	判定标准	适配结果数量占比	
优势适配	条件ABC均成立	11所	占比34.4%
标准适配	条件ABC中仅有两个成立	14所	占比43.8%
松散适配	条件ABC中仅有一个成立	6所	占比18.8%
不适配	条件ABC均不成立	1所	占比3.1%

其中：条件A是$Sign\Delta(M_T/M_S) = Sign\Delta(G_T/G_S)$；条件B是$Sign\Delta M_T = Sign\Delta G_T$；条件C是$Sign\Delta M_S = Sign\Delta G_S$。

从具体学校层面来看，在职业本科院校专业结构和产业结构高级化适配的结果中，适配度值最高的两所学校是上海中侨职业技术大学和贵阳康养职业大学，达到了优势适配状态。不仅三产和二产的专业布点数和产业产值的变化趋势一致，而且专业和产业均处于发展扩张状态，表明学校的专业设置和当地产业结构高级化的趋势较为匹配。同时，学校会随着当地产业布局的变化趋势进行较为精准的专业动态调整，以培养出更加符合当地产业高级化趋势需求的创新型复合型人才。适配度值最低的学校是重庆机电职业技术大学，设置的职业本科专业和当地高端产业布局的变化趋势不一致。在当地第三产业和第二产业规模扩张时，第三产业和第二产业专业布点数却没有变化，且三产产值比二产产值增加得更快，三产专业布点数的增长速度却低于二产专业布点数的增长速度，难以适应当地产业结构高级化的趋势。

总体而言，全国职业本科院校中大多数院校的专业设置和当地产业结构高级化趋势的适配程度均较高。职业本科院校的办学定位主要是面向高端产业和产业高端的，专业设置与产业结构高级化的趋势较为匹配，表明职业本科的发展符合自身办学定位，也符合自身的发展方向。在职业本科专业和高端产业适配整体向好的趋势下，也有将近1/3的职业本科学校处于松散适配或不适配状态，专业设置还存在一定的滞后性，即专业设置与当地产业结构高级化的趋势之间存在一定的不一致性，当第三产业或第二产业的规模扩张时，学校在专业设置上对相对应产业的人才需求并没有及时呼应，导致技术技能人才供给不足，无法满足区域产业的发展需求。

第五章　职业本科院校专业结构与产业结构适配的影响因素分析

职业本科院校专业与区域产业的适配程度有待提升，将近 80% 的职业本科院校专业面向整体产业的适配处于不适配状态，将近 1/3 的职业本科院校面向高端产业的适配处于松散适配或不适配状态。具体而言，职业本科面向二产的专业处于供不应求和供过于求状态的学校各自占近一半，而职业本科面向三产的专业处于供给不足状态的占 28%，处于供给过剩状态的占 72%，整体来看，当前职业本科专业产业适配现状欠佳，为了探究职业本科院校专业与产业适配度受哪些因素影响，本章在第四章测算出的适配度的基础上，分别以全国职业本科院校 2022 年的结构偏离度、整体产业适配度、产业高级化适配度数据以及对应的专业产业数据为样本，采用 fsQCA 方法对职业本科院校专业与产业适配的影响因素以及驱动路径进行研究，以期为二者的适配度提升以及未来协调发展提供一定的经验及优化路径选择。

研究职业本科院校专产适配的影响因素可以采用定量或者定性的研究方法，大多学者在研究影响因素分析时会采用定量分析中传统的回归方法，然而这种回归方法只能孤立地分析某个单独的变量对职业本科院校专业产业适配的影响，无法看出多个变量的组合效应对专产适配的影响。职业本科院校的专业产业适配影响因素众多，涉及专业和产业两个系统，仅分析单独变量对于其适配效果的影响较为片面化，其适配程度的提升是多个因素共同驱动的结果，因此，探究职业本科院校专业与产业适配的影响因素必须从整个组合系统的视角出发。本书采用模糊集定性比较分析方法（fsQCA），基于集合论思想和组态思维，将定性分析与定量分析有效联结，从集合的角度考察影响职业本科专产适配的前因条件及条件组合与适配的关系，通过条件组态形式解释不同条件组合对专业产业适配的驱动路径对于职业本科院校专产适配的影响,探究不同区域的职业本科院校专产适配路径"殊途同归"背后的复杂动因。

第一节 职业本科院校专业结构与产业结构整体适配趋势的影响因素分析

本节内容采用 fsQCA 方法对职业本科院校专业与整体适配趋势的影响因素以及适配驱动路径进行分析。其中,由于职业本科的办学定位是面向高端产业和产业高端的,对接的产业也主要以第三产业为主,因此,在探究职业本科院校专业与整体适配趋势的影响因素这一章节,本书采用职业本科专业与三产的适配趋势为结果变量。

一、研究方法与研究路径

定性比较分析方法(QCA)是一种将"定性分析"与"定量分析"的研究优势结合在一起的研究方法。一般而言,定性分析方法主要聚焦于个别案例的分析,分析结果不具有"普遍性",而定量分析的方法的研究对象一般为大样本,得出的研究结果可以总结出一般规律或趋势,但是很少关注某些特定案例对于研究结果的影响,在大样本中,一些特殊案例常常由于基数较小被忽略。而定性比较分析方法则"取二者精华",既能关注特殊案例对于结果的影响,又能得出"普适性"较强的结论。根据数据赋值和分析操作的不同可分为清晰集、模糊集和多值集三种分析方法。清晰集定性比较分析的变量赋值仅有 0、1 之分,每个案例被二分类到一个隶属上去,其中"1"代表隶属于集合,"0"代表不隶属于该集合。然而,在实际研究中的变量很难被清晰地划分到隶属于或不隶属于的集合中,而模糊集或多值集分析就不存在二分的严格要求,可以采用多个值来划定变量的隶属关系。模糊集的出现延伸了清晰集,允许取"0"和"1"之间的部分隶属分数,其背后的基本思想是允许集合分数的刻度化,允许部分隶属,扩大了定性比较分析的应用范围。模糊集定性比较分析方法的具体运用需要结合案例的具体信息，结合集合论、布尔运算和组态思维等理论基础，从样本案例中选取结果变量和条件组态进行分析，可以得出前因条件与结果变量间的复杂因果关系，并检验出样本案例内前因条件的核心组合（即核心驱动路径），以及影响结果变量的重要条件和次要条件。

模糊集定性比较分析方法的研究路径主要分为以下几个步骤：第一步，确定研究样本的案例，案例选择时要注意平衡样本的深度和广度，案例数过多容易导致组态结果过于复杂不易分析，案例数太少可能无法涵盖前因条件的所有组合，模糊集定性比较分析方法的适用条件是 10~40 个案例的小样本规模。第二步，确定前因条件与结果变量，在进行前因条件的选择时，由于 k 个前因条件在理论上存在 2^k 种组态结果，过多的前因条件数量很容易导致组态个数超过观察案例个数，从而出现案例的"有限多样性"问题，所以小样本规模（10~40 个案例）的研究应将模型限制在 7 个前因条件之内。第三步，进行变量校准，根据理论依据以及数据本身特征，选取合适的定性锚点，将案例数据转化为 0.0~1.0 集合隶属分数。第四步，必要性分析，在进行组态分析前，应先对每个变量单独进行必要性分析，必要性分析可以检验单个条件变量对结果变量的必要性程度和解释程度。必要性分析包含一致性指标和覆盖率指标，一致性指标的高低代表了相应条件变量是否对结果变量的必要性，一般来说，一致性指标在 0.8 以上即代表该变量对结果变量必要性较高，如果某个变量的一致性大于 0.9，则该前因变量是结果变量发生的必要条件，需要在构建基于充分性条件分析的真值表前予以剔除。自变量对因变量的解释力度可通过覆盖率指标来检验，覆盖率指标的值越大，表明条件变量对结果变量的解释力度越高。第五步，真值表的构建，软件会列出所有前因条件可能形成的组合形式，然而有部分组合形式是实际案例中不可能出现的，需要设定一致性分数阈值以及频数阈值对案例进行筛选。经过门槛值筛选，会留下通过模糊集合理论的组合，并将一致性分数大于阈值的前因组合编码为 1，其他编码为 0，得到一个简化完的真值表。第六步，真值表分析，对真值表进行标准分析后，经过反事实分析和运算，可以得到简约解、中间解和复杂解三种解。简约解（包括逻辑余项但不对其合理性进行评价）经过简单和困难反事实分析，组态和条件数量最少。简约解包括任何可以促成逻辑上更简单的解的反事实组合。中间解（使用逻辑余项但仅限于那些有合理依据的）只考虑了简单的反事实分析，纳入符合理论方向预期和经验证据的逻辑余项。复杂解（不包括逻辑余项）是基于原始数据，排除了涉及有限简化的反事实案例，不经过任何反事实分析，通常包含更多组态和前因条件。合理有据、复杂度适中的中间解通常是研究中汇报和诠释的首选。第七步，对实证结果进行分析。通过比较分析每一种组合的一致性和覆盖率，评估前因条件及组态形式的充分性和必要性，对组态形式存在的因果机理和现实意义进行分析并找出符合目标条件组合的案例。

二、变量选取与数据来源

在进行 fsQCA 的模型分析前，选取合适的变量作为前因条件至关重要，在选取前因条件的过程中需要兼顾科学性、数据可获得性以及代表性。此外，研究样本的典型性和代表性亦不可忽视，合适的研究样本应能较为全面地包含研究内容的各种情况，因此，在数据来源方面，研究需要筛选具有代表性的案例作为研究样本，这对于提升分析结果的准确性和普适性具有关键作用。

（一）变量选取

本书主要基于职业本科专业建设与产业发展领域的研究文献，《中华人民共和国职业教育法》，中共中央办公厅、国务院办公厅印发的《关于深化现代职业教育体系建设改革的意见》，教育部办公厅印发的《本科层次职业教育专业设置管理办法（试行）》的通知等与职业本科有关的法律法规、政策文件，辅以研究团队对职业本科实地调研的访谈结果，并结合数据指标的可获得性进行指标选取，指标结果经过专家征询并调整修改。

指标选取的核心思路在于，以专业与第三产业适配为核心，从专业和产业两个维度选取影响职业本科专业产业适配的指标，专业系统主要从人、财、物三个层面选取指标，同时为了更加清晰地反映职业本科专业的构成情况，加入专业资源作为构成指标之一，产业系统则从规模和构成两个层面选取指标，由于本节的结果变量选取第三产业结构偏离度，因此，在产业构成这一视角，选取第三产业占比衡量产业构成。最终选取 6 个因素作为前因条件，如表 5-1 所示，探究影响各区域职业本科院校专业结构与第三产业适配的核心条件与边缘条件，即影响专业产业适配的重要因素与次要因素，分析驱动职业本科专业产业协同发展的不同路径。

表 5-1　　　　　　　　　选取的前因条件

所属系统	资源类型	选取指标
专业系统	教师资源	师生比
	资金资源	年生均财政专项拨款
	实践资源	生均校内实践教学工位数
	专业资源	职业本科专业总数
产业系统	产业规模	区域工业企业数
	产业构成	区域三产占比

(二) 数据来源

本书以 2022 年全国 30 个职业本科院校为研究样本，新疆天山职业技术大学和景德镇艺术职业大学由于数据缺失较为严重，所以不包含在研究样本内。结果变量选取第四章第一节中测算的结果第三产业偏离度数据。前因条件中专业系统的数据来源于各职业本科公布的 2022 年的质量年度报告中计分卡、服务贡献表、教学资源表、落实政策表以及官网发布的招生简章等权威官方数据。产业系统的数据则来源于国家统计局官网和 2022 年的《中国城市统计年鉴》。

在进行职业本科院校专业设置与第三产业适配的实证分析时，本书采用三产偏离度作为结果变量与 6 个前因条件进行必要性和组态分析，探究影响三产专产适配的重要因素与次要因素。鉴于结构偏离度这一指标本身具有正负之分，其符号的正负反映不同偏离方向：结构偏离度为正，代表职业本科专业与区域专业处于供不应求状态，结构偏离度为负，代表专业处于供过于求状态。因此，可以准确反映专业与产业偏离程度大小的是结构偏离度的绝对值而非带符号的原始值。结构偏离度的绝对值越大，意味着职业本科教育与对应产业的偏离程度越高,从而适配程度越低。由于模糊集定性比较分析法中选取的结果变量是高水平职业本科专业与产业适配,为了贴合满足模糊集定性比较分析的结果变量设定,本书将所有结构偏离度绝对值数据乘以 -1,通过这一转换,使得调整后的结构偏离度数据能够符合"数值越大,适配程度越高"的逻辑框架,从而满足分析过程与 fsQCA 方法的理论预设相一致。其中,由于运城职业技术大学的数据路径不符合常规事实结果,因此,本章节的 fsQCA 分析中的案例不包括该学校(数据校准后结果见附录 E)。

三、因素分析与路径研判

模糊集定性分析法在进行必要性与充分性的子集关系分析前,需要对原始案例数据进行校准,将收集到的原始数据编码成 fsQCA 软件能够处理的数据格式,具体来说,校准过程涉及将案例数据转化为 0.0~1.0 集合的隶属分数,即一个案例可以在某种程度上隶属于某个集合,而不是简单地被划分为完全隶属或不隶属。校准方法分为直接校准法和间接校准法,本书采用应用度较高的直接校准法,参考大多数研究的校准点设置,将条件变量(师生比、年生均财政专项拨款、生均校内实践教学工位数、职业本科专业总数、区域工业企业数、区域第三产业占比)与结果变量(职业本科院校专业与区域产业适配度)完全隶属、交叉点、完全不隶属的校准点分别设置为 95%、50%、5%。在运用校准点计算完各变量的集合隶属分数后,根据隶属度分数高低将变量划分为高水平(高隶属度)与非高水平(低隶属度)两个类别。校准过后,在 fsQCA 中,恰好处于 0.5 隶属度(交叉点)的案例会被从分析中删除,为克服这个问题,根据现有研究的做法将其调整为 0.501,得出条件变量与结果变量的描述性统计和隶属度校准阈值再进行后续必要性分析和组态分析。

(一)单个前因条件的必要性分析

在进行条件组态的充分性分析前,需要对各变量条件的必要性程度进行逐一单独检验,即检验某一单一条件(包括其非集)是否构成职业本科专业与产业适配的必要条件,避免在最小化逻辑余项中必要条件被消除。在QCA中,当结果发生时某个条件始终存在,那么该条件就可以成为结果的必要条件。本书中的必要条件就是对高(非高)水平的专产适配对应的职业本科院校都具有影响的因素。研究者们普遍认为,一致性是衡量必要条件的重要指标,当某个条件的一致性分数大于 0.9 时,则该条件就是结果的必要条件。由表 5-2 中各前因变量的一致性数值可以看出,所有职业本科专业与产业适配的前因条件一致性水平都低于 0.9,表明这 6 个前因条件(师生比、年生均财政专项拨款、生均校内实践教学工位数、职业本科专业总数、区域工业企业数、区域第三产业占比)中不存在职业本科专业与产业高水平适配的必要条件,而且各变量的一致性水平均低于 0.8,表明所有变量的单个解释力都比较弱。因此,对于职业本科专业产业适配来说,高水平的专产适配不是由单个前因变量所决定的,而是各条件变量复杂交错、相互影响下的结果。

表 5-2　　　　　　　　单变量必要性分析结果

前因条件	高水平专产适配		非高水平专产适配	
	一致性	覆盖率	一致性	覆盖率
师生比	0.6353	0.7470	0.6602	0.5766
非师生比	0.6399	0.7172	0.7103	0.5913
年生均财政专项拨款	0.5386	0.6748	0.5437	0.5059
非年生均财政专项拨款	0.6057	0.6412	0.6505	0.5115
生均校内实践教学工位数	0.6190	0.7436	0.6005	0.5358
非生均校内实践教学工位数	0.6136	0.6740	0.7127	0.5814
职业本科专业总数	0.6653	0.7746	0.7275	0.6290
非职业本科专业总数	0.6814	0.7710	0.7394	0.6213
区域工业企业数	0.6750	0.8718	0.5334	0.5116
非区域工业企业数	0.6219	0.6422	0.8663	0.6644
区域三产占比	0.6568	0.7990	0.5041	0.4554
非区域三产占比	0.5523	0.5999	0.7775	0.6272

注:数据来源于作者使用 fsQCA4.1 软件处理。

(二) 多条件的组态充分性分析

经过单个条件的必要性分析，所有的前因条件均可以进行后续的充分条件检测。因此，本书将进一步对多个条件组合成的驱动路径展开探究，即通过组态分析探究由多个条件构成的不同组态引起结果产生的充分性。一致性用来衡量组态的充分性，根据现有研究，在一致性阈值设定方面，案例样本充分性的一致性水平应不低于可接受的经验临界值 0.85 或 0.8，本书借鉴王炳成等的研究以及软件的默认数值，选取 0.8 作为一致性阈值，同时为减少矛盾组态（避免"同时子集关系"的问题）将 PRI 一致性阈值设定为 0.75。频数阈值一般根据样本量来确定，对于大样本规模，频数阈值可以取大于 1 的数，如 2 或 3 等，对于中小样本规模，频数阈值一般定为 1。在具体实践中，频数阈值的选取还需综合分析案例在真值表中的分布等。本书的案例数为 30 个，属于中小样本规模，最终确定的频数阈值为 1。经标准化分析后，可以得到简约解、中间解以及复杂解，一般而言，复杂解只用于解决有实际观察案例的组态，因此，本书主要结合中间解和简约解的结果进行分析，其中，出现在简约解中的条件被称为给定组态的核心条件，表明与所关注的结果之间存在较强的因果关系，出现在中间解但没有出现在简约解的其余条件称为边缘条件，与结果之间因果关系较弱。具体而言，本书在绘制组态结果表格时，将同时出现在简约解和中间解的条件认定为核心条件，即重要影响因素，核心条件存在用"●"表示，核心条件缺失用"⊗"表示，将仅在中间解中出现的条件认定为边缘条件，即次要影响因素，边缘条件的存在用"•"表示，边缘条件的缺失用"⊗"表示，"空白"表示该条件既可能出现，也可能不出现。

本书无法找到足够的支撑进行反事实判断，因此，不作方向性预设，这样得出的中间解会和复杂解相同。在进行质蕴涵项的选取时，本书基于质蕴涵项公式最小化准则以及经验判断选取的路径为：师生比×生均校内实践教学工位数×职业本科专业总数×区域工业企业数×区域第三产业占比、年生均财政专项拨款×生均校内实践教学工位数、生均校内实践教学工位数×区域第三产业占比。组态分析结果如表 5-3 所示。根据表 5-3 中组态结果可以看出，实现高水平职业本科专业和第三产业适配共有 8 条驱动路径（H1a、

H1b、H2a、H2b、H2c、H3、H4a、H4b），其中简约解中的核心路径有4条，第一条核心路径 H1 对应 H1a 和 H1b 两条驱动路径，第二条核心路径 H2 对应 H2a、H2b 和 H2c 三条驱动路径，第三条核心路径对应 H3 一条驱动路径，第四条核心路径对应 H4a 和 H4b 两条驱动路径。驱动路径是核心路径加上部分逻辑余项构成的路径。解的总体一致性为 0.9391，高于 0.9，解的总体覆盖度为 0.6138，大于 0.5，表明表 5-3 中的组合路径可以解释案例中 60% 以上的样本，模型的解释力度较好。本章节从四条主要核心路径的视角，将职业本科专业与第三产业高水平适配路径分为：产业独领适配组合型，产业高活力-三产高占比组合型、学校富资金-学校富实践资源、学校富实践资源-三产高占比。下面对四类驱动路径八个组态分别展开讨论。

表 5-3　职业本科专业与第三产业组态结果

前因条件	H1a	H1b	H2a	H2b	H2c	H3	H4a	H4b
师生比	⊗	⊗		⊗	⊗	●	●	●
年生均财政专项拨款	⊗	•	•	•		●	⊗	
生均校内实践教学工位数		⊗	⊗		⊗	●	●	●
职业本科专业总数	•	⊗	⊗	•		•	•	•
区域工业企业数	●	●	●	●	●	⊗		•
区域三产占比			●	●	●	⊗	●	●
原始覆盖率	0.3252	0.2585	0.2411	0.2584	0.2860	0.2199	0.2512	0.2807
唯一覆盖率	0.0680	0.0168	0.0085	0.0006	0.0120	0.0577	0.0409	0.0187
一致性	0.9422	0.9795	0.9781	0.9451	0.9814	0.9556	0.9721	0.9788
总体一致性	0.9391							
总体覆盖度	0.6138							

1. 产业独领适配组合型

组态 H1a 的前因构型为"师生比×年生均财政专项拨款×职业本科专

业总数×区域工业企业数",该路径表明,如果具有核心条件高水平的区域工业企业数以及边缘条件职业本科专业总数,即使缺失核心条件——师生比和边缘条件——年生均财政专项拨款,也可以实现高水平职业本科专业与第三产业适配。此路径的原始覆盖率为0.3252,表明有32.52%的案例可以用该路径解释,其中典型学校包括泉州职业技术大学、南昌职业大学、广州科技职业技术大学和成都艺术职业大学。唯一覆盖率为0.0680,表明有6.8%的案例只能被该路径所解释。

组态H1b的前因构型为"师生比×年生均财政专项拨款×生均校内实践教学工位数×职业本科专业总数×区域工业企业数",该路径表明,如果具有核心条件高水平的区域工业企业数以及边缘条件年生均财政专项拨款,即使缺失核心条件——师生比和边缘条件——生均校内实践教学工位数和职业本科专业总数,也可以实现高水平职业本科专业与第三产业适配。此路径的原始覆盖率为0.2585,表明有25.85%的案例可以用该路径解释,其中典型学校包括重庆机电职业技术大学和西安汽车职业大学。唯一覆盖率为0.0168,表明有1.7%的案例只能被该路径所解释。

综上,在学校独领适配组合型中,当工业企业数较高水平时,即使学校的师资资源较为匮乏,也可以通过较高水平的职业本科专业总数或者较高水平的资金支撑来弥补师资的不足。可能原因在于,工业企业数较高的区域产业活力较高,企业开展产教融合以及校企合作育人的活力也较高,较多的职业本科专业的开设,可以存在更多的专业与区域产业对接,从而提升职业本科专产适配水平,如果专业数水平较低,当学校资金资源较为丰富时,资金可用于支持产教融合项目和校企合作项目,如共建实训基地、联合研发等,提升学生的实践能力和职业素养,进而促进职业本科专业与产业的高水平适配。根据原始覆盖度来看,通过职业本科专业数弥补师资薄弱的学校多于通过资金弥补的学校,可能原因在于开设专业的难度要小于申请政府审批资金的难度。

在对应案例中,选取西安汽车职业大学为例进行分析。西安汽车职业大学位于产业稳步发展的西安市,西安市的工业生产近年来保持稳定增长态势,其支柱产业包括电子信息制造、汽车制造、航空航天、高端装备制造、新材料新能源和生物医药六大行业,支柱产业的繁荣发展为该区域经济增长不断注入新活力。因此，西安汽车职业大学所在区域产业发展环境较好。学校本身从建校以来一直得到陕西省人民政府、教育厅的指导和帮助及社会各界的支持和关怀，办学资金十分富足，学校充分利用各项资金，不断改善实验实训条件，根据产业最新技术导向建设各个实训基地，培养相关专业人才。充足的办学资金，一方面，极大地提升了学校的办学水平，对学校人才培养的质量具有较大的促进作用；另一方面，使得学校具备了校企合作的资金条件，学校投入资金与众多企业共建校企合作生产型教学基地，满足专业建设和实践教学的需要。在学校资金和产业活力的双重加持下，学校可以充分利用企业资源，让学生参与企业的实际生产，聘请企业专家作为学生的指导教师，进一步提高学生的实践动手能力。在校企合作育人中不断寻找更高效的合作机制等，深化产教融合、校企合作、工学结合的办学模式，培养出更加符合产业需求的专业技能人才，最终不断提升职业本科专业与产业的适配程度。

2. 产业高活力–三产高占比组合型

组态 H2a 的前因构型为"年生均财政专项拨款×生均校内实践教学工位数×职业本科专业总数×区域工业企业数×区域三产占比"，该路径表明，如果具有核心条件高水平的区域工业企业数和区域三产占比以及边缘条件年生均财政专项拨款，即使缺失边缘条件生均校内实践教学工位数和职业本科专业总数，也可以实现高水平职业本科专业与第三产业适配。此路径的原始覆盖率为 0.2411，表明有 24.11% 的案例可以用该路径解释，其中，典型学校包括上海中侨职业技术大学和西安汽车职业大学。唯一覆盖率为 0.0085，表明有 0.8% 的案例只能被该路径所解释。

组态 H2b 的前因构型为"师生比×年生均财政专项拨款×职业本科专业总数×区域工业企业数×区域三产占比"，该路径表明，如果具有核心条件高水平的区域工业企业数和区域三产占比以及边缘条件年生均财政专项拨款，即使缺失边缘条件——师生比和职业本科专业总数，也可以实现高水平职业本科专业与第三产业适配。此路径的原始覆盖率为 0.2584，表明有 25.84% 的案例可以用该路径解释，其中，典型学校包括河北工业职业技术大学和西安汽车职业大学。唯一覆盖率为 0.0006，表明有 0.6% 的案例只能被该路径所解释。

组态 H2c 的前因构型为"师生比×生均校内实践教学工位数×职业本科专业总数×区域工业企业数×区域三产占比",该路径表明,如果具有核心条件高水平的区域工业企业数和区域三产占比以及边缘条件职业本科专业总数,即使缺失边缘条件——师生比和生均校内实践教学工位数,也可以实现高水平职业本科专业与第三产业适配。此路径的原始覆盖率为 0.2860,表明有 28.6% 的案例可以用该路径解释,其中,典型学校包括山东工程职业技术大学和成都艺术职业大学。唯一覆盖率为 0.0120,表明有 1.2% 的案例只能被该路径所解释。

综上,在产业高活力 – 三产高占比组合型中,当区域产业发展活力高且三产在当地占比较高时,只要再具备年生均财政专项拨款或者职业本科专业总数这两个指标中的一个,即使缺失师生比和生均校内实践教学工位数和剩下的一个指标,也可以实现职业本科专业与第三产业的高水平适配。这表明,实现职业本科专业与第三产业适配的关键,除了当地三产发展较好外,学校应具备较强的资金实力或者较大的专业规模。可能原因在于,三产主要是高新技术行业,往往具有高度的灵活性和创新性,新技术、新业态和新模式在三产迭代升级时不断涌现,学校资金充足便于定期市场调研,了解最新的产业需求,根据产业最新技术需求进行课程开发、专业内涵优化等。倘若学校缺乏师资和实践资源,当学校开设较多的职业本科专业时,关于三产的专业覆盖面较广,可以及时根据第三产业的发展趋势和市场需求,灵活调整专业课程内容,以提升职业本科专业与第三产业的适配程度。该组合和第一节中的第二种组合型原理类似,因此,本书不再运用具体案例进行分析。

3. 学校富资金 – 学校富实践资源组合型

组态 H3 的前因构型为"师生比×年生均财政专项拨款×生均校内实践教学工位数×职业本科专业总数×区域工业企业数×区域三产占比",该路径表明,如果具有核心条件高水平的年生均财政专项拨款和生均校内实践教学工位数以及边缘条件师生比和职业本科专业总数,即使缺失边缘条件——区域工业企业数和区域三产占比,也可以实现高水平职业本科专业与第三产业适配。此路径的原始覆盖率为 0.2199,表明有 21.99% 的案例可以用该路径解释,其中,典型学校包括山西工程科技职业大学。唯一覆盖率为

0.0577，表明有5.7%的案例只能被该路径所解释。

在学校富资金–学校富实践资源组合型中，教师、资金、实践和专业资源充沛，即使区域产业方面略有不足，依旧可以达到职业本科专业与第三产业的高水平适配。学校各方面资源较为充足时，学校可以主动适应和引领产业发展，一方面，根据产业发展趋势和市场需求，灵活调整专业设置、课程内容以及实训项目内容，从而培养出符合市场需求的高素质人才。学校充足的实践资源可以锻炼学生的实际操作技能，有助于学生在步入工作时更快地适应工作环境，满足行业需求。另一方面，学校可以主动与企业开展合作，与企业共同建立实训基地、开展实习实训项目、为企业提供技术服务等方式，了解最新的产业动态，将产业需求引入课堂中，使教育内容更加贴近市场需求。因此，即使区域产业发展水平一般且三产占比相对较低，但学校各项资源较为充沛时，在学校的引领带动下，依旧可以实现职业本科专业与第三产业的高水平适配。

在对应案例中，选取山西工程科技职业大学为例进行分析。山西工程科技职业大学在资金方面、师资方面、专业方面和实践资源方面均较为突出。在资金方面，学校的办学收入来源广泛，包含教育事业收入、科研事业收入、财政拨款收入、其他收入等多种途径。多元化的收入有力地保证了学校资源建设的需要，且在专业建设方面，该学校开设的职业本科专业数在全国职业本科院校中位居前列，学校聚焦山西产业链和创新链，紧密对接新兴产业集群、传统优势产业链和未来产业发展需求，持续优化专业结构和布局，形成紧贴产业、定位清晰、专业互补、科学合理的专业体系，不断按需调整相关专业，紧跟产业所需增设区域急需专业，积极为产业提供对口的专业技术技能人才。在教师队伍建设方面，学校现有专任教师1258人，在此基础上学校一直不断加强师资队伍建设，完善教师培训制度，鼓励教师到企业实践，提升自身专业水平，努力造就一支师德高尚、技艺精湛、专兼结合、充满活力的高素质"双师型"教师队伍。在实践资源方面，学校不断完善自身实践资源建设，共搭建475个各类实验实训实习室和训练场馆，在实训基地建设的基础上，学校按照"强优势、补短板、增活力"的原则，根据市场调研不断更新改造实验实训设备，强化实验室软硬件平台建设，提升学校的实践资源质量。在学校专业覆盖较广且实践资源丰富的基础上，学校积极探索社会培训模式,与多个企业开展合作,为其提供送教上门的培训服务,并充分发挥专业和师资优势,协同企业开展科技研发与创新,助力解决行业企业的生产研发难题,共同开展技术攻关,破解企业发展瓶颈等,不论是培训亦或科技服务,学校在为服务产业发展的过程中,拉近了与企业的距离,更清晰了解产业人才需求,便于学校精准开展专业人才培养,从而增加了职业本科专业与产业的适配程度。

4. 学校富实践资源-三产高占比组合型

组态 H4a 的前因构型为"师生比×年生均财政专项拨款×生均校内实践教学工位数×职业本科专业总数×区域三产占比",该路径表明,如果具有核心条件高水平的生均校内实践教学工位数和区域三产占比以及边缘条件师生比和职业本科专业总数,即使缺失边缘条件——年生均财政专项拨款,也可以实现高水平职业本科专业与第三产业适配。此路径的原始覆盖率为 0.2512,表明有 25.12% 的案例可以用该路径解释,其中,典型学校包括海南科技职业大学和西安信息职业大学。唯一覆盖率为 0.0409,表明有 4.1% 的案例只能被该路径所解释。

组态 H4b 的前因构型为"师生比×生均校内实践教学工位数×职业本科专业总数×区域工业企业数×区域三产占比",该路径表明,具有核心条件高水平的生均校内实践教学工位数和区域三产占比以及边缘条件师生比、职业本科专业总数和区域工业企业数,可以实现高水平职业本科专业与第三产业适配。此路径的原始覆盖率为 0.2807,表明有 28.07% 的案例可以用该路径解释,其中,典型学校包括南京工业职业技术大学、浙江广厦建设职业技术大学和西安信息职业大学。唯一覆盖率为 0.0187,表明有 1.8% 的案例只能被该路径所解释。

综上,在学校富实践资源-三产高占比组合型中,存在两种实现高水平专产适配的路径,一是在学校丰富实践资源和区域三产高占比的基础上,具备较丰富的教师资源和专业资源,即使学校方面缺失丰富的资金,依旧可以实现高水平专产适配。可能原因在于,第三产业的教学主要依赖教师和实践资源支持培养学生的实操能力,且在三产占比较高的情况下,当地三产发展较好,区域三产企业会更积极参与校企合作育人等,因此,可以实现职业本科专业与第三产业高水平适配。二是学校在丰富实践资源和区域三产高占比的基础上，具备较丰富的教师资源、专业资源和区域产业资源，可以实现高水平专产适配。这种适配组态具备五个前因条件且没有明显的前因条件缺失，在"万事俱备"的条件组态下，专产高水平适配也是"理所应当"。

在对应案例中，选取西安信息职业大学为例进行分析。西安信息职业大学位于三产占比超过60%的西安市，西安市的第三产业是经济增长的主要动力之一，且随着信息技术的快速发展和普及，数字化转型已成为西安市第三产业发展的重要趋势。信息传输、软件和信息技术服务业等数字产业将持续增长，为西安市的第三产业的转型升级提供有力支撑。在区域第三产业发展繁荣的产业背景下，西安信息职业大学十分重视学生实践能力的培养，学校面向信息产业和先进制造业，建设了一批具有辐射引领作用的高水平本科职业教育实训基地，其中各类实验实训基地183个，稳定的校外实践教学基地187个，丰富的实践资源有力地促进了该学校专业设置与产业需求、课程内容与职业标准、教学过程与生产过程对接，提升了学生的实践能力，促进了该学校专业与区域产业的适配度提升。

第二节　职业本科院校专业结构与产业结构整体适配度的影响因素分析

本节内容采用多元线性回归和 fsQCA 相结合对职业本科院校专业与整体适配趋势的影响因素以及适配驱动路径进行分析。其中，多元线性回归分析方法主要用来对可能影响职业本科专业与产业适配度的变量进行逐步回归，得到可以显著影响专产适配的变量，再根据相关研究文献和理论从显著变量中选出较为核心的 6 个作为 fsQCA 中的前因条件变量，进行职业本科院校专业与产业整体适配度的驱动路径分析。

一、研究方法与研究路径

在进行本节的职业本科专业结构与产业结构整体适配度的影响因素分析

时，研究选取模糊集定性比较分析方法对其影响因素以及驱动路径进行分析。模糊集定性比较分析方法本质上是一种案例导向型的研究方法，其基于集合论思想和组态思维，将定性分析与定量分析有效结合在一起，基本思想就是借助架构理论和布尔代数运算，从集合的角度考察前因条件及条件组合与结果的关系，从而解释现象背后的复杂因果关系。该方法兼顾定量分析中的普适性结论与特定案例对于研究结果的影响，且关注变量组合对结果的影响，而非单一自变量的影响，从而提高了研究的解释力，与回归分析等定量方法相比，对样本规模要求不高，尤其适用于中小规模样本的研究。这使得该方法在样本有限的情况下也能进行有效的分析，最终得出影响结果变量的不同条件组合。

模糊集定性比较分析方法的研究路径主要可以概括为三个主要步骤：第一个步骤是准备阶段，准备阶段主要包括研究样本案例的选取以及研究变量的选取阶段。由于模糊集定性比较分析法主要适用于 10~40 个案例的中小型样本规模，因此，研究样本的案例选取不应过多，只需选取具有代表性且基本涵盖所有前因条件的所有组合的案例即可。研究变量的选取包括结果变量和前因条件，结果变量的选取主要依据研究的主要内容进行厘定，前因条件的选取则需要依据众多资料，找出影响各区域职业本科院校专产适配的重要因素与次要因素，以此分析驱动职业本科专业产业协同发展的不同路径。本章节在选取前因条件时，主要依据逐步回归的结果，选取在回归中显著影响职业本科专产适配的变量，并结合相关文献中提及的变量重要程度进行筛选。第二个步骤是计算阶段，在选取完合适的案例数据以及各项变量后，需要先对数据进行校准，根据文献理论依据以及数据本身特征，选取合适的定性锚点，将案例数据转化为 0.0~1.0 集合隶属分数。在变量数据校准完成后，对数据首先进行必要性检验，必要性检验完成后，需要观察每个变量的一致性数据，倘若存在某个变量的一致性大于 0.9，则该前因变量是结果变量发生的必要条件，需要在构建基于充分性条件分析的真值表前予以剔除。在必要性检验完成后，进行真值表的构建，并通过规定一致性阈值以及 PRI 阈值，进行反事实分析和质蕴涵项的选取后，得出最终组态结果。第三个步骤是结果分析阶段，根据软件运算结果，可以得到简约解、中间解和复杂解三种解，研究主要依据简约解和中间解结合分析每一种组合的一致性和覆盖率，评估前因条件及组态形式的充分性和必要性，找出影响职业本科专业结构与产业结构整体适配度的主要影响因素和次要影响因素以及高水平适配的组合路径等。

二、变量选取与数据来源

研究在变量选取部分，一方面，考虑研究文献、政策文件等内容；另一方面，借助逐步回归法寻找显著变量，综合择优选取 fsQCA 分析中需要用到的前因变量。并依据前因变量的选取情况，确定合适的研究样本。

（一）变量选取

在进行职业本科专业结构与产业结构整体适配度的驱动路径分析前，本书采用多元线性回归法对众多可能影响职业本科专业结构与产业结构整体适配度的因素进行逐步回归，找出影响其专产适配的显著变量，并为后文 fsQCA 分析中的前因变量的选取提供依据。

职业本科院校专业结构与区域整体产业适配程度并不高，其适配过程受诸多因素影响，具体可分为适配系统外部影响因素和适配系统内部影响因素，外部的影响因素可能包括当地经济发展水平以及人口、政策环境等，内部的影响因素则包括系统内部专业和产业两大主体的各个组成要素。本节主要运用逐步回归法筛选并厘清不同要素对职业本科院校专业结构与区域产业适配的影响程度。

1. 回归变量选取说明

研究职业本科院校专业与区域产业适配的影响因素，被解释变量则分别选取职业本科专业与产业结构偏离度、整体产业适配度、产业高级化适配度数据。根据相关政策文件以及研究文献梳理职业本科院校专业和产业适配的可能影响因素，并结合职业本科院校的质量年度报告以及《中国城市统计年鉴》中指标数据的可获得性情况，共选取22个可能对适配度有影响效果的解释变量。其中，外部因素主要包括区域经济发展水平、区域户籍人口；内部因素主要包括学校和产业两个方面，学校方面主要从院校办学底蕴、院校办学能力以及院校社会服务能力三个维度选取指标，具体包括院校建校时

第五章 职业本科院校专业结构与产业结构适配的影响因素分析

长、师生比、双师素质专任教师比例、年生均财政专项拨款、生均校内实践教学工位数、生均教学科研仪器设备值、职业本科专业总数、全日制在校生人数、毕业生就业人数、专利授权数量、横向技术服务到款额、纵向科研经费到款额、非学历培训项目数等，产业方面则从产业发展基础和产业结构两个维度选取指标，具体包括区域工业企业数、区域本专科在校学生数、区域一产占比、区域二产占比、区域三产占比、区域从业人员数、区域专利授权数等。具体如表5-4所示。

表5-4　　　　　　　　　　变量名称及注释

变量名称	变量代码	计算公式和变量解释	单位
建校时长	X1	建校时长=2024年-升格前的专科院校的创立时间（若职业本科院校由多所专科院校合并转设而成，则选取其中创立时间最早的院校作为计算基准）	年
师生比	X2	师生比=教师总数/在校生数	—
双师素质专任教师比例	X3	双师素质专任教师比例=双师素质专任教师人数/专任教师数	—
年生均财政专项拨款	X4	由于部分学校办学性质的原因，没有年生均财政拨款，因此，2022年的年生均拨款水平的计算方式为年财政专项拨款除以在校生数再加上年生均拨款，得出该学校的年生均财政拨款水平	万元
生均校内实践教学工位数	X5	生均校内实践教学工位数=校内实践教学工位总数/在校生数	个/生
生均教学科研仪器设备值	X6	生均教学科研仪器设备值=学校教学仪器设备总资产值/在校生总数，其中，教学仪器设备资产值是指学校固定资产中用于教学、实验、实习、科研等仪器设备的资产值	元/生
职业本科专业总数	X7	职业本科专业总数指的是该学校开设的职业本科专业的数目，不包含专科专业	个
全日制在校生人数	X8	—	人
毕业生就业人数	X9	—	人

续表

变量名称	变量代码	计算公式和变量解释	单位
专利授权数量	X10	专利授权数量是发明、实用新型、外观设计三种专利授权数的总和	项
横向技术服务到款额	X11	横向技术服务到款额指以学校名义与自然人、法人、其他组织签订的技术开发、技术服务、技术咨询、技术转让等技术合同所涉及的经费;国际科技合作项目中与境外企业、个人合作经费及科技捐赠项目经费	万元
纵向科研经费到款额	X12	纵向科研经费到款额指通过承担国家、地方政府常设的计划项目或专项项目取得的科研项目经费	万元
非学历培训项目数	X13	非学历培训项目数指为社会进行的非学历性培训的项目总数	项
区域户籍人口总数	X14	区域指的是职业本科院校所在地级市的户籍人口总数	人
区域工业企业数	X15	区域指的是职业本科院校所在地级市的工业企业数	个
区域本专科在校学生数	X16	区域指的是职业本科院校所在地级市的本专科在校学生数	人
区域生产总值	X17	区域指的是职业本科院校所在地级市的生产总值	亿元
区域一产占比	X18	区域指的是职业本科院校所在地级市的一产占比	—
区域二产占比	X19	区域指的是职业本科院校所在地级市的二产占比	—
区域三产占比	X20	区域指的是职业本科院校所在地级市的三产占比	—
区域从业人员数	X21	区域指的是职业本科院校所在地级市的从业人员	人
区域专利授权数	X22	区域指的是职业本科院校所在地级市的专利授权数	项

2. 回归模型中数据来源与描述性统计

被解释变量中的职业本科院校专业与区域整体产业适配度值来源于第四章中第一节、第二节和第三节的测算结果,解释变量中的职业本科院校的数据来源于各职业本科公布的2022年的质量年度报告中计分卡、服务贡献表、教学资源表、落实政策表以及官网发布的招生简章等权威官方数据。产业数据和外部因素数据则来源于国家统计局官网和2022年的《中国城市统计年鉴》。表5-5中展示了变量的描述性统计结果。

表 5-5　　　　　　　　变量的描述性统计结果

变量名称	均值	标准差	最小值	最大值
三产结构偏离度	-0.34	0.38	-1.544	-0.0007
整体产业适配度	0.27	0.14	0.11	0.66
产业高级化适配度	10.73	4.09	2	16
建校时长	43.44	29.93	17	121
师生比	0.06	0.01	0.04	0.08
双师素质专任教师比例	57.98	16.79	25.96	92.56
年生均财政专项拨款	7879.90	9046.94	0.00	30010.04
生均校内实践教学工位数	0.69	0.49	0.11	2.40
生均教学科研仪器设备值	12456.23	4399.90	6256.38	24488.35
职业本科专业总数	19.64	6.61	9	39
全日制在校生人数	17681.20	6181.10	7960	35994
毕业生就业人数	3519.80	2021.96	1346	9132
专利授权数量	67.44	94.52	0	436
横向技术服务到款额	666.68	895.00	0.00	2882.07
纵向科研经费到款额	148.21	244.40	0.00	837.79
非学历培训项目数	80.92	126.45	5	637
区域户籍人口总数	734.80	669.59	216	3415
区域工业企业数	2374.80	2424.63	187	9309
区域本专科在校学生数	457554.08	368116.32	42502	1412569
区域生产总值	8844.64	10560.66	989	43215
区域一产占比	7.38	6.24	0.23	22.04
区域二产占比	36.68	8.29	16.87	51.57
区域三产占比	55.94	10.97	40.73	79.00
区域从业人员数	1747703.68	2550948.97	139081	11561200
区域专利授权数	39474.52	51806.20	1003	189516
院校办学性质	0.36	0.49	0.00	1.00

3. 回归模型搭建

本章在于确定影响职业本科院校专业设置与区域产业发展适配性的关键

影响因素,因此,研究采用逐步回归方法对一系列潜在影响适配程度的变量(变量 X1~变量 X22)进行筛选与剔除。通过此回归,最终确定那些 p 值低于 0.05 的变量,作为对职业本科院校专业结构与区域产业适配性可以产生显著影响的变量。模型方程如下:

$$Y_i = \beta_0 + \beta_1 X_i + \beta_2 Control_i + \varepsilon_{it} \qquad (5-1)$$

在模型(5-1)中,X_i 是核心解释变量,代表职业本科院校与区域产业的情况,Y_i 是被解释变量,代表职业本科院校专业与产业的适配程度。下标 i 代表的是不同职业本科院校,ε_{it} 为随机扰动项。

4. 回归结果分析

根据逐步回归结果可以发现,对职业本科院校专业与整体产业适配程度有显著影响的变量包括师生比、年生均财政专项拨款、生均校内实践教学工位数、职业本科专业总数、全日制在校生人数、毕业生就业人数、专利授权数量、横向技术服务到款额、纵向科研经费到款额、非学历培训项目数、区域工业企业数、区域本专科在校学生数、区域地区生产总值、区域二产占比、区域从业人员数、区域专利授权数。回归结果如表 5-6 所示。

表 5-6　　　　　　　　　　逐步回归结果

变量	(1)
师生比	0.0089**
	(2.45)
年生均财政专项拨款	0.0302***
	(5.70)
生均校内实践教学工位数	0.0223***
	(5.18)
职业本科专业总数	0.0331***
	(8.62)
全日制在校生人数	0.0821***
	(6.53)
毕业生就业人数	0.1251***
	(13.14)

续表

变量	(1)
专利授权数量	0.0214***
	(5.28)
横向技术服务到款额	0.0949***
	(17.50)
纵向科研经费到款额	0.0533***
	(11.37)
非学历培训项目数	0.0212***
	(7.13)
区域工业企业数	0.0608***
	(7.24)
区域本专科在校学生数	0.0939***
	(20.63)
区域地区生产总值	0.0539***
	(4.24)
区域二产占比	0.0981***
	(29.62)
区域从业人员数	0.2003***
	(45.04)
区域专利授权数	0.7139***
	(52.88)
观测值	25
R^2	0.9998
VIF 值	8.59

注：*、**、*** 分别表示在 10%、5%、1% 置信水平下显著，括号里的数值为参数估计 t 值。

由表 5-6 中的回归结果可以看出，逐步回归后得到的核心解释变量都是显著的且影响方向均为正向。其中，师生比是在 5% 的置信水平下显著，年生均财政专项拨款、生均校内实践教学工位数、职业本科专业总数、全日制在校生人数、毕业生就业人数、专利授权数量、横向技术服务到款额、纵向科研经费到款额、非学历培训项目数、区域工业企业数、区域本专科在校学生数、区域地区生产总值、区域二产占比、区域从业人员数变量都是在1%的置信水平下显著，且模型的拟合优度高达0.9998，证明模型拟合良好。

显著的变量代表该指标在职业本科院校专业与产业的适配过程中发挥一定的作用，属于显著影响因素。本书根据显著变量的所属类别，可以将其划分为三个组别。首先，在职业本科院校层面，师生比反映了学校师资水平；年生均财政专项拨款、横向技术服务到款额和纵向科研经费到款额反映了学校的资金水平；生均校内实践教学工位数反映了学校的固定资产水平；职业本科专业总数反映了学校的人才培养水平；全日制在校生人数和毕业生就业人数反映了学校的生源水平；专利授权数量反映了学校的科研创新水平；非学历培训项目数反映了学校的社会服务水平。概括来看，就是学校的人、财、物三种投入以及人才培养、科技创新、社会服务三种产出均会影响职业本科院校专业与产业的适配程度。其次，在产业层面，工业企业数可以反映产业规模，二产占比可以反映产业构成。最后，在区域环境层面，区域本专科在校学生数可以反映区域文化水平；地区生产总值可以反映区域经济发展水平；从业人员数可以反映区域劳动力水平；专利授权数可以反映区域科技创新水平。

除常数项外，所有的核心解释变量对职业本科专业与产业适配的影响方向都是正向的，这表明在其他条件不变的情况下，随着核心解释变量所代表的指标数据的增加，职业本科专业与产业的适配度也会增加。具体分析影响原因，主要从职业本科院校层面、产业层面、区域环境层面三个维度，分析各指标对适配度影响显著正向的原因。

（1）职业本科院校层面回归结果分析。

职业本科院校层面主要从人、财、物三种投入以及人才培养、科技创新、社会服务三种产出，六个维度分析回归结果的产生原因。

一是投入维度，首先是人的投入维度，师生比对职业本科专业与产业适配为显著正向影响，学校教师数量比学生数量的比值可以反映学校教师资源的充足程度，较高的师生比意味着每个学生能够分配到更多的教师资源，学校师资储备较为雄厚，教师能够投入较多的时间关注学生的个性化需求和创

第五章 职业本科院校专业结构与产业结构适配的影响因素分析

新能力培养，并提升自身的专业素养和教学能力，有助于按照产业需求更加精准、高效地培养更多高质量的高素质技术技能人才。且在教师资源充沛的情况下，教师的教学压力较小，可以有更多的时间或有专业化的教师团队研究当前产业发展趋势，动态调整学校专业设置和课程内容，以适应市场需求，从而在一定程度上可以影响专业与产业的适配程度。其次是财的投入维度，年生均财政专项拨款对职业本科专业与产业适配为显著正向影响，年生均财政拨款水平指政府收支分类科目"2050305 高等职业教育"中，地方财政通过一般公共预算安排用于支持高职院校发展的经费，按全日制高等职业学历教育在校生人数折算的平均水平，包括基本支出和项目支出。年生均财政拨款水平越高，代表学校通常拥有更为充足的资金来源，在硬件设施、师资力量、教学设施等方面会具有较大优势，有助于培养符合产业发展需求的高素质人才，从而提升职业本科院校专业与产业的适配程度。最后是物的投入维度，生均校内实践教学工位数对职业本科专业与产业适配均为显著正向影响，生均校内实践教学工位数可以反映学校实践教学资源的充裕程度，学校生均校内实践教学工位数越多，学生能够获得的实践资源和实践机会就越多，从而学生实践能力提升得越快。学生的实践能力关乎未来服务产业的工作效率，因此，学生实践能力越强，其与产业发展需求的契合度越高，进而推动相关专业与对应产业之间的适配性达到更高水平。

二是产出维度，首先是人才培养的产出维度，职业本科专业总数、全日制在校生和毕业生就业人数对职业本科专业与产业适配均为显著正向影响，从职业本科专业角度看，职业本科专业总数的增加，一方面，代表学校为培养高素质技术技能人才开设的专业可以覆盖更广阔的专业类和专业大类，进而可以服务与之相对应的更广泛的产业领域。在产业迭代升级时，学校原本的专业越多，应对产业变化的能力越强，学校可以根据最新的产业发展趋势和市场需求，灵活调整专业的教学内容等，确保专业与产业的紧密对接。且当专业覆盖面足够广时，学校能够培养出更多符合产业发展需求的人才，为产业发展提供有力的人才支撑。另一方面，随着职业本科专业总数的增加，学校可以更加精细地划分专业方向，使专业与产业的匹配度更高。这种匹配度的提升有助于学校更好地了解产业发展需求，从而有针对性地根据产业需求调整教学内容和课程设置，确保学生所学知识与产业实际需求相符合，进而有助于专业与产业对接更加紧密。从全日制在校生人数角度看，全日制在校生人数代表学校为产业培养人才的基数，专业与产业之间适配的桥梁是学校在校生，专业建设的质量可以直接体现在校生的知识水平和技术技能。一般而言，较多的在校生人数代表学校未来可以为企业提供的技术技能人才数越多，便于专业与产业的适配，进而影响专业与产业需求的适配度。从毕业生就业人数角度看。毕业生就业人数可以反映学校为产业提供的技术技能人才数目。一般而言，毕业生就业人数越多，符合产业需求的人数就越多，专业与产业的匹配程度也相对应的更高。其次是社会服务的产出维度，横向技术服务到款额、纵向科研经费到款额、非学历培训项目数对职业本科专业与产业适配均为显著正向影响。从横向技术服务到款额角度看，横向技术服务一般是学校为企业提供技术服务，横向技术服务到款越多，代表学校为当地企业提供技术服务产生的经济效益越多，与当地企业的联系越紧密。学校为区域企业提供技术服务的同时，也会更加了解当前产业的技术需求与变化趋势，从而按需动态调整学校的专业设置。因此，横向技术服务到款额在某种程度上也会影响专业产业的适配程度。从纵向科研经费到款额角度看，纵向科研经费可以为教师进行专业研究提供资金支持，使得专业研究能够顺利进行，且专业研究的内容往往与产业发展密切相关，研究成果可以应用于产业中，推动产业技术创新。因此，纵向科研经费到款额越多，学校教师开展科研研发和技术创新的资源越充裕，为产业提供的技术创新服务就越多，通过与企业共同开展科技研发，进行科技攻关，赋能产业高质量发展。学校与产业的联系也会因此更加紧密，可以更好地洞察产业最新发展趋势和需求，从而调整专业方向和课程内容，培养更贴近产业需求的人才，进而促进专业和产业协同发展。从非学历培训项目数角度看，非学历培训项目数指为社会进行的非学历性培训的项目总数，属于职业本科院校为社会提供服务的内容。学校的非学历培训可以对企业员工和社会人员知识和技能更新给予支持，保障其职业技能和职业素养更加贴近行业最新需求。从而提升劳动者就业创业能力、缓解结构性就业矛盾、促进扩大就业。这些非学历培训项目不以获取学历为目的，而是注重实用性和针对性，课程内容更贴近市场需求。学校在为社会提供非学历培训项目的过程中，对产业最新的职业技能需求也会更加了解，从而按需调整学校专业的教学内容，有助于专业和产业进行更好的适配。最后是科技创新的产出维度，学校专利授权数量对职业本科专业与产业适配为显著正向影响，学校专利授权数量是衡量其专业创新能力的重要指标之一。其数量较多，代表学校技术研发和产品创新能力越强。学校专业与产业合作的方式不仅仅是为其提供技术技能人才资源，还可以借助各种新型专利，积极与企业开展技术研发、产品创新等方面的合作，为驱动产业转型升级与创新发展提供坚实的技术支持，共同推动产业升级和技术进步。因此，专利授权数量在一定程度上也可能影响专业与产业的适配程度。

（2）产业层面回归结果分析。

产业层面主要从产业规模和产业构成两个维度分析回归结果的产生原因。从产业规模维度的角度看，区域的工业企业数对职业本科专业与产业适配为显著正向影响，区域的工业企业数可以反映该区域的产业规模情况，一般而言，随着工业企业数量的增加，一方面，企业可以通过与学校合作，共同开展技术研发、人才培养等合作项目，推动产业的技术创新和升级；另一方面，职业本科院校也可以借助企业的资源和平台，为学生提供更多的实践机会和就业渠道，促进专业人才的成长和发展。这种协同发展模式有助于形成良性循环，推动产业和教育的持续进步，促进专业与产业的高质量适配。从产业构成维度的角度看，二产占比对职业本科专业与产业适配为显著正向影响，职业本科的办学定位是面向高端产业和产业高端，因此，二产占比较多的区域，职业本科专业与产业的适配程度会更强。

（3）区域环境层面回归结果分析。

区域环境层面主要从区域文化水平、区域经济发展水平、区域劳动力水平和区域科技创新水平四个维度分析回归结果的产生原因。首先是区域文化水平维度，本专科在校学生数对职业本科专业与产业适配为显著正向影响，区域的本专科在校学生数可以在一定程度上反映当地的教育资源丰富程度以及教育普及程度和当地的文化水平。受过高等教育的劳动力通常具有较高的生产力和创新能力，因此，本专科在校学生数量多的区域可能具有较强的产业发展潜力。其次是区域经济发展水平，区域生产总值对职业本科专业与产业适配为显著正向影响，区域生产总值可以反映当地的经济发展水平，区域生产总值越高，代表当地经济越繁荣，经济环境越好，资金也就越充足，政府对教育投入也会随之增加。教育资金的充足有助于提升职业本科专业的教育质量，加强师资队伍建设，完善教学基础设施和实践基地等，培养更多高素质技能型人才，增强职业本科专业与产业的适配性。再次是区域劳动力水平，区域从业人员数对职业本科专业与产业适配为显著正向影响，区域从业人员数的多少直接体现了该区域的经济活动活跃度。从业人员数多，意味着有更多的劳动力参与到经济活动中，区域经济的发展较为繁荣。区域经济的发展越好，相对应产业发展的经济环境也会更好，学校进行人才培养活动的资金也会更加充裕，因此，职业本科专业与产业适配过程也会更加顺畅。最后是区域科技创新水平，区域专利授权数对职业本科专业与产业适配为显著正向影响，区域专利授权数量可以反映当地的技术创新水平，专利授权数量越多，该区域的技术创新水平也就越高，较高的技术创新水平有助于产业的转型升级，产业转型升级效果越好，需要的专业技术技能人才也就越多，从而促进学校按产业最新需求完善专业内涵建设，进而促使专业与产业的适配。

5. fsQCA 变量选取

本书从专业和产业两个维度选取影响职业本科专产适配的 6 个因素作为前因条件，探究影响各区域职业本科院校专产适配的核心条件与边缘条件，即影响专产适配的重要因素与次要因素，分析驱动职业本科专业产业协同发展的不同路径。本书在选取前因条件时，依据逐步回归的结果，选取在回归中显著影响职业本科专产适配的变量，并结合相关文献中提及的变量重要程度进行筛选，此外，由于在产业系统中产业占比也较为重要，因此，本书研究根据职业本科面向高端产业的这一办学定位，将区域三产占比也纳入前因条件中。

（二）数据来源

职业本科院校专业结构与产业结构的适配情况需要经过一段周期的相互作用，才能形成相对稳固的耦合情况。因此，本书选取经过一定发展建设周期的 30 所职业本科院校作为研究对象，其中，新疆天山职业技术大学和景德镇艺术职业大学由于数据缺失较为严重，所以不包含在研究样本内。结果变量的数据来源于第四章第二节中测算出的职业本科专业结构与产业结构的整体适配度。专业系统数据来源于 32 所职业本科院校的质量年度报告、官网发布的招生简章等权威官方数据。产业系统数据来源于国家统计局官网、2023年的《中国城市统计年鉴》。由于地级市产业的最新数据更新到2022年。因此，本书选取2022年这个时间阶段的数据探究职业本科专业结构与产业结构整体适配度的影响因素与驱动路径情况。（数据校准后结果见附录E）

三、因素分析与路径研判

职业本科院校专业与整体产业适配的驱动路径分析主要从单个前因条件的必要性分析以及多条件的组态充分性分析两部分展开。

（一）单个前因条件的必要性分析

首先，检验所有前因条件的必要性程度，当某个前因条件的一致性达到0.9，且覆盖度足够高时，可以认为该条件是结果发生的必要条件。根据软件的必要性分析模块，可以得出表5-7。表5-7结果显示，影响职业本科专业与整体产业适配的前因条件一致性水平均低于0.9，不存在影响职业本科专业与整体产业高水平适配的必要条件。只有区域工业企业数的一致性水平高于0.8，表明除区域工业企业数之外的变量的单个解释力都比较弱。因此，对于职业本科专产适配来说，高水平的专产适配不是由单个前因变量所决定的，而是各条件变量复杂交错、相互影响下的结果。

表5-7　　　　　　　　单变量必要性分析结果

前因条件	高水平专产适配		非高水平专产适配	
	一致性	覆盖度	一致性	覆盖度
师生比	0.5828	0.5726	0.6923	0.7560
非师生比	0.7517	0.6873	0.6086	0.6185
年生均财政专项拨款	0.6200	0.6312	0.5258	0.5950
非年生均财政专项拨款	0.6021	0.5332	0.6740	0.6635
生均校内实践教学工位数	0.5895	0.6198	0.5859	0.6848
非生均校内实践教学工位数	0.7002	0.6034	0.6747	0.6463
职业本科专业总数	0.6632	0.6832	0.6315	0.7231

续表

前因条件	高水平专产适配		非高水平专产适配	
	一致性	覆盖度	一致性	覆盖度
非职业本科专业总数	0.7313	0.6410	0.7233	0.7047
区域工业企业数	0.8328	0.8764	0.4431	0.5183
非区域工业企业数	0.5422	0.4669	0.8943	0.8560
区域三产占比	0.7628	0.7531	0.4970	0.5454
非区域三产占比	0.5396	0.4911	0.7751	0.7841

（二）多条件的组态充分性分析

在对变量进行必要性分析后，不存在影响高水平专产适配的必要性条件，所有前因条件均被纳入条件组态分析中。组态分析是为了研究由多个前因条件构成的不同组态对结果产生的充分性。在进行组态分析时需要规定三个阈值，分别是频数阈值、一致性阈值和PRI一致性阈值。在频数阈值设定时，主要根据案例的样本规模来决定阈值选取，小样本规模一般选取1，大样本规模选取2或3等。根据本书研究的案例数，确定频数阈值为1。在一致性阈值设定方面，参考王炳成（2023）等学者的研究，将其定为0.8。在PRI阈值设定时，可以根据样本一致性情况进行门槛值选取，研究借鉴德威迪（Dwivedi）等的做法以及样本数据的一致性情况，选取0.75作为PRI阈值。根据软件运算结果，可以得到简约解、中间解和复杂解三种解，由于反事实分析部分，本书无法找到足够的支撑进行反事实判断，因此，不作方向性预设，因此，中间解和复杂解相同。研究主要依据简约解和中间解展开分析（核心条件和边缘条件的判定规则同上）。

职业本科专业与整体产业组态分析结果如表5-8所示。根据表5-8中组态结果可以看出，实现高水平职业本科专业和整体产业适配共有6条驱动路径（H1a、H1b、H1c、H2a、H2b、H2c），其中H1和H2对应简约解中的两条核心路径，H1a、H1b、H1c、H2a、H2b、H2c分别对应H1和H2加上部分逻辑余项构成的路径。解的总体一致性为0.9815，高于0.9，解的总体覆盖度为0.5831，大于0.5，表明表5-8中的组合路径可以解释案例中50%以上的样本，模型的解释力度较好。本章节从两条主要核心路径的视角,将职业本科专业与整体产业高水平适配路径分为:学校高资金-产业高活力组合型、产业高活力-三产高占比组合型。下面对两类驱动路径六个组态分别展开讨论。

表 5-8　职业本科专业与整体产业组态分析结果

前因条件	H1a	H1b	H1c	H2a	H2b	H2c
师生比	⊗	●	●	⊗	⊗	●
年生均财政专项拨款	●	●	●	●	●	●
生均校内实践教学工位数	⊗	●	⊗	●	⊗	●
职业本科专业总数	⊗	⊗	⊗	⊗	●	●
区域工业企业数	●	●	●	●	●	●
区域三产占比	⊗	⊗	●	●	●	●
原始覆盖率	0.2373	0.2483	0.2484	0.3354	0.3523	0.3489
唯一覆盖率	0.0160	0.0321	0.0077	0.0313	0.0508	0.0685
一致性	0.9894	0.9866	0.9899	0.9851	1.0000	0.9857
总体覆盖度	0.5831					
总体一致性	0.9815					

注:同时出现在简约解和中间解的条件认定为核心条件,核心条件存在用"●"表示,核心条件缺失用"⊗"表示,将仅在中间解中出现的条件认定为边缘条件,边缘条件的存在用"●"表示,边缘条件的缺失用"⊗"表示,"空白"表示该条件既可能出现,也可能不出现。下表同。

1. 学校高资金-产业高活力组合型

组态 H1a 的前因构型为"师生比×年生均财政专项拨款×生均校内实践教学工位数×职业本科专业总数×区域工业企业数×区域三产占比",该组态的一致性为 0.9894,原始覆盖率为 0.2373,唯一覆盖率为 0.0160。原始覆盖率为 0.2373 表明该组态可以解释 23.73% 的案例,唯一覆盖率为 0.0160 意味着有 1.6% 的样本案例仅能被该组态所解释。在此组态中,年生均财政专项拨款和区域工业企业数作为影响职业本科专业与整体产业适配的核心条件存在,师生比、生均校内实践教学工位数、职业本科专业总数、区域三产占比作为边缘条件缺失。结果表明,当职业本科的办学资金充足且区域产业的活力较高时,即使学校的教师资源、实践资源、职业本科专业总数较低,区域三产占比的水平较低,依旧可以达到较高水平的专产适配。典型学校为重庆机电职业技术大学。

组态 H1b 的前因构型为"师生比×年生均财政专项拨款×生均校内实践教学工位数×职业本科专业总数×区域工业企业数×区域三产占比",该组态的一致性为 0.9866,原始覆盖率为 0.2483,唯一覆盖率为 0.0321,原始覆盖率为 0.2483 表明该组态可以解释 24.83% 的案例,唯一覆盖率为 0.0321 意味着有 3.2% 的样本案例仅能被该组态所解释。在此组态中,年生均财政专项拨款和区域工业企业数作为影响职业本科专业与整体产业适配的核心条件存在,师生比、生均校内实践教学工位数作为边缘条件存在,职业本科专业总数、区域三产占比作为边缘条件缺失。结果表明,当职业本科的办学资金、教师资源和实践资源都较为充足且区域产业的活力较高时,即使职业本科专业总数较低,区域三产占比的水平较低,依旧可以达到较高水平的专产适配。这种组态可以解释的案例数多于 H1a 这条路径。典型学校为河北科技工程职业技术大学。

组态 H1c 的前因构型为"师生比×年生均财政专项拨款×生均校内实践教学工位数×职业本科专业总数×区域工业企业数×区域三产占比",该组态的一致性为 0.9899,原始覆盖率为 0.2484,唯一覆盖率为 0.0077,原始覆盖率为 0.2484 表明该组态可以解释 24.84% 的案例,唯一覆盖率为 0.0077 意味着有 0.7% 的样本案例仅能被该组态所解释。在此组态中,年生均财政专项拨款和区域工业企业数作为影响职业本科专业与整体产业适配的核心条件存在,师生比、区域三产占比作为边缘条件存在,生均校内实践教学工位数、职业本科专业总数作为边缘条件缺失。典型学校为上海中侨职业技术大学。

综上,在学校高资金－产业高活力组合型中,助力职业本科专业与产业适配的主力一方面是学校的金钱实力,另一方面是当地产业的活力,主要是这两方面协同发挥作用。不同组态的辅助条件不同,学校的高资金和产业高活力在搭配其余条件后,形成不同的适配组态。比如,上海中侨职业技术大学在学校资金富裕且区域产业富有活力的情况下,兼具教师资源和三产资源,从而达到专产高水平适配。而河北科技工程职业技术大学在学校资金富裕且区域产业富有活力的情况下,兼具教师资源和实践资源,从而达到专产高水平适配。重庆机电职业技术大学则是仅依靠学校资金富裕且区域产业富有活力两个必要条件达到高水平专产适配。在学校高资金－产业高活力双驱动下,资金丰富便于学校完善教学设施和各种办学资源,且在学校的科研资金较为充足的情况下,学校教师可以更加容易接触到科技研发所需的最新科研设备,可以为区域企业提供技术支持等。区域工业企业数多可以为职业本科的学生提供更多的就业岗位,且企业数较多,代表会有更多的企业与学校合作,共同开展科研项目、技术攻关、协同育人等,将学校的科研成果转化为企业生产力,推动产业升级和转型,也助力学校人才培养更贴合产业所需。学校资金和区域产业协同发力,协同助力职业本科专业与产业的高水平适配。

在对应案例中,选取上海中侨职业技术大学为例进行分析,上海中侨职业技术大学位于经济实力和产业活力强硬的上海市,该学校的师资资源和资金资源均十分充沛。在师资方面,学校不仅加大力度培养双师型教师,而且积极引进具有博士学位和中级以上技术职称的海内外高层次人才,力求为学校的软实力提升奠定坚实的人才基础;在资金来源方面,学校的资金来源途径多样,包含学费收入、培训收入、商铺租金、捐赠收入和政府各项扶持资金等,为学校开展教学、科研、日常管理等各项工作提供资金支持。而且上海市的产业发展水平较高,市场活力较强,战略性新兴产业如新能源汽车、生物医药、人工智能等已成为上海市经济新的增长动力,第三产业占比不断增加。在上海市积极推动产业结构转型升级,加强三大先导产业(重点产业包括集成电路产业、生物医药产业和人工智能产业)核心技术攻关的经济背景下,上海中侨职业技术大学对接生物医药产业和智能汽车产业,利用自身的资金和师资优势,开设生物制药技术等相关专业以及汽车专业群和制造专业群,积极对接上海市不同产业链的多样化的岗位需求,服务当地的产业转型升级,提升了职业本科专业与当地产业的适配度。

2. 产业高活力－三产高占比组合型

组态 H2a 的前因构型为"师生比×生均校内实践教学工位数×职业本科专业总数×区域工业企业数×区域三产占比",该组态的一致性为 0.9851,原始覆盖率为 0.3354,唯一覆盖率为 0.0313,原始覆盖率为 0.3354 表明该组态可以解释 33.54% 的案例,唯一覆盖率为 0.0313 意味着有 3.1% 的样本案例仅能被该组态所解释。在此组态中，区域工业企业数和区域三产占比作为影响职业本科专业与整体产业适配的核心条件存在，师生比和职业本科专业总数作为边缘条件缺失，生均校内实践教学工位数作为边缘条件存在。结果表明，当区域产业活力较高、三产占比较高，且生均校内实践教学工位数即实践资源较为丰富时，即使学校的教师资源和职业本科专业总数较低，依旧可以达到较高水平的专产适配。典型学校为广州科技职业技术大学、河北工业职业技术大学和浙江广厦建设职业技术大学。

组态 H2b 的前因构型为"师生比×生均校内实践教学工位数×职业本科专业总数×区域工业企业数×区域三产占比"，该组态的一致性为 1，原始覆盖率为 0.3523，唯一覆盖率为 0.0508，原始覆盖率为 0.3523 表明该组态可以解释 35.23% 的案例，唯一覆盖率为 0.0508 意味着有 5.1% 的样本案例仅能被该组态所解释。在此组态中，区域工业企业数和区域三产占比作为影响职业本科专业与整体产业适配的核心条件存在，师生比和生均校内实践教学工位数作为边缘条件缺失，职业本科专业总数作为边缘条件存在。结果表明，当区域产业活力较高、区域三产占比较高且职业本科专业总数较多时，即使学校的教师资源和实践资源水平较低，依旧可以达到较高水平的专产适配。与 H2a 和 H2c 相比，这种组态结果可以解释的案例数最多且一致性最高，代表有较多职业本科存在当地产业发展情况较好，学校开设的职业本科专业总数较多，即使师资资源和实践资源相对较低，依旧可以实现高水平专产适配。可能原因在于，区域产业活力较高，当地企业会更愿意与当地职业院校开展合作，通过共建实训基地、开展联合培养等方式，提高学生的实践能力和职业素养，同时为企业提供所需的高技能人才。在这种情况下，较多的职业本科专业意味着学校能够为区域产业提供更丰富、更全面的专业人才选择，这有助于满足区域内不同产业对人才的需求，由此提升职业本科专产适配水平。典型学校为山东工程职业技术大学、成都艺术职业大学。

组态 H2c 的前因构型为"师生比×生均校内实践教学工位数×职业本科专业总数×区域工业企业数×区域三产占比"，该组态的一致性为 0.9857，原始覆盖率为 0.3489，唯一覆盖率为 0.0685，原始覆盖率为 0.3489 表明该组态可以解释 34.89% 的案例，唯一覆盖率为 0.0685 意味着有 6.8% 的样本案例仅能被该组态所解释。在此组态中，区域工业企业数和区域三产占比作为影响职业本科专业与整体产业适配的核心条件存在，师生比、生均校内实践教学工位数和职业本科专业总数作为边缘条件存在。结果表明，当师生比、生均校内实践教学工位数、职业本科专业总数、区域工业企业数和区域三产占比均较高水平存在也可以实现高水平专产适配。其覆盖率稍弱于组态H2b的原因可能在于，能同时满足这5个前因条件的高水平对于区域职业本科来说较难。典型学校为南京工业职业技术大学、西安信息职业大学。

综上，在产业高活力－三产高占比组合型中，发挥主导作用的是当地产业，当区域产业发展较好且三产占比较高时，更有助于职业本科专产适配。在产业发展较好的基础上，辅助于职业本科学校的其他资源投入（教师资源、实践资源、专业资源等），就可以实现三种组态下的高水平适配。在区域产业活力较强且三产在其中占比较大的情况下，一方面，随着工业企业数的增多，市场上对各类专业技能人才的需求也随之增加。企业为了获得更符合自身需求的人才，与学校开展校企合作的意愿也会随之增加，校企共同制定人才培养方案、开展实习实训等。在校企合作过程中，职业本科院校可以更准确地了解企业的实际需求，从而调整专业设置和课程内容，提高与产业的适配水平。另一方面，职业本科办学定位就是为高端产业服务的，在三产占比较高的区域，产业对人才的需求也呈现出多样化的趋势，不仅需要具备专业技能的人才，还需要具备创新思维、管理能力和跨文化交流能力的复合型人才。在这种产业优化和升级背景下，职业本科的复合型技术技能专业人才正有"用武之地"。因此，产业活力较强且三产占比较高的区域职业本科院校的专产更容易达到高水平适配。

在对应案例中，选取广州科技职业技术大学为例进行分析，广州科技职业技术大学位于"千年商都"——广州市，广州市作为珠三角的核心，其经济发展实力和产业转型升级实力在全国范围内较为突出。该市稳步发展新一代信息技术、智能与新能源汽车、生物医药与健康三大新兴支柱产业，并加快发展智能装备与机器人、轨道交通、新能源与节能环保、新材料与精细化工、数字创意五大新兴优势产业。2022年，第三产业占比达到70%左右，第三产业占据当地产业的主导地位。在产业活力如此之高且第三产业占据龙头地位的产业发展环境中，广州科技职业技术大学积极与当地企业开展合作，学校与行业龙头企业共建产业学院，校企共同制定专业人才培养方案、共建课程、共同搭建学生工程实践创新能力培养的实训实习平台或基地、共同实施人才培养和评价等。龙头企业的加入可以为学生提供丰富的实践资源,便于学校在教学中融入企业生产实践、嵌入完整产业链、对接企业生产环节,提供真实的工程实践环境等,学校与企业共同推动高质量人才培养,确保培养出的专业人才恰如企业所需,从而提升了职业本科专业与产业的适配程度。

第三节 职业本科院校专业结构与产业高级化适配度的影响因素分析

职业本科主要是面向高端产业和产业高端培养其所需的技术技能人才,为更清晰职业本科专业与高端产业的适配路径,本书基于点映射适配函数得出的适配度值进行 fsQCA 分析。

一、研究方法与研究路径

本节主要进行职业本科专业结构与产业高级化适配度的影响因素分析,研究方法选取定性与定量相结合的模糊集定性比较分析方法。一方面,对职业本科专业结构与产业高级化适配度的影响因素以及驱动路径进行分析;另一方面,依据软解结果得出不同路径的包含案例情况,选取典型案例进行具体分析。

模糊集定性比较分析方法的研究路径主要包括变量数据确定、变量校准、必要性与组态分析。在变量数据确定阶段,一方面,应该依据多元化的资料,科学合理地确定前因变量,由于前因变量的全部可能组合个数不能超过观察案例个数,因此,前因变量的个数不能过多。另一方面,fsQCA 主要适用于 10~40 个案例的中小型样本规模,因此,应择优选取研究样本,兼顾样本的全面性和代表性。在变量校准阶段,需依据相关文献和研究数据特征,确定合适的锚点,将变量数据转化为 0~1 之间的模糊隶属度分数,以反映变量在不同案例中的实际表现强度或存在程度。在必要性与组态分析阶段，分为两个阶段：第一阶段进行变量的必要性分析，排除影响结果的必要条件；第二阶段进行真值表分析，并通过统计检验或参考已有研究中的做法来确定合适的一致性阈值和 PRI 阈值，得出最终组态结果。

二、变量选取与数据来源

在科学的 fsQCA 分析中，前因变量是构建关系模型的基础，这些变量之间的复杂关系和组合方式构成了分析的核心内容，因此，前因变量的准确性和代表性直接影响 fsQCA 分析结果的准确性，需要选取恰当的、有代表性的前因变量进行分析。在确定好合适的前因变量的基础上，依据变量的组合情况，选取能够较大可能包含全部变量组合的案例。

（一）变量选取

职业本科的专业设置主要服务产业基础高级化、产业链现代化和建设现代化经济体系，其定位主要是为产业高端和高端产业培养技术技能人才。为探究职业本科专业结构与产业高级化适配度的影响因素，研究主要基于与职业本科专业设置相关的政策文件、职业本科办学定位等内容相关的政策文件以及职业本科教育的法理基础《中华人民共和国职业教育法》，结合职业本科专业建设的走访调研结果以及专家对于职业本科专业与产业高级化适配的建议等，确定本节的指标。

指标选取主要从专业系统和产业系统两个维度出发，专业维度选取教师资源、资金资源、实践资源和专业资源衡量职业本科专业系统建设情况，产业维度选取产业规模和产业构成评估区域产业系统的情况。最终选取 6 个因素作为前因条件（见表 5-1），探究影响各区域职业本科院校专业结构与产业高级化适配的主要因素与次要因素，进而探究职业本科专业产业适配的不同驱动路径。

（二）数据来源

本节选取已历经 2~3 年专业建设周期、专业布局相对成熟稳定的 32 所职业本科院校作为研究对象。其中，新疆天山职业技术大学和景德镇艺术职业大学由于数据缺失较为严重,运城职业技术大学和湖南软件技术大学的数据存在反事实路径,因此,在研究中予以剔除。最终选取 28 所职业本科院校作为研究样本。在对研究样本进行 fsQCA 分析时运用的数据包含结果变量数据和前因变量数据,本节结果变量数据来源于第四章第三节职业本科专业结构与产业高级化的适配度,前因变量数据涵盖专业数据与产业数据两大领域。专业端涉及 2022 年 28 所职业本科院校的教师资源、资金资源、实践资源、专业资源等方面的数据,数据来源于 2022 年 28 所职业本科院校的质量年度报告以及各学校官网的招生简章等官方资料和数据。产业端涉及 2022 年 28 所职业本科学校所在地级市的产业数据,数据来源于国家统计局网站和《中国城市统计年鉴》(数据校准后结果见附录 D)。

三、因素分析与路径研判

职业本科院校专业结构与产业高级化适配的驱动路径分析主要从单个前因条件的必要性分析以及多条件的组态充分性分析两部分展开。

(一) 单个前因条件的必要性分析

首先,对各变量条件的必要性程度进行逐一单独检验,表 5-9 中 6 个前因条件(师生比、年生均财政专项拨款、生均校内实践教学工位数、职业本科专业总数、区域工业企业数、区域三产占比)的一致性数值均小于 0.9,表明不存在职业本科专业与高端产业高水平适配的必要条件,且各变量的一致性水平均低于 0.8,表明所有变量的单个解释力都比较弱。该数据表明,职业本科专业与高端产业的适配是多种因素交叉影响作用的结果,不能被单个变量所决定。

表 5-9　　　　　　　　单变量必要性分析结果

前因条件	高水平专产适配		非高水平专产适配	
	一致性	覆盖率	一致性	覆盖率
师生比	0.6422	0.6848	0.6153	0.6070
非师生比	0.6315	0.6396	0.6804	0.6376

续表

前因条件	高水平专产适配		非高水平专产适配	
	一致性	覆盖率	一致性	覆盖率
年生均财政专项拨款	0.6127	0.6935	0.4941	0.5174
非年生均财政专项拨款	0.5736	0.5507	0.7073	0.6282
生均校内实践教学工位数	0.5481	0.5794	0.6523	0.6379
非生均校内实践教学工位数	0.6575	0.6715	0.5699	0.5385
职业本科专业总数	0.6341	0.7106	0.6196	0.6423
非职业本科专业总数	0.6808	0.6592	0.7208	0.6457
区域工业企业数	0.5380	0.6212	0.6117	0.6535
非区域工业企业数	0.6999	0.6608	0.6454	0.5638
区域三产占比	0.5303	0.5679	0.6494	0.6434
非区域三产占比	0.6671	0.6728	0.5639	0.5262

(二) 多条件的组态充分性分析

完成变量的必要性分析发现，不存在影响高水平专产适配的必要性条件，所有前因条件均被纳入条件组态分析中。在本节，根据研究样本案例数，频数阈值选取1，一致性阈值选取0.8，PRI阈值选取0.75。根据软件运算结果，得到简约解、中间解和复杂解三种解，在反事实分析部分，本书无法找到足够的支撑进行反事实判断，因此，不作方向性预设，因此，中间解和复杂解相同。研究主要依据简约解和中间解展开分析（核心条件和边缘条件的判定规则同上）。

最后得出的组态分析结果如表5-10所示。根据表5-10中组态结果可以看出，实现高水平职业本科专业和高端产业适配共有4条驱动路径（H1a、H1b、H2a、H2b），H1a、H1b、H2a、H2b分别对应H1和H2的核心路径加上部分逻辑余项构成的路径。解的总体一致性为0.92411，高于0.9，解的总体覆盖率为0.39267，表明表5-10中的组合路径可以解释案例中有39%以上的样本。本章节从两条主要核心路径的视角将职业本科专业与高端产业高水平适配路径分为：学校强实践-多专业-区域弱三产组合型，学校教师一枝独秀组合型。下面对两类驱动路径四个组态分别展开讨论。

表 5-10　　职业本科专业与高端产业组态结果

前因条件	H1a	H1b	H2a	H2b
师生比	⊗	•	●	●
年生均财政专项拨款	⊗	•	⊗	⊗
生均校内实践教学工位数	●	●	•	⊗
职业本科专业总数	●	●	⊗	•
区域工业企业数	⊗	⊗	⊗	⊗
区域三产占比	⊗	⊗	⊗	⊗
原始覆盖率	0.2187	0.2338	0.2070	0.2235
唯一覆盖率	0.0406	0.0921	0.0186	0.0344
一致性	0.9728	0.9471	0.9290	0.9339
总体一致性	0.92411			
总体覆盖度	0.39267			

1. 学校强实践-多专业-区域弱三产组合型

组态 H1a 的前因构型为"师生比×年生均财政专项拨款×生均校内实践教学工位数×职业本科专业总数×区域工业企业数×区域三产占比",该组态的一致性为 0.9728,原始覆盖率为 0.2187,表明有 21.87% 的案例可以被该组态解释,唯一覆盖率为 0.0406,表明有 4.006% 的案例仅能被该组态解释。在此组态中,存在的条件包括生均校内实践教学工位数和职业本科专业总数,且均为核心条件存在,师生比、年生均财政专项拨款、区域工业企业数和区域三产占比均为缺失条件,且区域三产占比为核心缺失。典型案例包括河南科技职业大学和广东工商职业技术大学。

组态 H1b 的前因构型为"师生比×年生均财政专项拨款×生均校内实践教学工位数×职业本科专业总数×区域工业企业数×区域三产占比",该组态的一致性为 0.9471,原始覆盖率为 0.2338,表明有 23.38% 的案例可以被该组态解释,唯一覆盖率为 0.0921,表明有 9.21% 的案例仅能被该组态解释。在此组态中,存在的条件包括师生比、年生均财政专项拨款、生均校内实践教学工位数和职业本科专业总数,前两个为边缘条件存在,后两个为核心条件存在。区域工业企业数和区域三产占比均为缺失条件,且区域三产占比为核心缺失，区域工业企业数为边缘缺失。典型案例是山西工程科技职业大学。

在学校强实践-多专业-区域弱三产组合型中，解释范围较广的组态是H1b 的组态，即运用组态 H1b 的联合作用达到高水平专产适配的学校略多于运用 H1a 组态达到高水平专产适配的学校。在该组合型中，学校的实践资源和专业资源都十分丰富，即使缺失区域产业活力等因素，依旧可以达到高水平适配，可能原因在于，学校的专业范围较广，意味着学校开设的专业可以覆盖较多的职业方向，且在产业结构转型升级时，学校需要不断更新和调整专业设置，以适应市场需求。专业范围较广的学校通常能够更灵活地应对这些变化，及时调整专业方向，为学生提供更多的就业机会，同时也为产业提供更多掌握不同专业技能的高素质技术技能人才。在专业覆盖面较广的基础上，学校实践资源的富足进一步助力学生培养强大的实践操作能力，动手能力较强的学生可以更快地入手产业链中的各项工作，更加贴合市场需求。因此，专业覆盖面广和实践资源丰富的组合可以共同助力学校培养产业中不同行业所需的专业技能多元化且实践能力较强的高素质技术技能人才，进而促进职业本科专业与高级化产业的适配。

在对应案例中，选取广东工商职业技术大学为例进行分析。广东工商职业技术大学在专业设置和实践资源配置方面较为突出。一方面，在专业设置方面，该学校的本科专业数量在职业本科院校中名列前茅，2022 年的职业本科专业数量达到 22 个，涵盖职业教育专业目录的 10 个本科专业大类，覆盖面较广。另一方面，在实践资源的配置方面，学校通过与企业开展资源共建，完善教学环节中的实践资源配置。在资源共建过程中，校企双方共同投入人力资源、物质资源、知识资源等，将产业需求与人才培养紧密结合，共同构建资源共享的生态系统，实现资源的互补和优化利用。企业主要负责提供实际真实的工作环境和项目案例，为学生提供实践平台，而学校可以为企业提供人才培养、研究成果和科技创新等方面的资源支持。由于专业覆盖范围较广，学校与产业中不同行业的合作范围也较广，学校在与产业界的合作过程中，可以了解当前区域产业的需求和挑战，与时俱进地调整教学内容和方法，为企业培养具备实际操作能力、解决实际问题的具有创新思维的人才，进而助力职业本科专业与产业的高水平适配。

2. 学校教师一枝独秀组合型

组态 H2a 的前因构型为"师生比×年生均财政专项拨款×生均校内实践教学工位数×职业本科专业总数×区域工业企业数×区域三产占比",该组态的一致性为 0.9290,原始覆盖率为 0.2070,表明有 20.70% 的案例可以被该组态解释,唯一覆盖率为 0.0186,表明有 1.86% 的案例仅能被该组态解释。在此组态中,存在的条件包括核心条件——师生比和边缘条件——生均校内实践教学工位数。缺失条件包括年生均财政专项拨款、职业本科专业总数、区域工业企业数和区域三产占比,只有职业本科专业总数为边缘缺失,其余三个为核心缺失。典型案例是山东外国语职业技术大学。

组态 H2b 的前因构型为"师生比×年生均财政专项拨款×生均校内实践教学工位数×职业本科专业总数×区域工业企业数×区域三产占比",该组态的一致性为 0.9339,原始覆盖率为 0.2235,表明有 22.35% 的案例可以被该组态解释,唯一覆盖率为 0.0344,表明有 3.44% 的案例仅能被该组态解释。在此组态中,存在的条件包括核心条件——师生比和边缘条件——职业本科专业总数。缺失条件包括年生均财政专项拨款、生均校内实践教学工位数、区域工业企业数和区域三产占比,只有生均校内实践教学工位数为边缘缺失,其余三个为核心缺失。典型案例是山东外事职业大学。

在学校教师一枝独秀组合型中,解释范围较广的组态是 H2b,即运用组态 H2b 的联合作用达到高水平专产适配的学校略多于运用 H2a 组态达到高水平专产适配的学校。学校教师一枝独秀组合型指的是,学校师资资源十分丰富,师资丰富度对于高水平专产适配的助力作用远超于其他核心条件缺失带来的影响。可能原因在于,高端产业主要指第二产业和第三产业,第三产业主要指的是服务业,其对应的专业人才培养中教师可以发挥的作用较大,例如,第三产业专业中的艺术类专业,其要求的师生比远大于普通专业要求的师生比,这类专业技能的传授需要教师倾注更多的精力在学生身上,甚至需要"手把手"传授一些专业技能。因此,在教师资源十分充足的情况下,即使当地产业发展较弱,学校资金较为紧张,依旧可以达到职业本科专业与高端产业的高水平适配。

在对应案例中,选取山东外事职业大学为例进行分析。山东外事职业大学十分重视教师在人才培养中的作用,秉持"人才培养,师资为本"的师资队伍建设核心理念，持续强化师资队伍建设力度，并积极适应时代发展需求，不断优化师资结构配置。该校根据职业本科人才培养要求，重视双师型教师的培育，引进高水平教师。学校现有专任教师数高达 1575 人，其中具备"双师素质"的教师超过半数。在高水平教师引入的基础上，学校重视师德师风建设，坚持跨界、融合、共长的教师队伍建设理念，构建名师引领、专兼结合的"双师型"教师队伍，并通过与企业合作，将专业骨干教师外派至企业提升其实践教学能力。此外，学校不断健全教师培养体系，定期邀请校内外专家进校开展教师培训，旨在全面提升教师的教学能力与专业素养。在高质量且雄厚的师资力量的加持下，学校积极加入多个产教融合共同体，与企业合作开展校企合作育人，共建产业学院，实施"订单式"培养，共建实习实训平台，参与企业生产式项目培训，创新发展"一体化"育人模式等。在学校与企业全方位的合作下，学校可以更加清晰地洞察产业发展趋势以及人才需求，培养出更符合产业需求的技术技能人才，进而提升职业本科专业与产业之间的适配度。

第六章　职业本科院校专业结构适配的内在机理探析

职业本科教育作为中国特色现代职业教育体系纵向贯通的关键一环，是培养创新型复合技术技能人才的重要依托。在职业本科院校专业结构的内部适配性方面，专业群是职业本科院校应对产业转型升级要求进行专业结构优化的关键抓手。在上一个章节对职业本科院校专业群组建模式进行了分析，以此为依据对职业本科院校组建模式分析发现，职业本科院校在专业群组建过程中可以依据产业驱动、资源共享和政策驱动三种模式进行组群。但在实际操作过程中，三种模式并不是相互割裂的，不同的职业本科院校在组建专业群过程中往往会综合考虑本地区经济特点、政策方向、本院校建设特色、已有的资源平台等来进行专业群的组建。本书通过对专业群组建实践样态的归纳分析，从"群主专业的选择"和"群内专业关系"两方面入手对专业群组建机理进行分析。与此同时，职业本科院校专业结构与外部产业结构在互动过程中也呈现出特定的机理。

第一节　职业本科院校专业结构内部适配机理

本书在选择数据案例时主要依据两个原则：一是职业本科院校专业群建设的水平，分为三个级别，第一，中国特色高水平高职院校和专业群，第二，省域级高水平高职院校和专业群，第三，普通职业本科院校和专业群。二是职业本科院校的形成路径，当前我国高职院校的形成路径主要有高职院校独立升格、合并转设和独立学院转设。为了保证样本选取的科学性和权威性，以教育部、财政部关于公布的《中国特色高水平高职学校和专业建设计划建设单位名单的通知》及各省份教育厅公布的关于高水平职业院校和专业群建设名单的相关文件为依据，构建职业本科院校专业群组建的典型案例库，通过筛选之后，共选出18所职业本科院校、37个专业群，其中高职院校独立升格的有4所，高职院校合并转设的有3所，独立学院单独转设的有1所。

一、案例收集与资料编码

（一）案例选择

本书选取通过高职院校独立升格、合并转设和独立学院转设三种方式形成的10所职业本科院校、16个专业群。其中，"中国特色高水平高职院校和专业群"有4个，省域级高水平职业本科院校和专业群有5个，普通职业本科院校和专业群有1个。从形成路径来看，案例院校包括民办和公办的高职院校独立升格、合并转设和独立学院转设职业本科院校三种不同类型的学校。从专业群建设水平来说，案例院校以中国特色高水平高职院校和专业群为主，同时包含了各省份自行组织评选的高水平职业本科院校和专业群。既能够突出职业本科院校专业群组建方式的典型性，又能够增强专业群组建方式的特色性和全面性。综上所述，本书选取的10所院校、16个专业群对研究职业本科院校专业群组建模式具有较好的代表性和结构性，具体案例选取如表6-1所示。

表6-1　　　　　　　　调研案例数据描述

案例编号	学校名称	区域	学校性质	形成路径	专业群类型	专业群名称
S01	河北工业职业技术大学	东部	公办	合并转设	国家级高水平学校建设单位（B档）	电气自动化技术
					国家级高水平学校建设单位（B档）	黑色冶金技术
S02	深圳职业技术大学	东部	公办	升格	国家级高水平学校建设单位（A档）	通信技术
					国家级高水平学校建设单位（A档）	电子信息工程技术

续表

案例编号	学校名称	区域	学校性质	形成路径	专业群类型	专业群名称
S03	河北科技工程职业技术大学	东部	公办	合并转设	国家级高水平专业群建设单位（A档）	汽车检测与维修技术
S04	河北石油职业技术大学	东部	公办	合并转设	国家级高水平专业群建设单位（C档）	石油工程技术
S05	兰州石化职业技术大学	西部	公办	合并转设	省级高水平学校建设单位（A档）	应用化工技术
S05	兰州石化职业技术大学	西部	公办	合并转设	国家级高水平专业群建设单位（A档）	石油化工技术
S06	兰州资源环境职业技术大学	西部	公办	合并转设	国家级高水平学校建设单位（C档）	应用气象技术
S06	兰州资源环境职业技术大学	西部	公办	合并转设	国家级高水平学校建设单位（C档）	金属精密成型技术
S07	山东外国语职业技术大学	东部	民办	升格	—	电子商务
S07	山东外国语职业技术大学	东部	民办	升格	省级高水平专业群	现代金融服务
S08	上海中侨职业技术大学	东部	民办	升格	省级高水平专业群	现代物流管理
S09	景德镇艺术职业大学	中部	民办	单独转设	—	艺术设计
S10	南京工业职业技术大学	东部	公办	升格	省级高水平专业群	机械设计与制造
S10	南京工业职业技术大学	东部	公办	升格	省级高水平专业群	电气自动化技术

案例选择完成后，本书以《2023年职业本科质量报告》《双高申请书与建设方案》、各省份教育厅官方网站、所选10所职业本科院校官方网站的专业文件及对选择院校教务人员进行访谈的文本资料作为主要数据来源，将收集数据进行整理分析，采用"开放性编码－轴心编码－选择性编码"的三级编码方式对数据和案例进行逐一编码，在编码过程中需要不断比对和调整，直至理论饱和，分析形成其机理。

（二）数据编码

开放性编码（open coding）是指通过将获取的文本文献和一手资料打散，再进行逐行逐句的编码和命名，用相关概念界定资料内容所反映的信息，然后将编码获取的初始概念进行重新分组，从而形成范畴化信息。概念是能够代表资料中所包含的思想观点的词语，是从原始资料中提取的词语。在职业本科院校专业群群主专业选择的编码中共得到 48 个初始编码；通过筛选、整合、调整，剔除不相关编码，进一步反复阅读和比较，共整理出 17 个概念化类属。

轴心编码（axial coding）是指将开放性编码过程中形成的初始范畴建立各种联系，将其进行再次凝练、分析糅合成范畴化的过程。通过不断的阅读、思考和比较，在职业本科院校专业群群主专业选择中共得到 7 个范畴化类属。

选择性编码（selective coding）是指在轴心编码形成的概念中聚焦核心范畴，并通过概念化的方式厘清核心范畴和其他范畴之间的联系，并以此来解释各种类属之间的关系并对研究结果作出初步的结论。

理论饱和度检验是指经过三次编码后，当选定的文本数据不再产生新概念时就意味着这类概念属性饱和，也意味着理论范畴没有出现新的异化，即可视为达成理论饱和。在上述资料分析结束后，本书随机挑选 3 所院校的职业本科质量报告和官网数据进行分析，没有发现新的概念，说明本次文本达到理论饱和，进一步的数据搜集不会帮助研究者对故事或理论产生更深入的理解，因此，没必要继续搜集和分析数据。表 6 - 2 为职业本科院校专业群群主专业选择。

表 6 - 2　　　　　　　　职业本科院校专业群群主专业选择

核心类属 （一级编码）	范畴化类属 （选择方式）	概念化类属 （文本材料）	原始数据
F01 优势专业	FA02 历史悠久	A01 专业开办早	我校是全国范围内首家开办煤化工专业的高职院，煤化工技术专业的前身是 2005 年招生的应用化工技术（煤化工方向），2012 年以煤化工生产技术新专业开始招生，2016 年更名为煤化工技术专业（S05 - 04 - 2020 - 5）
		A02 具有行业相关背景	

续表

核心类属 （一级编码）	范畴化类属 （选择方式）	概念化类属 （文本材料）	原始数据
F01 优势专业	FA01 专业资源丰富	A01 实训基地建设完善	本专业目前拥有 25 个校内实训室，建成了"河北省重点支持建设实训基地"，能够满足教学、科研和社会服务需要（S01-04-2022） 该校广泛吸收行业企业专家、高等院校科研院所专家学者，成立现代物流管理专业教学指导委员会，加强校企合作，共同制定专业人才培养方案……深化校企合作，与国内外大型物流企业、企业集团或跨国企业建立稳定合作关系，融合现代信息技术，加速专业全面提档升级，对标职业本科建设标准，加大专业整改力度，在本科班建立导师制，安排专业骨干教师，实行精准培养（S08-02-34）
		A02 师资力量雄厚	
		A03 教学资源库丰富	
	FA03 就业质量高	A01 就业率高	本专业累计为精细化工行业输送合格毕业生 3000 余人，这些学生进入企业后，踏实肯干、追求进步，大多成为企业一线的骨干，部分毕业生走向领导岗位、技术岗位，成为企业离不开的人，是我院流动的金色名片，具有较强的社会影响力，近几年，本专业招生就业态势良好，学生的一次就业率超过 95%，培养的学生实现了就业率高、稳定率高、专业对口率高、满意率高、就业质量高的"五高"目标（S05-04-2020-6）
		A02 晋升途径通畅	
		A03 企业满意度高	
F02 区域服务	FA01 服务产业链	A01 对接核心产业岗位	专业设置对接高端产业与产业高端，服务山东新旧动能转换、乡村振兴，立足山东省"十强"产业及日照市主导产业、新兴产业、特色产业需求，在主导产业上对接日照以港口经济为中心的经贸类产业……以电子商务、国际经济与贸易为核心的经贸专业群……（S07-02-93）
		A02 对接产业转型	
	FA02 服务地区发展	A01 对接支柱产业	专业群紧密对接军民融合发展战略、中国制造 2025、国家高端装备与材料产业以及甘肃有色冶金传统优势支柱产业，主要服务战略性新兴产业中高端装备与新材料领域的先进有色金属材料产业……（S06-01-97）
		A02 对接新兴产业	

续表

核心类属 （一级编码）	范畴化类属 （选择方式）	概念化类属 （文本材料）	原始数据
F03 政策支持	FA01 国家骨干专业	A01 中央财政支持	钢铁智能冶金技术专业是国家示范性高职院校中央财政重点支持建设专业，是河北省高职高专教育教学改革示范专业；特色高水平专业群核心建设专业、国家示范校重点建设专业、全国机械行业特色专业、国家优质校重点建设专业、河北省教育教学改革示范专业、全国高等职业学校骨干教师培训基地（S01-04-2022）
		A02 重点建设专业	
	FA02 省级示范专业	A01 大赛成果丰硕	专业各类竞赛学生覆盖面达70%，参赛学生先后荣获新能源领域全国技能竞赛一等奖9项、中国国际互联网+大学生创新创业大赛金奖1项、全国电子设计竞赛一等奖1项、其他国家级竞赛获奖5项、省级竞赛奖项12项；团队教师同步培育全国技术能手1人、江苏省技术能手2人、优秀创新创业导师3人，专业建设成果获江苏省教学成果奖二等奖、电力行指委教学成绩奖一等奖……校企联手制订个性化人才培养方案；成立校企混编师资团队，打破专业壁垒，重构专业课程教学方案，用企业真实项目贯穿综合实训进行课程教学，企业挂牌南工"教授工作站"，建立学生实习基地，成立师生研发工作室（S010-02-25）
		A02 高层次人才引进机制完善	
		A03 校企合作畅通	

重复上述步骤，对职业本科专业群的群内专业关系进行三级编码。在对群内关系进行选择性编码环节中整理出概念化类属8个，范畴化类属4个，如表6-3所示。

表6-3　　　　　　职业本科院校专业群群内专业关系

核心类属 （一级编码）	范畴化类属 （选择方式）	概念化类属 （文本材料）	原始数据
F01 驱动型	FA01 产业驱动	A01 对接产业链	完整对接石化上中下游产业链……工程师培训等多种需要，促进科研创新（S05-01-78） 为紧跟产业升级和产业链岗位拓展的需求，围绕我国石油化工产业链面向的工艺操作……产品营销等职业岗位群，构建了以石油炼制技术、石油化工技术和高分子合成技术为核心主体，以工业分析技术和工业过程自动化技术为两翼，形成"一体两翼"专业群基本构架（S05-01-54）
		A02 服务岗位群	

续表

核心类属 （一级编码）	范畴化类属 （选择方式）	概念化类属 （文本材料）	原始数据
F01 驱动型	FA02 政策驱动	A01 国家战略规划	以服务国家重大战略、气象防灾减灾、应对气候变化和生态文明建设为重点（S06-01-70）"十四五"期间，每一个发展阶段的战略布局。如汽车类的，在一个专业群里边，所有的专业可能就是面向前市场的，如零件、整车这群里边都是这一类的专业，后市场可能就面向于营销、维修这一类专业（S01-03-02）
		A02 地区政策推动	河北印发了《河北省职业教育改革发展实施方案》，为学校实施高水平高职院校和专业群建设提供了重要政策依据和有利资金保障（S01-01-58）
F02 聚集型	FA01 知识聚集	A01 学科基础相同	对接高端装备、智能制造控制执行端以机械制造与自动化、电气自动化技术专业为主共同组建智能集成为特色的智能制造专业群对接"云物移大智"新一代信息技术产业，以计算机网络技术专业构建智能应用为特色的新一代信息技术专业群对接生产（S03-01-27）
		A02 技术领域相关	立足学校专业优势及特色，基于"人才产业对接、专业交叉融合、外语技术贯通"的专业建设理念，聚焦外经贸、跨境电商、翻译三个职业方向，构建"外语+职业"的模块化课程体系，实施"分段并进式"教学方案（S07-02-65）
	FA01 资源聚集	A01 教学资源共享	教学资源共享性强，群内专业课程共享度较高，具有《汽车结构、性能与使用》《汽车法律、法规与标准》《汽车实用英语》等6门专业群平台课程，专业群实践教学设施、师资团队、合作企业均有较强的共享性，能够充分发挥有限资源的最大效能（S03-01-75）
		A02 实训资源互补	校企共建或升级改造建设15个高水平产教融合校内实训基地，提升实训基地共享度和使用绩效，推动开放共享，发挥辐射引领作用（S02-01-13）

（三）结果分析

通过对职业本科院校组建模式分析发现，职业本科院校在专业群组建过程中可以依据产业驱动、资源共享和政策驱动三种模式进行组群。但在实际操作过程中，三种模式并不是相互割裂的，不同的职业本科院校在组建专业群过程中往往会综合考虑本地区经济特点、政策方向、本院校建设特色、已有的资源平台等来进行专业群的组建。本书通过对专业群组建实践样态的归纳分析，从"群主专业的选择机理"和"群内专业的互动机理"两方面入手对专业群组建机理进行分析。

第一，群主专业的选择机理。通过对数据分析发现，职业本科院校在专业群组建时，往往会选择该校优势专业、能够服务区域产业和由国家或地方政策支持的三类专业作为群主专业。优势专业分为三种情况：第一种是与当地发展的历史背景紧密相关，开办时间较早的专业；第二种是在一个院校内拥有丰富的师资、教学资源等专业资源；第三种是培养人才就业率较高，毕业生就业后在企业内部有晋升空间和晋升途径，且企业对该专业毕业生认可度和满意度较高的一类专业。服务区域发展专业是指在专业建设过程中，能够对接产业核心岗位，为产业转型发展提供有力支持或能够对接当地支柱产业、新兴产业的一类专业。政策支持专业分为两种情况：一种是国家政策支持专业，该专业由中央财政支持，是该校甚至该地区重点建设专业；另一种是地方政策支持专业，该专业自身资源丰富，教学成果显著，且能够与当地企业展开良好合作是当地的示范性专业。

第二，群内专业的互动机理。在对 7 个范畴化类属进行分析后发现，职业本科专业群在组建过程中有一部分专业是因外部产业驱动而结合在一起的，也就是专业群内各专业根据其与产业需求契合的高低而组群。随着我国经济转型速度的不断加快，各行各业对复合型、创新型的高水平技术技能人才的需求不断增大。以培养应用型人才为目标的职业教育，受到行业企业的高度关注，为了满足产业发展对人才的需求，职业本科院校专业群的布局应以服务产业为目标，对接产业集群，培养产业所需要的技术技能人才。产业匹配度高的专业群在布局时从产业需求出发，以服务产业为目标，所培养的人才服务于特定的产业链，能够满足产业升级转型的需要。有一部分专业是因各专业知识的相关程度和其联系的紧密程度而结合在一起的。职业教育作为一种教育根本上还是一种知识生产活动，但与普通教育注重学术知识的生产不同，职业教育注重技术知识的生产。以知识关联度作为专业群建设依据，将学科关联度较强的专业进行组合，形成具有共同知识脉络、相似人才培养目标和共享师资、教材、实训设备的专业群。知识关联度高的专业群在布局时将在教学中有共同学科基础的专业进行组群，群里各专业有共同的课程内容和实训条件，所培养的人才并非服务于特定的产业链，面向的行业类别较多。因此，本章节从"知识关联度""产业匹配度"两个基本维度入手对群内专业关系进行分析，如图6-1所示。

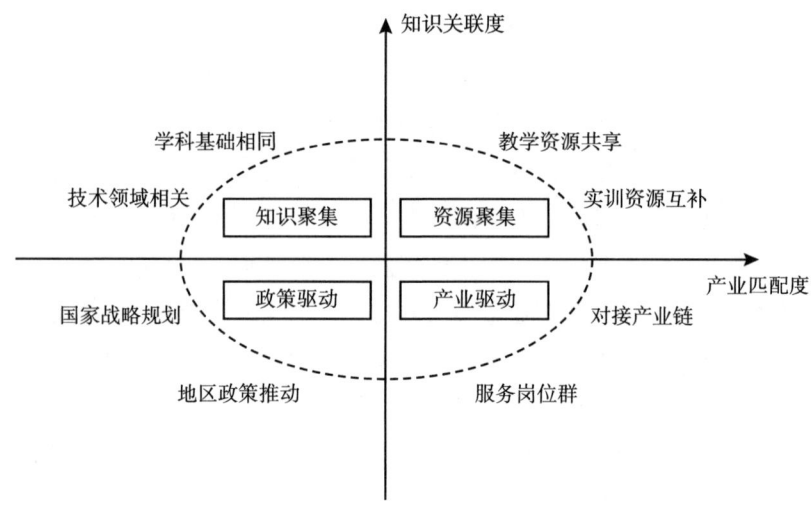

图6-1 范畴化归类及其类属关系

以"知识关联度"和"产业匹配度"为逻辑主线，通过对专业群组建具体模式的分析，可将其专业群建设机理总结为驱动型和聚集型两大类。在驱动型中又分为产业驱动型和政策驱动型。产业驱动型专业群围绕产业链组建，对当地产业的调研结果和其内部岗位群专业能力的分析选择专业群，群内专业均服务于同一产业链，专业群覆盖或聚焦产业链上中下游企业，为其不同层次的岗位提供高水平技术技能型人才。群主专业一般为该校优势专业和与当地经济发展密切相关的专业。政策驱动型专业群是由中央政府统领全局，根据国家经济发展规划产业布局并通过财政拨款、政策倾斜等方式鼓励建立的职业本科专业群。群内专业与当地经济发展密切相关，服务于国家新兴产业或地方支柱产业，该类专业群的群主专业一般为政府政策支持的国家骨干专业和省级示范专业。聚集型专业群分为知识聚集型专业群和资源聚集型专业群。知识聚集型专业群在组建时注重各专业之间的知识关联度，群内专业具有共同的学科基础和相关联的技术领域，群内拥有相同学科基础，群主专业一般为该校优势专业。资源聚集型专业群为了将教学、实训等资源进行汇集，整合优质资源，促进群里专业共享优质教学资源、实习实训基地，高效发挥专业群的集聚效应而组建的专业群，群主专业一般为该校优势专业和与区域经济密切相关的专业。

二、职业本科院校专业群群主选择机理

职业本科专业群组建在选择群主专业时往往会选择专业资源丰富、教学质量高、历史悠久的优势专业，该优势专业是专业群不断发展的基础动力，作为职业本科专业群中的关键，特色优势专业群个体具有强劲的自我生长进化能力，其辐射作用的发挥可以带动整个专业群的发展进化。能够服务地区发展与当地产业链密切对接的专业和国家骨干专业或升级示范专业这三类专业作为群主。与当地产业密切相关的专业能够直接对接某类产业的核心岗位，为当地产业发展培养适合的人才，与企业联系较为密切能够促进专业群与企业的对接与合作，提高人才培养质量。政策支持专业一般为国家骨干专业或省级示范专业，该类专业有政府财政支持，专业资源丰富，能够为专业群带来优质师资、课程和实训资源，促进专业群自我发展。

（一）优势专业引领带动

在职业本科院校专业群组建过程中，一般会选择该校优势专业作为专业群群主专业，优势专业分为三种情况：

一是该专业建设历史悠久，是基于当地区域特点或行业发展情况而开办的专业，一般在该校设立之初就已经建立。如兰州石化职业技术大学的煤化工技术专业是全国范围内首家开办煤化工的专业，专业的前身是 2005 年招生的应用化工技术（煤化工方向），该专业 2012 年以煤化工生产技术新专业开始招生，2016 年更名为煤化工技术专业，专业师资力量雄厚，专业团队为省级教学团队，全国石油和化工优秀教学团队；教学资源条件优越，建成煤化工省级实验教学示范中心，煤制甲醇生产性实训基地、煤化工生产性实训基地入选国家级生产性实训基地，"煤化工技术资源库"立项国家级专

业教学资源库；培养质量高，专业学生多次获得全国职业院校化工生产技术大赛、化工安全生产技术大赛，全国现代化工 HSE 应用技能大赛、科普知识竞赛一等奖、二等奖项；就业形势好，近三年的平均就业率超过 97%。同时就业质量非常高，主要被国内很多著名煤化工企业录用，并受到用人单位的好评（S05 - 01 - 54）。

二是该专业拥有丰富的专业资源，在专业师资、教学资源和实训基地等方面资源丰富、实力雄厚。如上海中侨职业技术大学，该校广泛吸收行业企业专家、高等院校科研院所专家学者，成立现代物流管理专业教学指导委员会。同时加强校企合作，共同制定专业人才培养方案，明确培养目标，拟定了主干专业课程教学大纲及其他相关教学文件（S08 - 02 - 35）。在广泛调查研究的基础上，该校制定了现代物流管理专业，并建设五年规划，将以主干专业为中心，有计划地开发集合物流管理、物流工程技术等专业或专业方向，组建"互联网＋新商科"现代物流管理专业集群；积极探索建立"1＋X"证书制度；深化校企合作，与国内外大型物流企业、企业集团或跨国企业建立稳定合作关系；融合现代信息技术，加速专业全面提档升级；对标职业本科建设标准，加大专业整改力度；在本科班建立导师制，安排专业骨干教师，实行精准培养。

三是就业质量较高的专业，职业教育是以就业为导向的教育，因此，一个专业的就业质量也是衡量该专业建设水平的重要指标，职业本科院校的优势专业就业质量较高，该专业毕业生就业率较高，且在进入企业工作以后能够较好地胜任日常工作，晋升途径畅通，企业管理人员对该专业毕业的评价较高，满意度较高。如兰州石化职业技术大学的精细化工技术专业，该专业以培养德、智、体、美、劳全面发展，具有一定的科学文化水平，良好的人文素养、职业道德、创新意识，精益求精的工匠精神，较强的就业能力和可持续发展的能力，能够从事生产工艺过程控制、生产管理、产品品质检测与控制、产品销售、安全管理等工作的高素质技术技能人才，为培养目标累计为精细化工行业输送合格毕业生 3000 余人，这些学生进入企业后，踏实肯干、追求进步，大多成为企业一线的骨干，部分毕业生走向领导岗位、技术岗位，成为企业离不开的人，具有较强的社会影响力。近几年，本专业招生就业态势良好，学生的一次就业率超过 95%，培养的学生实现了就业率高、稳定率高、专业对口率高、满意率高、就业质量高的"五高"目标。精细化工技术专业遵循市场规则、系统设计、统筹规划、沟通协作、改革创新、服务贡献的工作思路，以保证优质专业建设的质量，提高精细化工技术专业的受益面，最大限度地发挥以共享共用为目标，跨行业和区域整合优势资源，聘请专家指导队伍，把握专业发展技术方向，与行业企业合作组建"协同开发团队"，利用网络信息专业技术力量合作建设公共网络服务平台，最大限度地构建学习型社会服务。

（二）专业产业有机耦合

职业本科院校专业群组建过程中一般会选择与当地经济发展密切联系的专业作为群主，该类专业分为两类：一是能够服务地区经济发展，对接当地支柱产业或新兴产业。如兰州资源环境职业技术大学的特色专业对接甘肃省支柱产业和关键领域，学校围绕甘肃省支柱产业、战略性新兴产业和重大民生领域布局，聚焦国家战略和甘肃省十大绿色支柱产业发展需求，按照"错位设置、非均衡建设、星级管理、专业群发展"的专业群建设策略，重点构建了气象、冶金、环境、安全、水利等与《甘肃省推进绿色生态产业发展规划》高度契合，紧密对接甘肃省支柱产业人才需求的特色专业布局。累计为甘肃省乃至全国气象、清洁生产、节能环保、清洁能源、军民融合等产业和领域培养了数万名高素质技术技能人才，成为服务甘肃省绿色产业发展和区域经济发展的高素质技术技能人才供给基地（S06-01-97）。依托应用气象技术专业这一优势特色专业，重构学院专业群，构建专业群建设发展机制，并以服务国家军民融合战略以及现代服务业、战略新兴产业和甘肃省有色材料支柱产业发展为重点，聚焦气象事业智慧化发展、贵金属材料高效绿色制备及其高附加值产品开发，重点打造世界领先的应用气象、金属精密成型高水平专业群。

二是与当地产业匹配程度较高的专业，该类专业能够直接对接某类产业的核心岗位，为产业发展培养适合的人才，或者是能够服务当地产业转型发展的专业。如山东外国语职业技术大学的外语专业设置对接高端产业与产业高端，服务山东省新旧动能转换、乡村振兴，满足以山东省"十强"产业及日照市主导产业、新兴产业、特色产业需求，在主导产业上对接日照以港口经济为中心的经贸类产业，在新兴产业上对接日照人工智能、文化旅游等产业，在特色产业上对接发展持久、用人需求持续增长的日照黑陶、农民画等，深入行业企业生产一线，了解产业发展动态，把握产业发展前沿，基于职业岗位分析，序化典型工作任务。参照职业标准，与行业企业共同优化专业课程体系，深度融入"城市+大学"共同体建设（S07-02-93）。基于日照经济社会发展的需求，建立"日照市金融市场研究基地""日照市外向型经济发展研究基地""日照市数字化学习工程技术研究中心"等研究机构，服务地区经济发展。

（三）政策保障专业发展

职业本科院校专业群组建过程中一般会选择获得政策支持的专业作为群主专业。政策支持可以分为国家政策支持和地方政策支持两种，国家政策支持的专业一般为国家骨干专业，专业在建设过程中获得中央财政的直接支持，是国家关注的重点建设专业。如河北工业职业技术大学的黑色冶金技术专业（钢铁智能冶金技术）是国家示范校重点建设专业，钢铁智能冶金技术专业是河北省第一批教育部批准备案的职业本科专业，是国家示范性高职院校中央财政重点支持建设专业（S01-04-2022）。本专业目前拥有25个校内实验、实训室，建成了"河北省重点支持建设实训基地"，能够满足教学、科研和社会服务需要。把"铁的纪律，钢的意志，火的热情"贯穿人才培养全过程，学生肯吃苦、责任心强、职业素养高，深受用人单位欢迎，就业率始终保持100%，就业质量不断攀升。该校以黑色冶金技术专业为基础瞄准绿色钢铁生产工艺流程，组建黑色冶金技术高水平专业群。顺应钢铁节能环保新要求，主动服务河北省钢铁节能减排、转型升级、产能置换。依托国家示范校重点专业，以黑色冶金技术、轧钢工程技术、金属材料质量检测、环境工程技术四个专业组建黑色冶金技术高水平专业群。面向绿色钢铁生产的生产操作工序构建课程体系，建设专业教学标准，培养面向钢铁生产中钢铁冶炼、钢材轧制、质量检验、冶金环保等核心岗位群的高素质技术技能人才。

地方政策支持的专业一般为省级示范专业，该专业在建设过程中获得地方政府支持，专业建设人才引进机制完善，校企合作途径畅通，专业教学质量较高。如南京工业职业技术大学的学校计算机与软件学院为促进院系内专业发展,校企联手制订个性化人才培养方案;成立校企混编师资团队,打破专业壁垒,重构专业课程教学方案,用企业真实项目贯穿综合实训进行课程教学。企业挂牌南工"教授工作站",建立学生实习基地,成立师生研发工作室,共同开展教学与科研活动,目前已经成功运行5届,合作以来,培养了10多位优秀毕业生成为公司的技术骨干,签订合同经费总计超过100万元;企业常年提供技术支持和经费支持,多名企业工程师担任学院兼职教师和实习指导老师,助力学生的科创比赛,软件著作权等各项工作(S10-02-25)。经过不断实践,特别在职业本科教育路上的探索与精进,校企双方已成立了稳定的混编团队,在立体化培养人才方面作出显著成效。

三、职业本科院校专业群内部互动机理

不同的职业本科院校在组建专业群过程中会综合考虑本地区的经济特点、政策方向。基于产业人才需求组建的专业群,群内专业均服务于同一产业链,专业群覆盖或聚焦产业链上中下游企业为其不同层次的岗位提供高水平技术技能型人才。基于政策引导组建的专业群是由中央政府统领全局,根据国家经济发展规划产业布局并通过财政拨款、政策倾斜等方式鼓励建立。基于专业知识属性组建的专业群,群内专业具有共同的学科基础和相关联的技术领域,群内拥有相同学科基础。专业群的组建促进群里专业共享优质教学资源、实习实训基地等,高效发挥专业群的集聚效应。

(一)基于产业人才需求组建专业群

"十三五"以来,我国经济发展进入新时代,产业集群现象越来越明显,对高水平技术技能人才的需求越来越紧迫。同时,随着新一代信息技术与传统行业的不断融合,新的工种和新的岗位群不断涌现,职业跨界性明显,岗位能力综合化。作为与产业发展密切联系的职业教育,要及时调整专业结构,适应经济发展新趋势,培养产业发展所需要的技术技能人才。

不同地区发展速度不同,自身资源不同,所形成的产业结构也不相同。围绕产业链构建的专业群,为了有效应对区域发展,职业本科院校在专业群

组建前，要对当地产业进行充分的调研，了解其对技术技能人才的需求，明确其内部岗位分工合作关系，提炼从事该岗位所需要具备的知识、素质和关键技能。在此基础上挑选专业进行组群，并通过与企业和行业专家的合作将岗位能力转化为专业教材和课程实施方案，加强职业本科院校人才培养模式、教学方式与产业结构、岗位需求的对接，提高职业本科院校毕业生与产业行业的契合度。实现专业群建设与产业链的紧密对接，推动当地经济发展。例如，兰州石化职业技术大学紧紧围绕石油化工产业与甘肃省经济社会发展需求，将"产教融合、校企合作"的理念植入人才培养全过程中，提高人才培养与行业产业的"契合度"。专业设置"接地气"，把专业建在产业链上，形成了产业全链条人才供给体系，"哪里有石化企业，哪里就有兰州石化学院人"（S05-01-78）。

紧跟产业升级和产业链岗位拓展的需求，围绕我国石油化工产业链面向的工艺操作、分析检验、智能监控、仪表维护、设备维保、环保监测、产品营销等职业岗位群，构建了以石油炼制技术、石油化工技术和高分子合成技术为核心的主体，以工业分析技术和工业过程自动化技术为两翼，形成"一体两翼"的专业群基本构架。为主动适应石化产业转型升级对技术技能人才的需求，调整专业及方向，由核心专业辐射带动材料工程技术、水环境监测与治理技术、市场营销等专业发展，最终建成"一横二环三辐射"的石油化工技术特色产业群，专业群建设完全符合石油化工行业炼化一体化的发展趋势，符合从"一滴油到一根丝"上、中、下游的垂直整合，全产业链发展模式的特点。面向西北区域乃至全国石油化工行业生产操作、分析检测、智能监控、仪表维护、环境检测、市场营销等多个岗位群培养多元、复合型高素质技术技能人才，带动区域经济增长和同类院校专业建设水平的整体提升。逐渐形成专业群内各专业发展命运共同体，通过产教深度融合，助推专业群与行业企业形成命运共同体。

该类专业群的群主专业，一般为该校优势专业和与当地经济发展密切相关的专业。优势专业一般历史悠久，有丰富的师资和实训资源，与当地企业联系密切，毕业生能够满足企业岗位需求，就业率较高。如兰州石化职业技术大学的石油化工技术专业群，群内的煤化工专业历史悠久，是全国范围内首次开办煤化工专业的高职院校，该专业以服务区域发展和石油、天然气、煤化工产业转型升级为建设目标；加强与石油化工及相关产业园区的深度合作，形成发展战略联盟；并与中国石油兰州石化公司等行业优秀企业深度合作共同进行人才培养，服务高端技术技能人才培养和企业技术革新，专业基础扎实，成果丰硕。群内专业教学资源丰富，专业群实训基地累计投入资金上亿元，占地面积超过6000平方米，引进生产性实训装置、先进分析测试仪器、仿真教学系统、半实物仿真工厂等，建成了校-研-企资源共享合作的国内一流实训基地。依托专业群拔尖学生培养，学生参加国家、行业、省级各类专业技能大赛和大学生科技创新竞赛，获奖成果丰硕。专业群与恒逸实业（文莱）有限公司、万华化学集团股份有限公司等20余家知名企业建立了长期稳固的校企合作关系，在科技研发、教师研修、员工培训、学生实习就业、现代学徒制项目等方面开展密切合作。在合作企业建立了紧密联系的校外实训基地，学生就业率常年保持在95%以上（S05-01-54）。

（二）基于国家政策引导组建专业群

国家高度重视职业教育专业和专业群建设，出台了一系列政策，引导支持专业群建设。"专业群"的概念最早出现在2006年11月教育部、财政部发布的《关于实施国家示范性高等职业院校建设计划加快高等职业教育改革与发展的意见》中，该文件提出"重点建成500个左右产业覆盖广、办学条件好、产学紧密结合、人才培养质量高的特色专业群"。此后，专业群建设受到了人们的广泛关注，2019年初，国务院印发了《国家职业教育改革实施方案》，提出"启动实施中国特色高水平高等职业学校和专业建设计划"。同年3月，《关于实施中国特色高水平高职学校和专业建设计划的意见》等一系列文件相继发布，要求"高职院校需要依据本区域经济发展情况，辐射行业及重点产业发展，聚力建设一批优质、具有中国特色与世界水平兼具的专业群"。作为建设中国特色职业教育体系的关键环节，专业群建设受到了国家的大力支持。

专业群建设是国家为实现高职院校转型升级、促进职业教育高质量发展而采取的必然举措，中央政府统领全局，划分产业布局，通过发布政策文件规划区域特色，指导各地职业本科院校专业群建设。地方政府基于中央政府发布的政策文件，深入调研本地区的经济发展情况、企业人才诉求和已有职业本科院校的办学条件和专业基础，出台相应的专业群建设方案，进一步强化政策导向作用。此外，各种政府还通过财政拨款、政策倾斜等方式为专业群建设提供保障。政策驱动型专业群在组建时，以国家战略规划为主要依据选择相关专业进行组群。例如，兰州资源环境职业技术大学围绕国家重大战略和甘肃支柱产业，依托优势特色专业，重构学院专业群，构建专业群建设发展机制，并以服务国家军民融合战略以及现代服务业、战略性新兴产业和甘肃有色材料支柱产业发展为重点，聚焦气象事业智慧化发展、贵金属材料高效绿色制备及其高附加值产品开发，重点打造世界领先的应用气象、金属精密成型高水平专业群。其中，应用气象技术专业群以服务国家重大战略、气象防灾减灾、应对气候变化和生态文明建设为重点。根据《全国气象发展"十三五"规划》提出的"要推进以智慧气象为重要标志的气象现代化建设"和《全国气象现代化发展纲要（2015－2030年）》提出的"气象信息化水平不断提高，基本实现观测智能、预报精准、服务高效、科技先进、管理科学的智慧气象"的发展目标，来选择专业组建专业群（S06－01－70）。围绕智慧气象发展，群内大气探测技术专业对接气象观测岗位群，支撑地面、高空等气象要素观测及气象数据处理维护业务，是基础；大气科学技术对应气象预报岗位群，支撑基于气象观测数据的短时、短期、中期、长期天气预报业务，是产品；应用气象技术对应气象服务岗位群，支撑决策气象服务、公众气象服务、专业气象服务和科技服务以及客户新需求的收集等业务，既是应用又是反哺；而计算机应用技术（气象大数据方向）、工业过程自动化技术（气象自动化方向）分别对应信息安全与保障、装备运行与维护岗位群，为智慧气象发展提供信息技术、装备技术支撑，是保障。群内5个专业既相对独立，又在整体和局部与业务环链相互对应、相互影响，形成了符合逻辑体系、具有逻辑特点、恪守逻辑规则的动态发展过程，满足智慧气象人才需求，支撑智慧气象高端发展。

该类专业群的群主专业一般为政府政策支持的国家骨干专业和省级示范专业。国家骨干专业、省级示范类专业有政府财政支持重点建设，专业资源丰富，校企合作途径畅通，人才培养成效显著。例如，兰州资源环境职业技术大学的应用气象技术专业群，该专业群服务气象行业整条产业链，大气探测技术是甘肃省特色专业、职业教育骨干专业，也是国家骨干院校、甘肃省

"双一流"大学和优质高职院校项目重点建设专业,应用气象技术、大气科学技术是中央财政重点支持、提升专业服务产业发展能力项目建设的专业。2018年,毕业生就业对口率为86%,用人单位满意度、学生就业满意度分别达94%、98%;全国气象基层探空台站50%以上业务骨干以及西北五省基层气象台站70%以上业务骨干均为本校毕业生。在政府支持下,该专业群联合部队、气象部门、企业等合作开发颗粒化职业教育资源,建成一个能够满足教学、技能竞赛、取证、行业职称应试等要求的专业群教学资源库,颗粒化资源总数达20000个以上,其中,用于讲解知识点或技能点的微课视频素材有10000个以上,用于演示抽象概念、复杂结构、复杂运动等的动画素材有160个左右,用于展现"看不见、进不去、动不得、难再现"等不能开展现场教学的虚拟仿真素材有15个左右。此外,该专业群还与中国气象局、甘肃省气象局等单位合作,以承接签约气象台站相关业务为基础,通过新建天气雷达实训室、气象雷达模拟仿真实训室等实训室,共同打造集实践教学、社会培训、证书认证、业务开展和社会技术服务于一体的"以教为主"的产教融合实训基地。开发虚拟现实技术教学演练平台,引入相关课程模块化实践教学内容,教学演练平台与实训基地紧密结合,满足实践教学、科学研究、社会培训的需要,打造气象行业国家级大气综合探测试验基地、省级仿真气象综合业务实训中心。

(三) 基于专业知识属性组建专业群

教育的本质是一种培养人才和生产知识的活动,与普通教育相比,职业教育是一种兼具"职业性"和"教育性"双重属性的教育类型。职业教育从培养应用型人才出发,生产传授内涵丰富的技术知识,教学内容大多是按照学科内部的知识逻辑进行组织的,知识逻辑贯穿职业教育发展的始终。严密的知识逻辑是实现高等职业教育系统化、规范化、稳定化的重要保证,对知识的追求和生产是职业教育的根本,因此,专业群的组群方式应从知识层面寻求。

从本质上说,专业是知识传递和生产的载体,专业群是不同专业知识的一种组织方式,专业群占有知识和生产知识的能力制约着专业群的发展水平。职业本科教育相对于其他层级的职业教育相比,在知识层面和人才培养上具有"高等性",即职业本科院校的学生需要在学校学习更高水平、更复杂的知识。因此,相较于单个专业,职业本科院校专业群的建设更有利于培养符合现代社会要求的高水平技术技能人才。知识聚集型专业群在组建时注重各专业之间的知识关联度,群内专业具有共同的学科基础和相关联的技术领域,该类专业群将拥有相同学科基础作为组群的核心,知识在专业群组建过程占据关键地位,在进行课程设置时,从共同的学科基础出发,聚集教学资源,组织课程内容,共用内部基础课程,构建底层共享、中层分离、高层互选的专业课程体系。例如,河北工业职业技术大学的黑色冶金技术专业群,群内专业均与钢铁制造有关,共同服务于绿色钢铁生产,技术、优势互补互融,就业相关度高(S01-01-75)。学科基础知识相同,技术领域相近,专业群组建后能够实现群内课程互融共享,《基础化学》《清洁生产》等专业基础课程实现共享,培养群内所有学生必备的基础知识、基本技能;《转炉炼钢生产》《大气污染控制》等专业核心课程实现授课内容部分相互补充、相互渗透,培养学生具备各岗位群核心理论知识和职业技能;《企业安全生产》《工业生态技术》等素质拓展课程实现群内所有学生共享互选,培养学生持续发展能力和岗位迁移能力。

同时群内教学团队同型共享,为了满足学生掌握群内共同的基础知识、基本技能的需要,专业基础课教学团队对专业基础课程统一授课;为了满足专业特色课程内容相互融合的需要,专业课教学团队协作进行模块化教学;为了满足学生个性化学习需求,实现群内冶炼、轧钢生产操作、质量检验、冶金环保三类岗位群的交叉和迁移,素质拓展教学团队对拓展课程统一授课。在进行课程设置时,围绕立德树人的根本任务,将课程思政、创新创业贯穿人才培养全过程。通过人才需求分析、岗位群工作任务分析,构建"底层可共享、中层可融合、上层可互选"的模块化课程体系。整个体系在完成钢铁冶炼、钢材轧制、质量检验、冶金环保等方向人才培养的基础上,深化专业融合,满足绿色钢铁产业的发展和毕业生职业交叉与迁移的需要。底层可共享是指针对群内学生所必需的共同基础知识、基本技能及共性发展要求,设置公共基础课程及专业基础课程。公共基础课程培养现代社会对人才所要求的最基本素质和技能;专业基础课程培养群内学生必备的专业基础知识、技能和素质。中层可融合是指各专业特色课程由冶炼、轧钢生产操作、质量检验、冶金保护三冶炼、轧钢生产操作、质量检验、冶金保护三类岗位群课程模块组成岗位群课程模块，每一模块围绕岗位必备的核心理论知识和职业技能设置专业课程，各专业课程内容相互融合、相互渗透。上层可互选是指在掌握扎实的专业理论及核心技能的基础上，搭建可供群内专业互选与共享的拓展课程平台，为学生考取不同岗位职业技能等级证书提供多种选择，探索1+X证书制度试点改革，促进学习者可持续发展能力和岗位迁移能力的培养，满足钢铁产业对复合型人才的需求。

知识聚集型专业群在组建时，群主专业一般为该校优势专业，教学资源丰富、师资力量雄厚，专业就业质量高。例如，河北工业职业技术大学的黑色冶金技术专业群在群主专业的辐射带动下，专业群依托"全国钢铁职业教育联盟"和"河北省钢铁焦化职业教育集团"平台，政行企校深度合作，高标准地完成国家级《环境监测与治理技术专业教学资源库》升级改进项目；加快《黑色冶金技术专业教学资源库》（备选库）建设进度，入选国家专业教学资源库正式建设项目；以绿色钢铁生产为核心理念，着力建设《黑色冶金技术专业群教学资源库》，建成省级教学资源库，最终建成国家级教学资源库。持续更新优质教学资源，加强应用推广，更好地服务教师、学生、企业员工、社会学习者个性化学习（S01-01-67）。结合各企业最新工艺、技术，与一线专家共同确定课程内容，制作课程资源，在资源中增加游戏闯关、学习测试等环节，提升在线学习者的现场感、参与感、互动感，形成系列内容丰富、类型多样的在线课程。在师资方面，聘用业内顶尖专家，建立"权威专家工作室"咨询指导专业群建设，培养专业教师科研能力，通过分析在线生产数据进行远程技术指导及事故诊断。此外，还聘用技术技能大师，建立"技术技能大师工作室"。联手业内一流企业，建立"教师企业工作站"，在河钢集团邯钢公司、首钢集团迁安公司、河北正润环境科技有限公司等企业建立5个"教师企业工作站"，引进企业真实项目，实现技术研发、社会服务等无缝精准对接，提升教师"教产研创"的能力。

（四）基于专业资源整合组建专业群

职业教育是一种以职业为导向，以培养应用型技术人才为目标的教育，职业本科院校作为本科层次的职业教育，应以培养高素质复合型技术技能人才为己任。实习实训是职业本科教育培养高素质复合型技术技能人才的重要教学模式，实践教学的开展离不开实训基地的建设，实训基地的建设和运行需要投入大量的人力、物力资源，这使得职业教育的办学成本远高于普通教育。根据联合国教科文组织统计，职业教育的办学成本是普通教育的3倍左右，但2020年我国职业教育的经费投入不足普通高等教育的1/4。职业教育资金投入不足，但现有的实践教学资源分散，设备重复购置资源浪费现象严重，不能满足正常教学需求，因此，将有限的实训资源进行更加合理、充分的利用，实现实验实训资源共享是十分重要的。

在专业群建设过程中，不是简单的专业集合，而是通过将教学、实训等资源进行汇集，整合优质资源，群里专业共享优质教学资源、实习实训基地，发挥专业群的集聚效应，有效避免资源浪费，更好地服务学生。此外，通过专业群的建立可以更便捷地与企业开展合作，整合校内外优质资源，共同建设课程资源，打造教师团队，建设实训基地，使职业教育人才培养质量与企业需求相契合。资源集聚型专业群在组建时，将具有相似教学资源和互补实训资源的专业进行组群，对群里教学资源和实践资源进行整体设计，统筹规划，使其得到充分利用，提高资源配置合理度。例如，深圳职业技术大学的通信技术专业群是适应以5G、云计算、大数据、物联网、人工智能为代表的新一代ICT技术快速发展需要而组建的专业群，但因ICT产业规模大、涉及面广，结构错综复杂。深圳职业技术大学进一步整合现有专业资源，基于华为提出的"云、管、端"产业架构，以通信技术专业为龙头，与云计算技术与应用、计算机网络技术、物联网应用技术、信息安全与管理专业组成的专业集群（S02-01-56）。在通信技术国家职业教育专业教学资源库现有资源的基础上，从4G、IPv4等现有技术向5G、IPv6等未来技术升级，从单一专业资源库向专业群资源库升级，从单语种向多语种升级。进一步完善新一代ICT人才培养标准，新建华为5G移动通信、华为云服务、物联网、华为存储技术、工业互联网应用、企业智能应用开发等15~20门专业群新技术课程，持续更新和丰富ICT企业案例库、技术标准库、业务流程库，建设国际化在线课程3~5门。在实训基地的建设上，依托通信技术、计算机网络技术、物联网技术3个中央财政实训基地，紧跟ICT领域的最新发展方向，与华为、红帽、360等公司合作，建设云计算等5个集实践教学、社会培训、企业生产、技术服务和创新创业为"五位一体"的校内实践教学基地，下设5G移动通信等17个实训室；与华为、中国联通、中国移动、讯方技术等公司建设4个校外实践教学基地；建立健全校内外实践教学基地的校企共建共享机制，开发一批生产性实践项目。同时借助现有资源成立新一代通信网络研究院。组建新一代通信网络技术创新团队，重点围绕未来软定义网络等开展技术研发，推动新技术新产品的产业化，打造通信网络领域国内先进的研发和成果孵化推广基地。

　　资源聚集型专业群在组建时，群主专业一般为该校优势专业和与区域经济密切相关的专业。随着5G商用的到来，以云计算、大数据、物联网、人工智能为代表的新一代ICT技术快速发展，通信技术专业群迎来重要历史机遇。《粤港澳大湾区发展规划纲要》明确提出要"推动新一代信息技术等发展壮大为新支柱产业，在新一代通信技术、5G和移动互联网等重点领域培育一批重大产业项目"。《深圳市科技创新"十三五"规划》强调，要"重点在5G移动通信等十大方向，开展前沿科学探索、关键技术研发，集中资源全链条着力突破，掌握一批核心共性关键技术，提升城市的核心竞争力"。深圳职业技术大学顺应时代发展，结合本地区经济发展特点，建设通信技术专业群，通信技术专业是专业群龙头专业，对接通信产业，主要培养通信系统特别是5G移动通信系统中IPRAN接入网等的规划设计、建设和运维人才。云计算技术与应用、计算机网络技术、物联网应用技术专业是专业群骨干专业。云计算技术与应用专业对接云计算产业，主要培养云计算系统、大数据系统、数据中心、存储系统的部署和运维人才；计算机网络技术专业对接网络产业，主要培养IPv4/v6企业网等的规划设计、建设和运维人才；物联网应用技术专业对接物联网产业，主要培养应用开发、边缘计算技术应用、智慧城市系统、工业物联网系统部署和运维人才。信息安全与管理专业是专业群支持专业，对接信息安全产业，面向ICT产业"云、管、端"三大领域安全需求，主要培养网络渗透与防护、通信网络安全、云计算安全、大数据安全、工业物联网安全方案的规划设计、实施和管理人才。

　　综上所述，职业本科院校专业生态系统在多元生态单元中存在多样的特征。整体来看，职业本科院校专业生态系统是一个多层次、多要素、多功能和非线性动态变迁的复杂适应系统，并存在特定的空间结构和时间变化，且具有从简单到复杂、从低级向高级发展进化的能力。在职业本科院校内部，由于整体资源的有限性，不同类型不同层次的本科专业与专科专业之间存在广泛相互作用关系，从而形成特定的专业种群与专业群落。与此同时，职业本科院校专业生态系统也将与外部产业环境系统进行广泛的互动，从而实现专业生态系统的动态平衡与协同进化。通过梳理职业本科院校专业建设案例，可以总结归纳出其专业生态系统形成过程的以下规律。

首先，优势特色专业的辐射引领。专业是职业本科院校专业生态系统的基本组成单元，也是整个生态系统协同进化最基础的动力源泉。从其本质内涵来看，专业是各类高等学校或中等专业学校依据学科分类和社会分工的需要，而对相关专门知识进行的分门别类，并在此基础上设计实施相应的教育与学的活动。所以"专业"经常被视为一类课程体系和培训计划。作为专门化知识领域的专业，其微观层面的发展进化，主要表现为与职业教育关系最为紧密的技术知识的加工与生产。在职业本科院校专业生态系统中，包含了职业本科专业、职业专科专业和普通本科专业等不同类型不同层次的专业。在多元的专业组成中，不同类型不同层次的专业在整个专业生态系统中的作用和地位是不同的。其中，优势特色专业的辐射带动是形成良好的专业生态的重要依据。在职业本科院校专业生态系统中，作为系统中"关键少数"的特色优势专业，可能是专科专业，也可能是在传统优势专科专业基础上形成的职业本科专业。这类特色优势专业通过发挥自身强劲的协同进化能力，辐射带动其他专业整体协同演化，进而实现专业生态系统的动态平衡与可持续发展。因此，职业本科院校专业生态系统形成的最基础机理即为优势特色专业的辐射引领。

其次，不同专业之间的竞合效应。职业本科院校专业生态系统内专业的组成情况较为复杂，主要包括专科专业、职业本科专业和普通本科专业等不同类型、不同层次的专业。在一所职业本科院校所形成的专业生态系统内部，不同类型、不同层次专业的占比是不同的。与此同时，在特定的时空背景下，职业本科院校所拥有的资源是有限的，生态系统内资源的有限性将引起不同层次、不同类型专业之间的竞争与合作现象。在同一专业生态系统中，由于不同专业发展时间和资源禀赋的差异性，使得不同专业在专业生态系统中所拥有的组织生态位是有差异的。组织生态位大小的不同将形成不同竞争能力，在职业本科院校专业生态系统内部，专科专业、职业本科专业和普通本科专业等不同类型、不同层次的专业为了争夺有限的系统资源将展开激烈的竞争。专业之间适切的竞争将进一步提升职业本科院校专业生态系统的协同进化活力，推动系统整体持续演进，而当专业之间的竞争过于激烈时，将导致强者愈强、弱者愈弱的"马太效应"，从而进一步加剧不同专业之间的恶性竞争，不利于健康的专业生态的形成。与此相对应，当不同专业之间没有任何竞争时，专业之间将缺少有效的交流与互动，也不利于良好的专业生态环境的培育。

在职业本科院校专业生态系统内，专业之间存在广泛的竞争，且专业之间会因竞争力的不同而导致其打上"三六九等"的标签，例如，国家骨干专业、重点专业、省级重点和校级重点专业等标签。专业生态系统内部不同专业的标签化会进一步加剧专业之间的竞争，但也会为专业之间的合作提供广阔的空间。特别是随着技术迭代和产业结构的转型升级，技术技能型人才面对的生产环境不确定性进一步增加，需要对较为刚性的专业结构进行调整优化，专业群建设成为专业结构优化和复合型技术技能人才培养的重要载体。专业群的组建为不同专业之间展开合作提供了契机，例如，不同类型、不同层次的专科专业和本科专业将围绕组群的专业链进行充分合作，以实现产业链不同环节多元规格技术技能人才的培养。因此，不同类型不同层次专业之间的协同作用和共生演化也是职业本科院校专业生态系统形成的重要机理之一。

最后，外部环境系统的驱动作用。职业本科院校的专业生态系统主要由内部专业系统和外部环境系统组成，外部环境系统是专业生态系统获得自身发展所需要的人、财、物等各类资源的主要来源，也是专业生态系统内不同层次、不同类型专业的主要服务对象。职业本科院校专业生态系统的外部环境系统主要由政府、行业、企业以及同区域的中、高院校组成。职业本科教育的跨界性决定了职业本科院校专业生态系统与外部环境系统联系的紧密性。第一，政府政策将直接影响职业本科教育的资源配置导向，进而影响职业本科院校专业生态系统的进化方向。因此，外部环境系统中政府出台的各项政策法规将对职业本科院校专业生态系统的形成产生直接驱动作用。第二，由多元行业和多样企业组成的产业系统也是影响职业本科院校专业生态形成最重要的外部因素，职业本科院校专业设置的依据是地方经济社会和产业发展对高层次技术技能人才的现实诉求。因此，职业本科院校在进行专业体系设计和布局时将会重点聚焦服务区域的产业发展和产业结构进行规划，以确保产业链和专业链对接，确保产业、行业、企业、职业和专业"五业"的有机联动。例如，南京工业职业技术大学聚焦于江苏省制造强省的战略，结合学校的办学优势，将其人才培养的重点设定在制造业高端领域，在目前设置的20多个职业本科专业中，有87%的专业聚焦于通用装备制造的关键基础零部件和制造装备的关键领域。从而不断提升专业体系与产业链的耦合度，确保专业链-人才链-产业链-创新链的有机衔接。第三，同区域的中职院校、高职院校也是形塑职业本科院校现有专业生态系统的主要外部因素之一。其中，中等职业院校通过"五年一贯制"培养实现与职业本科院校相关专业的纵向一体化贯通；高等职业院校则通过"专升本"、教师交流和联合开发教材等多元的交往方式以实现同区域中职院校、高职院校和职业本科院校之间的协同互动。整体来看，政、校、行、企等多元主体组成的外部环境系统是影响和形塑职业本科院校专业生态系统的重要外部因素，也是职业本科院校专业生态系统动态协同演进的重要外部驱动力。职业本科院校依循内部成长机理，在外部环境系统的影响下，实现了专业生态系统的共生协同与动态平衡。

第二节 职业本科院校专业结构与产业结构适配机理

在进行专业与产业适配机理分析前，需要先明晰机理分析的概念。机理一词起源于对自然界化学现象的观察和研究，是用来解释化学反应的发生及其变化的内在规律，旨在揭示一定的系统结构中各要素的内在工作方式以及诸要素在一定环境条件下相互联系、相互作用的运行规则和原理。因此，对职业本科院校专业和产业之间适配机理的分析可以解释专业调整的原因和理由，呈现专业和产业两者之间的内在关系，以及如何在二者的协同作用下达到高水平的专产适配。

一、区域产业结构是专业布局的晴雨表

职业本科专业结构是不同时空下的产业结构形塑的结果，不同的时间跟空间的产业结构会在一定程度上影响职业本科的专业布局。在第五章适配路径分析中，可以发现，整体产业适配和第三产业适配中有一条相同的核心路径就是产业高活力－三产高占比组合型，这表明在专产适配中，在区域产业发展较好且三产占比较高的情况下，可以达到较高水平的专产适配。在这种专产适配中，产业发挥了较大的作用，产业发展较好，不断进行产业结构迭代升级，职业本科专业结构应围绕区域发展战略，紧密对接产业升级和技术变革趋势，优先开设更多紧缺的、符合市场需求的专业，形成紧密对接产业链、创新链的专业体系布局。聚焦高端产业和产业高端，培养产业所需的理论知识和实践技能并重的高层次实用型技术技能人才。在职业本科专业与产业的适配过程中，产业占据主导地位，专业则是为产业服务的，学校通过开设产业所需的相关专业，为其培养所需的专业人才。

产业结构对职业本科专业结构的作用机理主要从专业设置和专业内涵优化两个方面展开分析，分别是就业需求引导专业调整、技术进步促进专业优化。在就业需求引导专业调整层面，产业结构的变迁会导致社会就业需求发生相应变动，而区域就业需求的变化又进一步导致区域劳动力结构的调整。具体而言，随着经济的发展和技术的进步，一些传统产业可能会逐渐衰退，而新兴产业则会迅速崛起，高端产业的持续迭代升级以及战略性新兴产业的蓬勃兴起，会催生一系列新业态、新技术、新职业与新岗位的涌现，这些新兴岗位的出现不仅重塑了劳动力市场的结构，还伴随着对新型技术技能人才需求的激增。职业本科学校作为区域技术技能劳动力的主要供给者，在面对社会岗位需求的动态变化时，学校需灵活调整本校职业本科专业结构，通过增设与新兴产业紧密相关的专业，以积极响应并适应产业结构的变革，为新兴产业提供符合其需求的技术技能人才。在技术进步促进专业内涵优化层面，产业结构的优化升级还通过影响职业本科教育的课程设置和教学模式等，间接作用于专业结构的调整。产业结构的迭代升级往往伴随着技术的不

断进步和创新，随着产业向产品服务定制化、产业技术高级化、生产过程智能化的"三化"方向发展，更多智能化的新技术和新方法被广泛应用，不仅改变了传统产业的生产方式和效率，也会导致产业需要的专业人才技能发生一些改变。为了培养能够掌握这些新技术和新方法的人才，职业本科学校需根据产业升级衍生的关键技术、核心技术的人才需求，不断创新专业设置和课程内容，引入先进的技术和教育理念，强化新技术的实践教学与产学研合作，提升学生的专业素养和实践能力，以培养出符合产业需求的既掌握扎实理论知识又具备实践操作能力的复合型人才。这种教育教学模式的创新与变革，不仅是对产业结构变化的直接回应，也是职业本科专业结构持续优化的内在动力，共同推动教育与产业的深度融合与协同发展。

二、专业结构优化赋能产业结构的优化升级

"人才为本，事业为基"，人才对于产业的发展必不可少。专业作为人才培养的基本单元，其结构布局与内容设置不仅直接影响人才的知识结构、技能体系及创新能力，更深远地影响着产业结构的优化升级与转型路径。合适适切的专业结构会促进产业经济良性发展，也会使得职业本科专业与产业的适配程度更高。在适配路径分析中，职业本科专业总数频繁作为边缘条件的存在促进专产适配。职业本科专业总数在一定程度上可以反映该学校专业布局的完善程度，一般专业总数越多，该学校专业布局越完善，能够对接的产业领域也就越为多元与深入。因此，众多适配路径中，职业本科专业总数的存在表明，职业本科专业布局完善情况在一定程度上可以影响专产对接情况。当职业本科专业布局越完善时，职业本科专业与产业适配程度越高，更多专业对口的职业本科技术技能人才可以为产业服务，进而推动产业结构迭代升级。

专业结构对产业结构的影响主要从以下两个方面发挥作用。一方面，专业结构可以直接或间接培养产业所需的技术技能创新型人才，从而影响产业的人才供给。直接培养指的是，学校培养的专业技术技能人才供给可以满足产业升级催生的新岗位需求。学校不同专业的设置与专业涉及的教学内容直接关联产业所需的人才类型与技能结构。当专业教学内容紧密对接产业发展

需求时，能够源源不断地为产业输送其所需的具有理论知识、实践技能和创新能力的复合型高素质技术技能人才。这些人才成为产业升级的关键驱动力，助力产业技术更新换代，推动产业向更高技术含量、更高附加值的方向发展。创新型人才的供给可以满足产业技术创新的需求。专业教育不仅传授知识与技能，还注重培养学生的创新思维和问题解决的能力。通过跨学科的教学培养出的具备创新思维的学生能够在产业中引入新观念、新技术和新方法，激发产业的创新活力，推动产业技术创新和模式创新。间接培养指的是，学校可以为产业中各企业提供人才培训，通过与产业中的各企业建立深度合作关系，为其提供定制化的人才培训、技能提升课程以及在职进修项目等，帮助企业提升现有员工的专业素养和技能水平，为产业的持续创新和发展提供源源不断的动力。另一方面，学校专业的科研成果可以在产业中转化应用，职业本科院校作为科研创新的重要基地，其专业研究往往与区域产业实际需求紧密相连。通过学校和企业的产学研合作，专业研究成果能够快速转化为实际生产力，解决产业中的技术难题，提升产业的整体竞争力。且不同专业的教师和学生还可以为产业提供技术咨询、方案设计等服务，帮助企业解决生产过程中的技术难题，优化产业生产流程，提高生产效率，为产业的可持续发展提供智力支持，进而助力产业结构的迭代升级。

三、专业结构和产业结构变化的同频共振

职业本科专业结构与产业结构在动态发展中相互影响、相辅相成、互相促进、共生共荣，最终实现动态变化中的高水平适配。职业本科专业结构和产业结构都是处在动态变化之中的，产业结构随着经济环境的变化、技术的创新一直在升级演化，传统产业可能会得到改造和升级，新兴产业也可能会应运而生，而教育作为服务于产业发展的一员，为了贴合产业对于专业人才的需求，其专业结构也必然会随着产业结构的变化而不断进行优化调整。

在产业结构和专业结构的动态变化中，二者会逐渐找准自己的步调，最终实现同频共振，达到高水平专产适配。其同频共振的作用机理在于：一方面，职业本科院校需要密切关注产业发展趋势和市场需求变化，及时调整专业设置和人才培养方案，确保人才培养与产业发展需求的高度契合。例如，

随着智能制造、大数据、人工智能等新兴产业的快速发展，职业本科院校可以增设相关专业或调整课程设置，以满足这些产业对高素质技术技能人才的需求。另一方面，产业界也需要积极参与职业教育的人才培养过程，通过校企合作、产教融合等方式，为职业本科院校提供实践基地、教学资源和技术支持，共同推动人才培养质量的提升和产业结构的优化升级。二者互相交融合作，在动态变化中达到良性适配状态。

整体来看，职业本科教育作为职业教育体系纵向贯通的最高层次教育类型，在培育发展新质生产力所需要的新型劳动者过程中发挥着重要作用。我国现有职业本科院校通过高专业覆盖率+高专业集中度的"大而精"专业布局模式、高专业覆盖率+低专业集中度的"大而全"专业布局模式、低专业覆盖率+低专业集中度的"小而全"专业布局模式、低专业覆盖率+高专业集中度的"小而精"专业布局模式，形成了特定时空下的专业布局，为发展新质生产力所需要的创新型高技能人才的培养奠定了坚实基础。特定时空下职业本科院校专业布局模式的形成是内外因素共同作用的结果，职业本科院校在专业布局过程中必须促进职业本科专业与专科专业、普通本科专业等不同类型不同层次专业之间的适配，也必须推动院校整体专业结构与外部产业结构适配。结合现有专业布局模式和适配路径可将新质生产力背景下职业本科院校专业布局适配机理总结为以下方面。

首先，不同层次职业教育专业之间的纵向贯通适配机理。新质生产力发展所需的新型劳动者的培养要求职业本科教育发挥积极作用，特别是要面向战略性新兴产业培养一大批的高素质创新性技术技能人才。通过科学合理的专业布局培养发展新质生产力所需要的新型劳动者便是职业本科的关键抓手之一。职业本科院校的专业组成相较于专科高职院校和普通本科院校，其专业内部组成更加多元。根据专业布局矩阵和模式可知，职业本科院校的专业结构主要由职业本科专业、专科专业和普通本科专业等多样化的专业构成。这些专业有的分属于职业教育同一类型下的专科和本科层次，有的分别属于普通本科和职业本科同一本科层次，且在同一所职业本科院校内部不同类型不同层次的专业数量组成是有差异的。2023年，全国职业本科院校专业结构中专本比（专科专业平均数/职业本科专业平均数）接近2，这说明现有职业本科院校中专科专业的数量是职业本科专业数的近2倍，专科专业是大多数职业本科院校设置最多的专业类型。因此，职业本科院校要实现内部专业结构的"阴阳调和"，必须促进职业本科专业与专科专业之间在规模和内涵上均实现纵向贯通适配，为发展新质生产力更高层次高技能人才的培养奠定坚实基础。

高职专科专业是孕育和形成职业本科专业的基础，也是职业本科院校在专科高职阶段办学时的重要育人载体，在探索试点阶段，专科专业还将继续成为职业本科院校专业结构向上延伸和向下兼容的重要依托。故而，职业本科院校专业布局适配的前提之一就是科学调整专科专业与职业本科专业的数量规模，实现专本结构适配。科学布局系统内的高职专科专业和职业本科专业，以实现职业本科专业之间、高职专科专业之间、专科专业与职业本科专业的协同共生，消弭不同层次、同层次不同种类专业之间因不当竞争而产生的"拮抗"效应。此外，除了规模的适配，职业本科院校专科专业与职业本科专业之间也应实现培养内容的纵向贯通，根据职业教育的办学规律和发展新质生产力的要求，科学制定中－高－本专业的培养目标，有效衔接不同层次的培养目标，在目标的指引下，一体化规划专业布局，系统科学地设计人才培养全过程的核心要素，通过"五金"资源的建设，全面达成职业本科院校专业结构的纵向一体化适配。

其次，不同类型、不同层次专业之间的横向融通适配机理。全国现有的职业本科院校主要通过"独立学院＋公办专科高职1""独立学院＋公办专科高职1＋公办专科高职2"、一所独立学院直接转设为民办职业本科院校、民办专科高职院校单独转设成为民办职业本科院校、优质专科高职院校单独转设成为公办专科高职院校等多样途径形成。职业本科院校多样化的办学历史与实践，特别是由独立学院转设的职业本科院校，其之前长时间普通本科教育的办学实践，使得职业本科院校专业布局过程中还需要关注职普融通的适配问题。通过全国职业本科院校2023年的专业布局矩阵分析可知，在一所职业本科院校内部包含了不同层次不同类型的专业。就层次来看，职业本科院校现有专业结构的组成中包含了职业教育类型下的专科层次专业和职业本科专业，二者职业教育同一类型之下的本科和专科层次的专业；就类型来看，职业本科院校的专业组成中包含了职业本科专业和普通本科专业两种不同类型的专业，但都属于本科同一层次。职业本科院校专业结构组成中的普通本科专业主要是由独立学院和高职院校合并转设的职业本科院校在过渡期还存在转设前普通本科专业的学生培养。而景德镇艺术职业大学没有合并高职院校进行转设，仅由景德镇陶瓷大学科技艺术学院单独转设形成，在转设之前主要是开展普通本科教育，在转设成职业本科院校后还是开设10余个普通本科招生专业，专业生态更加多元，包含了不同类型、不同层次的专业。

习近平总书记在党的二十届三中全会和全国教育大会上指出"加快构建职普融通、产教融合的职业教育体系",[①]"职普融通"是职业教育体系建设的重要特征，多元的专业生态要求职业本科院校专业之间不仅要实现职业教育内部不同层次专业之间的纵向一体化贯通，也要达成不同类型专业之间的普职融通。普通本科和职业本科在层次上看都是本科层次，是同属本科层次的教育，相同的教育属性和二者在人才培养方面的互补性，为职普融通提供了现实的可能性。依据人才结构理论，根据工作领域的差异性，可以将全社会的不同人才划分为"技能型、技术型、工程型和学术型"四种类型，上述四类人才又可以划分为更细的子类型体系。通常而言，职业教育的培养目标主要立足于技术型人才和技能型人才，从事技术技能操作类相关工作；工程教育的培养目标则是培养工程型人才，主要从事研发和设计等相关工作；普通本科教育则主要是为学术型人才的培养打下坚实的基础，将来可以从事知识生产类相关工作。职业本科教育是横向融通、纵向贯通现代职业教育体系的重要牵引，是职业教育体系向上延伸到本科层次的教育类型，是本科层次的复杂技能类和工程技术类教育，主要培养现场工程师等规格的人才，以满足发展新质生产力的要求。职业本科教育的"职业性"要求其遵循职业逻辑和工作体系逻辑，坚守其职业教育底色。同时，职业本科教育的"本科"属性则要求其不断提升学术性和理论性。普通本科专业在人才培养过程理论性提升方面具有比较优势，值得职业本科专业借鉴。职业本科院校可以通过横向的职普融通实现两类同层次专业在人才培养方面的优势互补。职业本科院校的行稳致远要求职业本科专业与普通本科专业之间、高职专科专业与普通本科专业之间实现横向普职融通适配。

---

① 加快职业教育体系建设 助推新质生产力发展 [N]. 光明日报，2024-11-25.

第六章 职业本科院校专业结构适配的内在机理探析

最后，专业结构与外部产业结构外向耦合联通适配机理。职业本科院校内不同层次职业本科专业与专科专业之间的纵向贯通适配、不同类型不同层次专业之间的横向融通适配是专业与专业的适配，属于专业布局的内部适配。通过专业-专业的内部适配，职业本科院校内部的各级各类专业之间实现了共生共荣，达成了职业本科院校自身肌体的"阴阳调和"。与此同时，大力发展新质生产力的现实诉求，对职业本科院校专业布局提出了新要求，职业本科院校的专业结构还需与外部产业结构实现有机耦合外部适配，达成专业-产业适配，才能获得稳步发展的不竭动力，彰显发展新质生产力的时代价值。职业教育是面向市场和产业的教育，其鲜明的跨界性和区域性决定了职业本科院校外部适应性的提升只能通过科学合理的专业布局，达成专业结构与产业结构的良性互动和深度耦合。产教耦合逻辑的现实诉求决定了职业本科院校布局结构适配性只能通过产教融合实现。

新质生产力是由技术迭代升级的革命性突破和产业结构深度转型升级而形成的先进生产力，需要对生产要素进行创新性配置，将传统劳动者培养为新型劳动者。稳步发展职业本科教育正是应对新质生产力背景下产品服务、生产过程、产业技术等环节的变化，特别是针对"定制化、智能化、高级化"的趋势而"高移"职业教育层次的结果。新质生产力背景下产业环境的"三化"趋势催生了一批新岗位、新职业、新技术和新业态。社会岗位群所需要的能力、素质和知识因生产过程技术要求复杂程度的增加而提高。因此，需要职业本科院校培养一大批创新性高素质技术技能人才和现场工程师，以不断满足新质生产力背景下产业高端和高端产业、前沿技术和技术前沿对创新性复合型技术技能人才的紧迫诉求。与此同时，任何技术不是一成不变的，随着互联网技术的发展，各类技术的迭代更是"日新月异"。产业系统智能化、数字化、生态化的主要趋势，使得产业链在具体情境下实践过程的不确定性和复杂性"与日俱增"。在一条完整的产业链上，产业链之下游主要需要从事各类产品销售服务工作的"技术工人"，产业链之中游主要培养从事加工制造等任务的"技术员"，产业链之上游则主要需要从事研发设计的"工程师"。随着产业结构的升级和技术的迭代，生产过程和人才类型的边界逐步模糊化和多元化，这客观上对教育链和人才链提出了更多的要求。以往专科高职培养的技术技能人才已很难适应产业前沿的人才需要。从而细分出来"现场工程师"等人才类型。职业本科院校专业布局适配性的提升就需要主动回应新质生产力背景下生产实践变化的客观诉求，以实现产教耦合联通。职业本科院校专业布局的外向产教耦合联通机理要求减少专业–产业错配样态，确保职业本科院校专业结构与产业链上、中、下"三游"合理对接，实现新质生产力背景下教育链、专业链、人才链与产业链"四链"有机链接，达成专业、职业、企业、行业和产业"五业"的充分联动。

第七章　职业本科院校专业结构适配性的优化策略

当前，职业本科院校专业结构的内部适配性和外部适配性还存在较大的提升空间。当职业本科专业与区域产业达到理想的最佳适配状态时，双方能够形成良性互动、相互依存、共同繁荣的发展格局。在此适配状态下，专产适配系统对区域经济的推动作用将达到最大化，成为区域经济增长与转型升级的重要驱动力。然而，依据 AHP（层次分析法）的深入剖析与适配函数的量化评估结果，我国职业本科院校中的多数职业本科院校的专业设置与区域产业发展之间尚未达到此理想适配状态，仍面临诸多亟待解决的适配问题与挑战。截至 2024 年 12 月，经教育部官方认证并正式批准的职业本科数量已增长至 51 所，标志着我国职业教育体系在本科层次上的显著扩张。与此同时，职业本科教育的申报工作仍呈现蓬勃发展的态势，预示着未来一段时期内，将有更多职业本科院校相继涌现。作为与传统普通高等教育具备同等重要地位的教育类型，职业本科教育正步入一个规模化、体系化发展的新阶段，其规模与影响力将会持续扩大。因此，分析职业本科专业与产业的适配困境，为职业本科教育探究出如何与产业齐头并进、协同发展的适配策略，对于提升职业教育服务经济产业能力显得尤为重要。

梳理我国职业本科院校专业结构适配性存在的问题可以发现，我国现有的职业本科院校主要通过公办专科高职升格、民办专科高职升格、独立学院单独转设、独立学院合并转设等多元途径转变成为职业技术大学。职业本科院校形成途径的多元性，使得职业本科院校内部专业结构多样化和复杂化。各级各类专业之间衔接不佳、融通不畅的适配欠佳问题主要表现在以下方面。

首先，在同一所职业本科院校内部，专业种类选择的科学性欠佳，部分院校甚至同时设置了普通本科、职业本科和职业专科专业等不同类型不同层次的专业，不同类型同层次专业之间"质"的区别和"量"的差异认识不清晰，特别是在同一所院校内部进行普职横向融通适配的难度较大。其次，纵向一体化贯通适配不够，在同一所院校内部专科与职业本科的贯通适配只能通过省级教育行政部门组织的"专升本"单一途径实现，院校的专本贯通自主权不足，影响了院校内占主体地位的职业本科专业和专科专业的贯通适配。最后，产教耦合适配程度有待进一步提升，从目前职业本科院校专本比的数据、专业分布情况来看，现有职业本科院校的专业设置主要根据专科办学时期或转设院校的办学经验设置专业，专业链和产业链紧密对接程度还有待进一步提升，尤其是职业本科专业对接产业高端和高端产业"两个高端"适配程度还存在较大的提升空间。

第一节 职业本科院校专业结构内部适配问题分析

随着人工智能技术的不断发展，技术迭代和产业升级对技术技能人才的需求也在不断变化，各行各业对高水平技术技能人才的需求不断增大，同时对技术技能人才的核心素养也提出了新需求。职业本科院校专业机构的适配性是培养高素质技术技能人才的关键，专业群建设是推动我国职业本科院校专业结构内部适配性的重点抓手，国家政府多次出台相关文件推动专业群建设。随着越来越多的职业院校开始开展专业群建设的实践探索，采用案例分析法对职业本科院校专业群的建设过程进行分析后发现，各职业本科院校在进行专业群组建时仍存在一些问题，专业群组群逻辑不够清晰、聚集效应难以发挥和可持续发展趋势欠缺等问题。本章节以专业群组建时间为分析轴线，从专业群组建前和组建中的组建逻辑、组建后集群效应的发挥和专业群本身的可持续发展机制入手对职业本科院校专业结构内部适配性提升的实践困境进行分析。

一、专业群组群逻辑的确立需要厘清

2019年出台的《关于实施中国特色高水平高职学校和专业建设计划的

意见》，其目的在于推进职业教育高质量发展，培养适合我国经济发展的高水平技术技能型人才。"双高计划"实施以来，各职业院校纷纷开展专业群建设实践探索，专业群建设也成为职业教育领域关注的重点内容。但是通过几年的实践探索，各职业院校在进行专业群组建时仍存在一些问题。产业驱动型专业群在组建时，职业本科院校对区域产业发展情况调研不足，不能充分了解当地产业链与岗位群之间的关系，导致所选择的群里专业在人才培养上不能满足企业用人需求，专业群没能成功对接区域经济发展和产业转型（S03-04）。有些资源共享型专业群在组建时，以原有的优势或重点专业作为核心，通过主观经验将相近学科领域的专业与之组合形成专业群，这样简单的组合方式，缺少科学论证和实践考量，组建完成后群内专业的师资结构、课程设置等并未进行重新构建，同时缺少相应的共享机制，导致群内专业不能在教学资源、课程资源、实训资源等方面真正做到互补和共享，专业群的资源集聚优势难以发挥。政策驱动型专业群，以国家政策作为建设的主要动力来源，以专业群示范项目建设经验作为建设模板，自上而下地进行专业群组建，该类专业群组建完成后，群内专业缺少主动性和相关性，在专业教学方面存在壁垒，知识技术无法流通导致资源的浪费。同时，专业群的建设是一个动态的过程不是静态的结果，不同地区不同院校的专业群建设情况各不相同，仅仅依靠国家政策和示范群来进行专业群组建，会导致专业群组建缺乏灵活性，容易忽视产业发展的动态变化，不能实现与产业链的有效对接。

二、专业群聚集效应的发挥还应加强

当今产业集群化发展的趋势越来越明显，为了更好地应对产业集群对复合型技术技能人才的需求，职业教育通过专业组群的方式提高产业匹配度，使专业群对接产业链，同时，专业集群可以打破专业壁垒，聚集优势资源，发挥专业群在人才培养方面的集聚优势，更好地满足新岗位、新职业对复合型技术技能人才的需求。但在目前的专业群建设中，存在整合深度和整合广度不够，专业群的聚集优势难以发挥等问题。在学校内部，专业群的建设可以将各专业优质师资、课程和实践资源进行整合，促进优质教育资源共建共享,促进各专业自身发展实现"1+1>2"的建设效果。但在实际的专业群建设过程中,群内各专业的课程、师资、实训等资源没有实现有效整合,专业教学各行其是,课程体系是多个专业课程的拼盘,专业教师之间缺乏沟通合作(S04-04),未能形成教学团队,发挥各自优势,真正实现资源的共建共享。职业教育是一种跨界教育,其高质量发展离不开政府、企业等多方支持。职业本科院校在专业群建设过程中要争取和整个来自政府、企业、行业等多种优质外部资源,将其进行整合,优化服务于专业群建设,更好地对接产业链,实现人才培养的高效性。现有职业本科院校在进行专业群建设时,依托政府和产业资源,与企业开展合作推进产业学院、校企合作等办学模式的改革,专业群组建完成后,在教材编写、课程设置、实训基地建设等环节邀请企业共同参与,但由于缺乏有效的沟通合作机制,双方合作不够深入,实训基地建设推进缓慢,建设水平较低,且目前企业人员和学校教师合作参与专业群课程体系设计、课程资源开发能力较弱,难以发挥企业在职业教育中的作用,专业群建设质量难以保证。

三、专业群可持续发展机制有待完善

2019年,教育部、财政部发布的《关于实施中国特色高水平高职学校和专业建设计划的意见》(以下简称"双高计划"),提出要"面向区域或行业重点产业,依托优势特色专业,健全对接产业、动态调整、自我完善的专业群建设发展机制,建立健全多方协同的专业群可持续发展机制"。自高职教育创办以来,职业院校以专业建设为主,并以此为单位展开教学,我国也一直采用以专业管理为主的教育管理机制,但随着2019年"双高计划"的开展,专业群建设成为职业教育高质量发展的重要抓手,专业群成为职业院校的一种新教学组织形态,高职院校需要建立新的与之相对应的有效的管理运行机制。相较于单个专业,专业群教学资源更丰富,课程内容更复杂,教师数量也更多,为了充分利用群内资源,发挥专业群集聚优势,要构建柔性化的体制机制,对专业群进行扁平化的管理。大多数职业本科院校和专业群内部大多采取科层制的管理方式,层级划分明确,难以实现群内专业的协同治理、共同发展的建设目标。作为专业群内涵建设关键核心的课程部分,

大多数职业本科院校缺少"群"概念,在课程建设上仍以专业为主,没有打破专业壁垒,发挥群聚优势。且各职业本科院校在开发课程方面缺少与企业之间的合作,难以根据学校优势、课程资源(S05-04)、师资结构等来设置符合地区经济发展和学生需求的课程。在师资方面,大部分职业本科院校存在师资队伍不足的问题,生师比较高,尤其是能够传授给学生理论知识的同时又在实践方面予以指导的"双师型"教师严重不足。在专业群内部,一般有3~5个专业,不同专业教师之间如何更好地合作以开发、讲授课程也是专业群建设的一个重点问题。

职业教育的"跨界性"决定了职业教育是一种多元主体共同协作、联合育人的教育类型,需要建立政府、学校、企业、行业多元主体共同协作的专业群管理机制。在专业群建设方面,政府进行顶层设计,统筹管理,合理安排专业群设置,通过发布政策文件推动实施保障建设,并给予一定的资金支持。目前,绝大多数职业本科院校在专业群建设方面过于依赖政府,缺乏主动性和灵活性,在"双高"建设期间,为了满足申报条件,成功立项,在专业群组建时未厘清组建逻辑,直接将热门专业、优势专业进行组群,导致形成的专业群存在专业结构不合理、群里专业难以合作等一系列问题。行业、企业人才需求是专业群建设中人才培养的重要导向标,为了使职业院校毕业生达到企业用人标准,职业院校也采取了产教融合、校企合作等办学模式。但在实施方面,企业参与主动性不强,企业作为经济主体,获取经济利益是其生存和发展的重要目标,但在与职业本科院校合作过程中,并不能在经济方面带给企业直接的效益,所以其参与产教融合的积极性不高,与职业本科院校的大多停留在一些浅层层面,企业难以与职业本科院校合作开发课程、编写教材、设计教学项目,职业本科院校的学生在企业实习过程中只能从事一些简单的工作,难以获得成长,校企合作深度、广度不够。另外,专业群缺乏合理的评价反馈和调整机制,在产业结构不断发生变化的当今社会,作为一种与产业发展密切联系的教育类型,职业本科院校应该建立多元主体共同参与的评价反馈机制,能够追踪外界经济发展和产业变化,根据企业人才需求及时调整内部专业结构,大多数职业本科院校将专业群建设视为一种静态过程,建设完成即大功告成,在后期管理过程中缺少能够根据产业结构变化和企业反馈灵活调整机制,不能及时对群里专业进行调整、合并和扩充，导致其人才培养难以满足产业发展对高水平复合型技术技能人才的需求。

第二节 职业本科院校专业结构外部适配问题分析

职业本科院校的外部适配性是提升产教融合水平的重要依托。根据本书的量化分析以及案例分析可以发现，职业本科院校的专业结构与外部产业在适配过程中主要存在着学校的专业结构调整跟不上产业结构的变动步伐、专业设置趋同性较重、专业特色不突出、职业本科专业与产业动态匹配度低等主要问题。

一、职业本科专业结构调整的滞后性

在《中华人民共和国国民经济和社会发展第十四个五年规划和2035年远景目标纲要》中，明确提出我国要加快推进制造强国、质量强国建设，促进先进制造业和现代服务业深度融合。在政策指引下，我国加快发展人工智能、大数据、区块链、云计算等新兴技术，以数字化转型整体驱动生产方式变革。因此，我国各区域产业在不断向着产品服务定制化、产业技术高级化、生产过程智能化的三化方向转型升级，产业迭代速度逐年攀升。然而，职业本科教育的专业结构调整速度与技术创新和产业结构转型升级的速度相差甚远。教育本就具有培养周期的延迟性，再加上学校很难具有前瞻性地预测出产业日新月异的变化趋势并超前布局，专业结构调整的滞后性就愈加严重。

从结构偏离度计算结果中可以发现，2021~2023年的国家层面的第一产业和第二产业的结构偏离度都大于0，表明职业本科的专业布点数设置情况跟不上产业变化的速度，落后于产业发展。在32所学校层面的结构偏离度计算情况中，有16所职业本科学校的第二产业结构偏离度大于0，9所职业本科学校的第三产业结构偏离度大于0，将近半数的职业本科学校的专业设置存在滞后于产业发展的现象。在运用AHP层次分析法计算面向全部产

业的适配度结果中，2022 年，32 所职业本科学校中有 80% 的职业本科处于专业系统滞后型。这些数据都表明，目前我国职业本科处于专业结构调整滞后于产业发展的困境。

二、职业本科专业设置缺乏区域特色

目前，职业本科专业设置重复率偏高，很多学校盲目追求专业布点的全、多和综合化，并热衷于跟风增设热门、办学成本低、收费较高的工学、经管、文学和艺术类专业。2021～2023 年，热门程度排名前五的专业大类依次是电子与信息大类、财经商贸大类、装备制造大类、文化艺术大类、土木建筑大类。其中，最热门的电子与信息大类在 2023 年涵盖的专业数高达 134 个，开设学校数目高达 29 所；财经商贸大类设置的学校数目最多，其涉及的学校数量达到 31 所，几乎涵盖了所有统计的学校，装备制造大类、文化艺术大类、土木建筑大类的涉及学校也分别达到 26 所、24 所、25 所。与之相反的是，农林牧渔大类、能源动力与材料大类、水利大类、生物与化工大类、轻工纺织大类、食品药品与粮食大类、新闻传播大类、公安与司法大类、公共管理与服务大类的专业大类开设的学校仅为个位数。这些数据表明，职业本科开设专业大类的冷热差距明显，不同专业大类开设学校数目并不均衡，甚至数据差距较大。

不同区域的学校并未很好地结合区域特色和市场需求以及自身办学条件进行职业本科专业设置，而是盲目追求专业规模，广泛设立热门程度高以及办学成本低的专业，专业设置同质化严重，缺乏区域办学特色。然而，市场对于热门专业的人才需求程度有限，过多的同质性人才造成市场饱和，热门行业就业竞争程度逐渐攀升。这种人才资源浪费现象不利于职业本科和专业的长期发展。

三、职业本科专业与产业动态匹配度低

专业设置作为人才培养体系的抓手，其合理性与前瞻性固然重要，而专业建设的内涵以及专业建设的质量更是直接关乎人才培养质量的核心要素。

学校在精准预判产业发展趋势的基础上，迅速响应并调整专业设置，这一举措虽为关键一步，然而，构建与产业最新需求高度契合、能够培养学生掌握最新产业所需的技能的专业架构体系，才是实现高质量人才培养目标的必由之路。

目前，专业资源的配置以及专业内涵的建设等方面仍面临挑战，导致毕业生能力与产业实际需求之间存在一定的错位现象。具体而言，即便某些职业本科教育专业的布局精准对接了区域产业结构，却未能有效转化为高就业率，高端产业领域及产业链关键环节依旧面临人才短缺的困境，尤其是缺乏具备跨学科知识、创新能力和实践技能的复合型人才。根据本书的驱动路径分析可以发现，很多职业本科院校存在缺乏师资资源、实践资源和资金资源的情况，只能依靠增设职业本科专业总数等方式提升职业本科专业与产业的适配程度。因此，分析存在专业设置与产业需求存在错位的原因，可能在于部分职业本科学校盲目注重追求与产业需求相匹配的专业规模，从而申报与新兴产业对接的专业，而忽视专业教育所需的师资队伍建设、课程建设和实训基地等实践教学资源建设，学校本身也缺乏相应的资金来源来供给专业建设，最后导致学校中虽有符合产业需求的专业开设，但是专业培养出的人才质量无法满足产业需求。

第三节　职业本科院校专业结构适配度优化方略

专业结构适配度的提升是稳步发展职业本科教育的重要抓手，也是促进职业本科院校行稳致远的关键保障。职业本科院校专业结构在内部适配性和外部适配性方面还存在较大的提升空间。首先，在内部适配性维度，本书在组织生态学的视域下，对我国现有职业本科院校专业生态系统在专业个体、专业种群和专业群落三个层面复杂的专业生态进行了分析。厘清了职业本科院校专业生态系统协同进化过程中体现出的优势特色专业的辐射引领、不同类型不同层次专业之间的协同共生、外部环境系统的驱动等协同进化机理。为促进职业本科教育稳步发展，科学治理其专业生态系统，应坚持固本培元，加强专业内涵建设；在内涵建设的基础上，促进专业之间多元协同，实现从专业到专业群的跨越,以优化系统内现有专业结构;同时,科学布局系统内各专业群,确保不同专业群各安其位、各尽其用,以实现职业本科院校专业生态系统的动态平衡和可持续发展。同时,在内部适配性提升的基础上,还应进一步提升职业本科院校专业结构的外部适配性。

一、职业本科院校专业结构内部适配性提升路径

职业本科院校的出现是职业教育体系适应新时代经济社会发展变化、培养高质量技术技能人才的必然选择,专业群建设是职业本科院校提升专业结构内部适配性的关键抓手。随着技术迭代和产业升级,原有以专业为人才培养和学校管理基本单元的方式难以适应职业本科院校的发展。为了更好地促进职业本科院校的发展,不断提升其专业结构的内部适配性,实现群内专业"和而不同,和合共生"的目标,本书结合职业本科院校专业生态系统的实践样态和形成机理,提出了职业本科院校专业结构内部适配性提升的以下治理措施。

(一)固本培元:加强各类专业内涵建设

在我国现有职业本科院校专业生态系统中主要包括专科专业、职业本科专业和普通本科专业等不同类型、不同层次的专业。多元的专业形成了多样化的专业生态,同时也增加了职业本科院校专业系统治理的复杂性。专业作为稳步发展职业本科教育的关键抓手,是人才培养的基本单位,也是专业生态系统有序演化的"根本"与"精元",故而科学治理职业本科院校专业生态系统首在专业,而各类专业建设首在内涵建设。职业本科院校专业建设首先需要解决的问题是专业"有无"的问题,通过梳理现有职业本科院校专业系统的组成结构可以发现,其内部专业跨越了不同类型、不同层次,专业组成的多样性增加了专业增设裁撤工作的复杂性,例如,现有职业本科院校通常将专科层次专业作为裁撤重点,曾经是院校发展不同时期优势特色专业的专科专业,也成为我国职业本科院校近期裁撤专业的"众矢之的"。此类专业裁撤现象存在一定程度的盲目性和"随大流"的倾向。因此,专业建设的首要问题,是科学论证相关专业存在的科学性和合理性,解决好专业有

无问题。

在科学充分论证好专业布局合理性的基础上，解决好专业的"有无"问题后，则应重点关注专业办的"好坏"问题，加强专业的内涵建设。首先，科学确定人才培养目标，在同一所职业本科院校内部，专科专业、职业本科专业和普通本科专业所培养的人才规格和目标定位是有差异的。例如，职业本科专业更多强调人才培养的"创新性、高端性、复合性"要求，其人才培养应该聚焦于产业高端和高端产业。然而，现有职业本科院校在确定人才培养目标时对同时设置的同类型不同层次的专业和同层次不同类型的专业缺乏科学认识和论证，对不同专业的人才培养规格到底是"量的差异"还是"质的区别"缺乏充分的回应。其次，重视专业内涵建设的关键要素投入，进一步加强课程开发和多形态教材建设，着力打造一批双师素养教师队伍和"强强联合"的教师教学创新团队，同时也要重视课程实施环境的改造升级，建设好一批传统实训基地和虚拟仿真实训基地。最后，理顺专业管理的体制机制，建立健全学校－学院（系）－教研室等行政管理体系的同时，也要发挥好专业带头人等专业权力和学术影响力，减少"多头"领导产生的低效率，确保专业管理机制运行顺畅。通过专业系统内部各个专业的内涵建设，固本培元，为职业本科院校专业生态系统的有序协同进化奠定坚实基础。

综上所述，应进一步聚焦内涵，完善优化人才培养模式。专业群是具有相同特征或类型的专业进行的集合，通过共享资源、技术平台和优秀师资等发挥群体效应，实现专业群目标的最大化，其组建是为了实现"1＋1＞2"的协同效应，因此，在群内专业科学布局的基础上，要进一步加强专业群内涵建设，实现职业本科教育、培养高质量人才的建设目标。专业群内涵建设具有整体性和系统性的特征，需要群内行政人员、管理人员、教师等多方主体的参与，涉及人才培养、课程体系、质量监管等多方面内容。

在人才培养方面，首先，要制定科学的人才培养目标，职业教育的跨界性决定了加强职业本科专业群内涵建设的过程须有多方主体的参与，在确定专业群人才培养目标时，职业本科院校要对当地的经济社会发展情况和产业结构进行充分的调研，尤其注重分析区域新兴产业和支柱产业的发展。此外，还要加强与企业合作，鼓励企业参与专业群人才培养全过程，根据企业人才需求和学生成长发展需要科学制定人才培养目标。其次，在课程设置方面，课程是专业群人才培养的关键抓手，决定着人才培养的规格和质量，在课程内容的选择方面，专业群作为人才供给侧的培养载体，应与市场人才需求侧紧密联系，以产业岗位真实需求为出发点，积极推进校企合作，将企业人才需要的技术技能、理论知识、职业道德等核心内容进行提炼，再结合教育发展的基本规律和学生需求，将其融入课程内容中，推动学校理论知识与企业实践工作的紧密结合。

在课程体系建设方面，群内专业有共同的理论知识和技术基础，在课程体系建设上大多数职业本科院校实施"模块化"的课程，构建"底层共享、中层分立、高层互选"的课程体系，能够实现群内课程、教师、实训资源的充分共享，高效利用。在教师队伍打造方面，职业本科院校专业群的建设离不开"双师型"教师创新团队的支撑。2019年2月，国务院印发的《国家职业教育改革实施方案》提出，要多措并举探索组建高水平、结构化"双师型"教师教学创新团队。"双师型"教师是既具备深厚的教育学科素养，精通专业系统知识又掌握过硬的实践技能，能够在学生学习过程中予以指导的高素质师资队伍。但目前我国职业本科院校中的双师数量较少、双师素养有待进一步提升，严重制约了新时代职业教育的发展。为了加强"双师型"队伍建设，提升人才培养质量，政府需要制定权威合理的认证制度，对教师在专业知识、实践能力、教学水平等方面进行考核，保证教师质量。同时出台相关政策在职称评定、薪资发放等环节向"双师型"倾斜，鼓励教师积极参与相关培训，提升自己的专业水平。此外，职业本科院校要推进校企合作，完善校企人才交流机制，鼓励在校老师进企实践，企业员工入校兼职，实现专业人才和技术人才的共育、共享，不断壮大"双师型"教师队伍。

在质量监管方面，首先是标准的制定，职业本科办学主体多元和自身跨界性的特点，要求在专业群评价体系建设方面实现政府、企业和职业本科院校进行协同互动与合作，共同制定质量评价标准。评价标准要以指导性、动态性、可操作性等为原则，对专业群的组群逻辑、建设成本、人才培养、师资队伍、课程体系、就业质量和企业认可度等方面进行评价。其次是评定标准的有效实施，评价标准制定完成后，职业本科院校以此为依据，组建专家团队对专业群进行定期自查，有针对性的改进，促进专业群自我完善。当地政府应鼓励第三方依据科学评价标准对专业群建设进行周期性的检查，并对办学成效良好的院校予以一定的政策和资金支持，激发院校改革积极性。最后是建设灵活的调整机制，职业本科院校要根据评价结果对专业群建设进行动态调整，保证建设成效，提升内部适配性。

（二）多元协同：从专业到专业群的跨越

我国现有职业本科院校主要通过公办专科高职升格、民办专科高职升格、独立学院单独转设、独立学院合并转设等多元途径形成，形成途径的多元性，使得职业本科院校专业生态系统内专业组成多样化和复杂化。通过梳理现有职业本科院校专业生态系统的实践样态可以发现，专业生态系统内主要包括专科专业、职业本科专业和普通本科专业等不同类型、不同层次的专业。因此，相较于专科高职院校专业生态系统的治理，职业本科院校专业生态系统的治理更为特殊和复杂。职业本科院校专业生态系统的治理是一个层次多样、类型多元和实践性较强的复杂性系统性工程，需要在遵循系统自组织进化规律的前提下，给予其适当的他组织干预，以实现专业生态系统的动态平衡和可持续发展。

专业是职业教育人才培养的基本单位，职业本科院校通常会经过"社会调查—专家论证—专业设计—学校上报—专家评审—教育行政部门批准"等流程完成具体专业的设置。走完专业设置的流程，仅仅解决了专业的"有无"问题，在后期的专业建设过程中，还应注重对特定时空下专业布局和专业结构的优化。相较于专业设置的"刚性"，实现从专业到专业群的跨越成为职业本科院校专业结构"柔性"调整的重要载体。职业本科院校专业生态系统内专业类型和层次较为多元，其中包含了专科专业、职业本科专业和普通本科专业等不同类型不同层次的专业。多样的专业组成进一步增加了专业生态系统治理的复杂程度，在科学布局专业体系的过程中，各级各类专业之间衔接不佳、融通不畅问题广泛存在。因此，专业群建设成为现有职业本科院校进行专业结构优化的重要抓手。

在专业到专业群的跨越过程中，首先应明确专业群的组群逻辑，进一步厘清从专业到专业群的知识逻辑、理顺从专业到专业群的产业逻辑。通过分析我国现有职业本科院校《高等职业教育质量年度报告》可以发现，部分院校在专业群内专业选择、专业群命名、专业群组群逻辑的梳理等方面还存在不同程度的盲目性。职业本科院校组群逻辑的梳理可以从微观的知识逻辑和宏观的产业逻辑进行。其中，微观知识逻辑要求按照和职业教育关系最为紧密的知识加工生产规律，基于科学的流程，实现技术知识－教材－课程－专业－专业群的凝练和升华。宏观产业逻辑要求系统梳理所在区域的产业链不同环节的人才需求规格，一般而言，在同一条产业链上，产业链下游主要是技术工人从事产品销售服务等任务，产业链中游主要是技术员从事加工制造等核心任务，产业链上游主要是工程师等人员进行研发设计，在一条完整产业链中不同规格从业人员的规模是不同的。因此，职业本科院校在建群选择专业类型和层次的过程中，应厘清知识逻辑、理顺产业逻辑，科学建群，以顺利实现从专业到专业群的跨越。在科学组群后，还应在建设过程中进一步凝练典型专业群建设模式，通过凝练升华主干辐射式、模块组合式、阶段组合式和符合集成式等典型模式，优化现有专业结构，促进专业之间多元协同。此外，也应不断健全专业群管理机制，不断打破学院（系）之间、部门之间、专业之间的固有壁垒，建立科学合理的柔性管理保障机制，形成良好的专业生态。

厘清逻辑，合理布局群内专业结构。随着我国产业结构的不断调整与升级，跨领域和复合型的工作种类日渐增多，企业的用人需求也在不断变化，但因市场的灵活性和学校教育资源的有限性，职业教育现有的以单个专业为人才培养基本单元的教学模式难以满足当前经济社会对高水平技术技能人才的需求。为此，在国家政策的推动下，职业院校开始进行教学模式改革，将多个专业进行组合开始专业群建设的实践探索。我国现有职业本科院校主要通过公办专科高职升格、民办专科高职升格、独立学院单独转设、独立学院合并转设等形成方式。形成方式的多元性使得院校内专业组成复杂化，在同一所院校内部包含了职业本科专业和专科专业，部分职业本科院校的专业组成中甚至包含了职业本科专业、职业专科专业、普通本科专业等不同层次、不同类型的专业，专业生态较为复杂。因此，在进行专业群组建时，要厘清其组群逻辑，科学合理布局群内专业，针对不同类型的专业群采取不同的组建方式和管理方式。重点选择好"群主"专业，以发挥好优势龙头专业的引领辐射作用。同时，也要合理布局群内其他专业，完善好群内专业的动态调整机制，提升专业结构的内部适配性。

在专业群组建过程中，群主专业主要为该校优势专业、与区域经济发展密切联系的专业和政策支持专业三大类。优势专业通常是开办较早、历史悠久、实训基地建设完善、师资力量雄厚、教学资源库充足、拥有丰富的专业资源，且因该专业开办较早，与当地企业已形成成熟的合作关系，所以该专业毕业生就业率高，在企业中晋升途径畅通；与区域经济发展密切联系的专业是指该专业能够服务区域产业发展，精准对接支柱产业和新兴产业，把握岗位人才需求，人才培养能够服务产业升级转型需要；政策支持型专业是指该专业一般为国家骨干专业或省级示范专业，在专业建设方面能够获得中央和地方的财政支持和政策保障，专业内部管理机制完善，与企业合作途径畅通，人才培养质量较高。群内专业会因产业、政策驱动组群，也会因知识、资源聚集组群。产业驱动型专业群组群时首要考虑的是专业群建设与产业链对接程度，通过对当地产业分析确定群内组群专业种类。政策驱动型专业群在组建时，以国家战略规划为主要依据，选择相关专业进行组群。知识聚集型专业群在组建时注重各专业之间的知识关联度，群内专业具有共同的学科基础和相关联的技术领域。资源集聚型专业群在组建时会将具有相似教学资源和互补实训资源的专业进行组群。

不同地区经济社会发展的现实情况不同，职业本科院校的实践也各有特色，专业群的建设要综合考虑学校的办学定位和资源优势，围绕当地产业发展进行科学布局。在专业群组建前要对当地的经济发展情况和产业结构进行充分的调研，尤其注重区域新兴产业和支柱产业的发展，在调查的基础上再结合自身办学特点，集中教育资源、打破专业壁垒、改革专业课程体系，组建一批能够服务当地主导产业、满足企业人才需求的优势特色专业群。同时，产业结构是不断发展变化的，为了更好地满足产业发展需求，在专业群建设过程中要建立与之相对应的内部调整机制，及时跟踪区域经济发展和产业变化，随着企业用人需求的改变，对群内专业进行合并、增减，保证专业群的人才培养质量。此外，在专业群建设过程中，职业本科院校也要积极推进与企业合作，作为一个市场经济组织因企业对利益的追求，对市场的变化和产业界的需求具有敏感性，为了维持其自身的发展，也需要大量符合其需求的人才，通过与企业的合作，职业本科院校能够更好地把握其人才需求，及时对所设置的培养目标和课程体系等进行调整，使其毕业生更加符合产业发展对高水平技术技能人才的要求，不断提升职业本科院校的内部适配性。

（三）各安其位：科学布局系统内专业群

在职业本科院校专业生态系统内部，均拥有一定规模的不同层次、不同类型的专业。通过分析我国现有职业本科院校的专业设置数据可以发现，在专科专业规模方面，现有的职业本科院校平均设置 38 个左右的专科专业，设置专科专业数最多的院校超过 70 个；在职业本科专业规模方面，32 所职业本科院校平均设置 20 个左右的职业本科专业，设置职业本科专业最多的院校接近 40 个，此外，还有部分院校开设了十几个普通本科专业。上述规模的各级各类专业按照 3~5 个专业成群组建方式，将在同一个职业本科院校所在的专业生态系统内形成"专科专业 1 - 专科专业 2 - 优势专科专业 3 - 专科专业 N""专科专业 1 - 职业本科专业 2 - 专科专业 N""专科专业 1 - 职业本科专业 2 - 普通本科专业 3 - 专科专业 N"等多样化的专业群类型。如何在同一专业生态系统内科学布局，基于现有专业体系形成的专业集群，是职业本科院校在专业治理过程中必须解决的实践问题。

从专业到专业群的跨越仅仅解决了专业群的有无问题，如何基于系统的视角，实现特定专业生态系统内全部专业群的整体协同发展，是组群之后需要重点关注的问题。在职业本科院校专业生态系统内，由于组群专业设置时间、资源禀赋和发展成熟度的差异，将导致系统内的专业群标签化和等级化，形成了特色专业群、弱势专业群、优势专业群等不同类型。系统资源的有限性和资源吸附能力的差异性，使得职业本科院校专业生态系统内专业群之间存在激烈竞争，如果系统内的专业群布局不科学，则这种竞争将演变为恶性竞争，使不同专业群之间产生拮抗效应，内耗有限的系统资源，不利于专业生态系统的可持续发展。因此，职业本科院校必须在积极回应产品服务定制化、产业技术高级化、生产过程智能化"三化"趋势的过程中，科学布局专业群，确保各专业群之间良性竞争、协同发展，从而使职业本科院校专业生态系统内的专业群均可各安其位、各展其长，不断提升系统整体的外部适应性,最终实现专业生态系统的动态平衡和可持续发展。

(四) 系统联动:共同构建良好外部环境

为了适应不断变化的产业集群化发展,2019 年我国出台了《关于实施中国特色高水平高职学校和专业建设计划的意见》,推动了专业群建设工作的开展。专业群在建设过程中要以紧密围绕区域经济发展特点,对焦区域产业集群发展需求,立足学校特色,整合校内外资源为建设重点,积极探索符合本地区产业发展人才需求的专业群组建模式。专业群建设的外部环境是专业群所处的自然环境、社会环境等与其发展直接相关的自然因素和社会因素。职业教育的"跨界性"决定了职业教育办学的复杂性,尤其是作为职业教育体系中最高层次的教育类型,职业本科院校在建设和发展过程中需要不断从外部环境中获得人力、物力和财力等各类资源的支持,同时需要在各级政府的支持下,积极开展与企业、行业的合作,构建多元主体办学格局。

政府是专业群建设的统筹规划者和顶层设计者。教育主管部门根据国际经济形势和我国具体国情,出台了相关政策,在宏观层面对专业群予以规划,推动各地开展专业群建设工作。地方政府在中央政策的指导下,根据自身特点因地制宜地制定相关政策,促进本地职业本科院校专业群建设改革,以满足地方经济发展的人才需求。在我国,政府政策将直接影响专业群建设的方向,因此,在职业本科院校专业群建设过程中,政府首先要做好顶层设计,制定相关标准。通过政策支持来引导职业院校进行科学的专业群建设,不盲目追求热门专业。其次,政府可以利用大数据等高新技术手段,根据经济社会发展情况对全国和各地区的产业演变和人才需求进行深入调研,并将分析结果通过建立人才数据库的方式及时反馈给各职业本科院校,引导其进行资源配置、合理设置专业群、确定人才培养目标、调整招生规模,使其培养的毕业生能够更好地契合产业经济发展,避免盲目组建热门专业群,造成教育资源的浪费和毕业生难以就业的局面。最后,要加大对职业教育的资金投入,尤其是对职业本科院校的资金投入,鼓励组建能够满足新阶段产业发展所需要的专业群,不断提升其内部适配性。

企业是专业群建设的利益相关者和重要参与者。要进一步丰富校企合作形式、深化校企合作程度、稳固校企合作关系。为职业本科院校专业结构内部适配性的提升营造良好的外部环境。

首先，拓增量，将更多企业"引"进来。一方面，要拓宽企业参与职业教育的广度。在相关政策制定时，充分考虑政策的覆盖度，可根据企业的不同规模、性质以及所属行业等具体情况，出台有针对性的支持措施。例如，针对中小企业可能面临的资金短缺问题，可以提供更多的财政补贴服务，确保政策红利惠及不同群体，以鼓励更多成本偏好性企业参与职业教育中。另一方面，要积极拓宽企业参与职业教育的丰富程度。合作各方应综合考虑政策指向、地区特色、企业资源和学校优势等因素，制定个性化合作方案，灵活调整合作内容，在现有合作形式的基础上推陈出新，开发出具有时代特色、地域特色、企业特色和学校特色的新型校企合作实践样态。此外，行业组织应充分发挥其媒介作用，扩大学校与企业之间的接触面，促进双方在合作办学、专业建设和技术攻关等方面探索多元化的合作模式，从而优化传统"点对点"接洽模式下的合作效率低以及合作形式固化的问题。

其次，优存量，让参与企业"动"起来。一方面，要优化企业深度参与职业教育的外部环境。应加强顶层引导力，完善相关政策法规的体系建设，细化产权认定制度，构建风险共担机制，降低企业的机会成本与沉没成本，做到既要明确企业权利，又要保障企业利益。并进一步提升政策的执行力，设立专门的校企合作协调办公室，负责统筹规划、监督落实及效果评估等工作，避免出现"多头管理"或"无人负责"的情况，细致梳理政策落实过程中的各项衔接环节，以增强政策实施的效果。另一方面，要增强企业主动参与深层合作的动力。建立健全积分制度，企业通过参与职业教育的不同程度获取积分，并凭积分结果兑换相应的税收优惠、财政补贴和项目优先等政策红利，从而构建一个正向循环的激励机制。同时，也要鼓励校企联手推进浅层合作转型升级，在浅层合作的基础上进一步增加合作深度。

最后，控变量，将企业"留"下来。一方面，要控制影响校企合作的外部因素。应构筑校企间的信任基础，建立第三方大数据平台，专门用于校企合作供需信息的整合与共享，为各类参与者提供定制化的产教融合信息发布、查询和匹配服务，并持续优化供需信息的登记与发布机制，降低其搜集合作信息的成本，使人才供需两端处在同一平台上、知己知彼，提升协同育人、项目精准匹配资源的效率，消除信息不对称的干扰，以稳固校企间的合作长效机制。另一方面，要控制影响校企合作的内部因素。职业学校应摒除旱涝保收的"抱大腿"思维，不断精进教育水准，强化学生素质，调整并优化专业结构及课程内容，确保教育与产业紧密衔接，教学流程与生产流程相融，稳步提高育人成效，使毕业生能够满足企业的用人标准和期望。此外，校企双方还应共同制定发展规划、建立长期合作愿景，定期开展研讨会，由双方代表交流讨论确定合作方向，促进互相理解与支持，确保校企间的联结关系健康稳定，达成互利共赢的合作模式，以打造校企命运共同体，深化职业教育校企合作。

二、职业本科院校专业结构外部适配性提升路径

外部适配性是提升职业本科院校社会服务能力，促进职业本科院校发展行稳致远的关键所在。本书主要从职业本科院校专业布局调整、专业内涵建设和大数据赋能职业本科专业与产业适配等维度提出了其外部适配性的提升策略。

（一）科学布局：按产业需求动态调整职业本科专业布局

职业本科专业和当地产业高级化趋势的适配，首要关注是否布局了相关专业，解决好相关专业的"有无"问题。专业布局过程中既不盲目跟风设置所谓"热门"专业浪费教育资源，也不忽略发展新质生产力急需相关"卡脖子"技术的专业布局。

首先，在国家层面，职业本科专业建设主要从外界获得自身发展所需的人、财、物等各类资源，而政策作为资源配置的关键风向标，可直接影响职业本科教育资源分配的方向。因此，政府宏观战略调控与政策引导对于职业本科专业发展至关重要。国家一方面应出台有关政策文件，及时公布当前高端产业急需技术人才类型，并鼓励学校按需设置与之有关的专业，通过政策导向引导院校调整专业布局，根据"十四五"规划以及当前产业发展趋势

与未来需求，定期发布《职业本科教育急需紧缺专业目录》，明晰当前及未来一段时间内国家产业发展所急需的专业领域及方向。以此引导职业本科院校合理调整专业设置，优先发展那些能够直接服务于国家重大战略、新兴产业及传统产业转型升级的关键领域专业，从而有效缓解专业供需错配问题，促进职业本科教育与产业深度融合。另一方面，国家可以设立专项教育基金，支持职业本科学校在"卡脖子"等国家战略紧缺产业的专业设置与科研技术进行创新，激励学校率先开拓高精尖技术人才培养所需专业建设。

其次，在省级教育主管部门层面，在学校进行专业申报时，负责审批的教育主管部门应依据整个区域所有学校的专业布点情况，合理精细化地布局各职业本科院校的专业设置，在此过程中，政府应前瞻性地预判本区域未来产业发展的人才需求结构。在组织新一轮职业本科专业设置时，应先发布专业设置预警报告，引导有关院校规避设置过多的专业，将教育教学资源重点向产业发展急需的专业领域倾斜，针对性地培育与储备高素质技术技能人才，以确保教育产出与产业需求之间的高度契合，有效规避因人才供需错配或专业技能人才短缺而可能引发的制约区域经济发展的瓶颈问题。在合理规划职业本科专业布局的基础上，严格把关各学校专业设置种类、数量和质量。一方面，要保障区域内技术人才类型多样性，另一方面，要确保新设专业符合"高起点、高标准、高质量"的要求。

最后，在学校层面，学校应重点面向人才紧缺技术岗位和先进制造业、战略性新兴产业等重点领域，精准设置急需的专业，从而明确学校的专业特色定位，严密对接产业链中的关键环节，促进人才培养与产业需求的无缝衔接，在坚持"高起点、高层次、高要求"的基础上，合理增设产业所需专业。学校应组织由行业专家、企业代表以及校内骨干教师组成的专业调研团队，深入高端产业的产业链上下游或产业高端领域，广泛收集前沿产业和产业前沿的关键技术最新动态以及人才需求变化及未来发展趋势等信息。经过专业调研小组的反复调研论证，科学合理地增设面向产业高端和高端产业。在实现专业合理增设的基础上，还应进一步强化专业特色，紧密连接区域主导产业及特色产业，比如，非物质文化遗产传承产业等，提升职业教育服务区域文化传承与创新能力，实现教育与产业、文化、经济的深度融合。

(二) 政策驱动：优化现有职业本科院校专业建设的政策体系

从"量"的拓展到"质"的深化，解决好专业布局的"有无"问题后，则应重点关注专业办得"好坏"问题，优化专业内涵建设，而非仅仅追求与产业布局表面相符的、缺乏实质内涵的"名义性"专业设置。因此，在科学合理专业布局的基础上，还应优化已有专业内涵建设，盘活现有专业的存量，赋能社会经济发展。

首先，在国家层面、政策引领与标准制定方面，政府应强化政策引导，通过发布具有权威性的职业本科院校专业内涵建设指南，为全国职业院校提供明确的专业调整方向与优化路径，积极鼓励职业本科专业内涵建设，依据产业结构迭代升级要求，实现动态优化。同时，政府应加快专业标准研制，在遵循职业教育类型属性和技术技能人才成长规律的基础上，制订科学合理的职业本科教育的专业教学标准，保障专业内涵建设。在资金扶持与激励机制方面，为激励职业本科院校加强专业内涵建设，国家应设立专项基金，对在专业内涵建设方面取得显著成效的院校给予资金扶持，并设立"专业建设优秀院校"奖项，对表现突出的院校进行表彰与奖励，以激发院校参与专业内涵建设的积极性与主动性。

其次，在省级教育主管部门层面，专业设置预警与动态调整机制方面，各地教育行政部门应建立健全专业设置预警与动态调整机制，对职业本科学校专业进行阶段性评价与周期性监测。通过数据分析与实地调研，及时发现专业设置中存在的问题与不足，对办学条件不足、教学质量低下、就业率过低的专业进行预警，并采取相应的调整措施，如减少招生规模、调整课程设置或撤销相关专业。在专业质量评估与反馈机制方面，建立专业的第三方评估机构，对职业本科学校的专业质量进行客观公正的评估。评估结果应及时反馈给院校，指导其进行专业内涵建设的持续改进与优化。同时，将评估结果与院校的资金扶持、招生政策等挂钩，形成有效的激励与约束机制。

最后，在学校层面，职业本科院校应定期开展专业建设的自我评估，实现以评为鉴，以评促建，科学研判各专业建设质量，并主动将评估结果列入年度质量报告中，接受教育行政部门以及社会监督，实现"兼听则明"。同时，学校应注重优化专业、课程、师资队伍、实践实训基地、教材等"五金"建设，始终坚守"质量是办学的生命线"，以确保专业教学资源积淀可以跟上新兴产业技术更新的步伐，培养的专业人才能够真正适应新质生产力的发展，培养出具备高素质、高技能的复合型技术技能人才，赋能经济社会高质量发展。此外，从学校专业群建设视角，由于单个专业的调整比较刚性，调整难度较大，窄口径单个专业的人才培养方式难以满足新兴产业对复合型技术技能人才的客观需求。因此，为增加职业本科院校专业人才能力培养的多元性，可以按照"对接岗位、面向产业、围绕学科、致力需求"的逻辑组建与产业链相对应的专业群。通过相对柔性的且能够发挥院校自主性的专业群建设，来动态调整院校整体的专业布局，以适应区域产业发展变化，专业群建设不仅要对接区域产业布局，还要随产业动态的发展不断进行专业群内部的灵活调整，以实现专业群发展的可持续性。在知识更新、技术的迭代升级时，专业群间可以通过相互合作，发挥各自的比较优势，共同应对产业迭代升级带来的人才知识技能需求变化，发挥专业群的集聚效应。

（三）平台赋能：打造产教对接信息服务大数据平台

职业本科专业结构与产业结构适配性的提升在一定程度上存在盲目性，为提升职业本科院校专业端捕捉产业端变化趋势的灵敏度，应借助云计算、大数据、AI等新一代信息技术，搭建区域专产对接信息服务大数据平台，以期进一步提升职业本科专业和产业结构的适配度，实现产教精准对接，助力产业需求有效传达到职业本科教育的人才培养过程中，进而赋能经济社会的高质量发展。

为此，首先，运用大数据等新一代信息技术搭建职业本科专业产业信息服务平台，设置好专业与产业的数据收集以及数据分析工具。在产业端，覆盖产业类－行业门类－行业大类－行业中类－行业小类－职业细类等核心节点，在专业端，覆盖专业大类－专业类－具体专业等核心节点。其次，全面收集产业端和专业端两方面的数据，通过大数据平台的动态监测功能，能够实时捕捉专业和产业数据变动趋势，定期更新相关数据，为职业本科动态调整专业设置提供数据支撑。最后，根据职业本科专业谱系图与产业谱系图关键节点之间的匹配程度，智能化构建职业本科专业建设与产业发展谱系生成式大模型,系统测算分析产业发展需求与职业本科专业建设的适配水平。基于此,产教融合的相关部门应精准运用收集到的数据,及时编制并定期发布高端产业和产业高端、前沿产业和产业前沿的人才需求报告以及"服务区域战略性新兴产业和支柱产业建议开设专业清单",此外,还应定期公布大数据平台测算出的职业本科专业与区域产业的适配指数。解决目前职业本科院校因缺少准确数据支撑而盲目设置专业等问题,促进专业设置与产业人才需求精准对接,充分实现专业链和产业链的上、中、下三游对接,产业链、供应链、创新链、人才链四链耦合以及专业-产业-行业-职业-企业"五业联动",加快培养发现问题和解决问题迅速、拥有创新性解决问题的思路和方法、合作能力强的高层次技术技能人才、大国工匠和能工巧匠,为政策制定者、教育管理者及社会各界提供权威参考,推动职业本科专业与区域产业的高水平适配。

综上所述,职业本科教育作为中国特色现代职业教育体系纵向贯通的关键一环,承担着培养创新型、复合型技术技能人才的重要使命。从时间维度看,职业本科教育主要诞生于2019年的首批职业技术大学,经过近五年的发展,职业本科院校的数量增至51所。同时,在2021年10月,中办、国办印发的《关于推动现代职业教育高质量发展的意见》中也明确提出,"到2025年,职业本科教育招生规模不低于高等职业教育招生规模的10%"。整体来看,不论是职业本科院校近五年的实践,还是国家政策文件对职业本科发展目标的勾勒,都为未来一段时期内职业本科教育的发展奠定了良好的基础。但"物之初生,其形必丑",职业本科教育在发展过程中还存在诸多实践困境,为促进职业本科院校和专业稳步发展,应不断深化三个"坚持",提升职业本科院校专业结构的适配性。

首先,坚持类型定位,促进中-高-本专业纵向一体化贯通适配。职业本科教育是职业教育体系向上延伸到本科层次的教育类型。作为本科层次的职业教育类型,职业本科教育打破了职业教育止步于专科层次的"天花板",为我国产业链的产业高端和高端产业培养了一批复合型、创新型技术技能人才。职业本科教育不是职业专科教育的简单升格,作为类型教育,脱胎于职业教育体系的职业本科教育有其内在的职业基因,应坚持职业教育的类型属性,坚持职业教育办学方向、培养模式和发展特色不动摇,确保

"升本不忘本、升格不变质"。在坚持职业教育类型定位的前提下，一体化设计职业教育体系内部的专业，通过专本贯通培养、专升本、五年一贯制等多种方式畅通中－高－本专业纵向一体化贯通适配通道。同时，按照同类不同层次确定中－高－本专业的人才培养规格，一体化系统构建技术技能人才培养体系，对专业人才培养目标、课程设置、教材开发、师资队伍引育、实习实训场地打造等关键环节和关键要素进行一体化贯通设计，确保职业教育体系内部中－高－本专业之间知识－学段－育训的有机贯通。

其次，坚持职普融通，推动不同类型教育专业间横向互补性适配。职业本科教育是现代职业教育体系从"h"走向"H"的重要制度设计，作为类型教育，职业本科教育应坚持职业教育的类型属性，做到"升本不忘本"；作为本科层次的教育，在坚持职业教育类型属性的前提下，也要"升本达本"，在基本技能、专门知识和基础理论等方面满足甚至超过本科层次的要求。同时，还应进一步处理好与同层次普通本科、应用技术本科的关系，摈弃"非此即彼"的零和思维，走向融合协同的共生图景。在发展规模方面，除了办职业本科学校之外，也要办职业本科专业。教育主管部门应积极鼓励一批普通本科院校，特别是理工类优势特色院校试办职业本科专业。有效发挥不同类型教育各自育人的比较优势，推动不同类型、不同层次专业之间横向互补性融通适配，以实现普职－理实－学用融通，从而为受教育者提供人人、时时、处处皆可学习的教育环境，满足受教育者多元的教育需求。

最后，坚持产教融合，强化专业系统与产业系统耦合适配。职业本科教育是职业教育面对生产过程智能化、产业技术高级化和产品服务定制化的产业需求侧变革而形成的更高层次职业教育。职业本科教育在稳步发展的总基调下，在近五年的改革实践中取得了较快的发展。从专业布局情况来看，全国现有职业本科院校共设置了290种专科专业和156种职业本科专业，本专科专业类和大类的覆盖率较高，专业布点基本能够涵盖当前制造业发展的重点领域。然而，高素质技术技能人才培养的供给侧和区域产业需求侧并非充分精准对接，教育链和产业链脱节的现象还广泛存在。为此，要进一步引导职业本科院校结合区域重点产业布局特点，有效调动政、校、行、企等多元主体的积极性，消弭"条块分割"的融合壁垒，打造产业学院等一批产教融合的新型载体，构筑微观合理、宏观有序、运转高效的产教命运共同体。

从而有机链接教育链、人才链、创新链与产业链"四链",充分联动专业、职业、企业、行业和产业"五业",在实践中不断探索,在探索中不断发展。凝练职业本科院校产教融合的典型实践模式,以实现产业-岗位-任务的联通,确保职业本科院校专业系统与产业系统高水平耦合适配。

时代是思想之母,实践是理论之源。职业本科教育要善于把握时代的脉搏,明确职业本科教育的历史方位和时代使命,明确方位才能找准方向,找准方向才能行稳致远。大力发展新质生产力,推动中国式现代化向纵深推进,正是职业本科教育面临的"历史方位和时代使命"。职业本科教育在稳步发展的总基调下,将是未来一段时间内我国教育领域综合改革应对发展新质生产力的重点任务之一,为了进一步提升职业本科教育赋能新质生产力提升的水平,首先,应不断提升其办学质量。在内涵建设方面,科学制定人才培养目标,打造职业本科院校人才培养过程的金专业、金课程、金教材、金师资、金基地"五金"人才培养关键要素。其次,畅通渠道,科学设计招生考试制度,促进中-高-本专业纵向一体化贯通。再次,稳中求质,建立健全职业本科专业评价机制,为职业本科院校专业结构适配性提升提供制度保障。最后,平台赋能,搭建产教融合信息服务大数据平台,提升专业结构与产业结构的匹配度,重点聚焦新质生产力背景下的产业高端和高端产业紧缺性、前瞻性人才需求,培养更多现场工程师和大国工匠。

新质生产力是传统生产力的改造与升级,是传统生产力"质变"的结果,需要对劳动者、劳动资料和劳动对象进行创新性组合与配置。职业本科正是应对发展生产力新型劳动者培育的重要探索。专业布局则是发挥职业本科院校发挥赋能新质生产力提升作用的关键抓手,专业布局的关键则在不断提升职业本科院校专业结构的适配性,此处的适配性包含了内部贯通、横向融通和外向联通等"三通"逻辑。在职业本科院校专业结构提升的过程中,不应简单对现有专科专业进行升格,而应坚持"升本不忘本、升格不变质、升本达本"。作为类型教育,职业本科院校在进行专业设置时要坚持其职业教育"基因",切实做到"升本不忘本"和"升格不变质"。作为本科层次的教育类型,"本科"层次要求要"升本达本"。本科层次客观要求使得在人才培养目标知识、素质、能力的确定过程中都要客观达到甚至超越本科层次的要求。在实现职业本科院校内部专业结构的适配基础上,积极回应新质生产力产业系统的客观诉求，实现外向产教联通适配。

总之，职业本科教育承担着培养发展新质生产力所需创新型复合型技术技能人才的重要使命，职业本科院校专业布局和适配性的提升要善于把握时代脉搏，在回应时代发展新质生产力需要的征程中稳步发展、稳中求进、以进促稳、行稳致远，筑牢发展新质生产力的高技能人才之基，赋能中国式现代化向纵深推进。

参考文献

[1] 匡瑛,邓卓,朱正茹."升格冲动"抑或"应时之需":职业本科发展之辩[J].中国职业技术教育,2022(03):5-11.

[2] 邓聪.我国将在2025年迈入世界制造强国第二阵列[N].人民邮电,2022-03-24(007).

[3] 徐国庆.智能化时代职业教育人才培养模式的根本转型[J].教育研究,2016,37(03):72-78.

[4] 张余,曹晔."双高计划"学校举办职业本科教育的策略研究[J].职业技术教育,2022,43(12):14-18.

[5] 何超萍.合并转设背景下职业本科高质量发展的应然价值、现实问题与推进策略[J].教育与职业,2023(04):64-69.

[6] 王学东,马晓琨.职业本科高校人才培养定位与体系建设[J].教育与职业,2022(05):21-27.

[7] 潘海生.稳步发展职业本科教育的关键问题与可为路向[J].江苏高职教育,2023,23(03):7-10.

[8] 张学,周鉴.本科层次职业教育人才培养的定位、逻辑与理路[J].中国职业技术教育,2022(18):39-45.

[9] 中共中央马克思恩格斯列宁斯大林著作编译局.马克思恩格斯文集(第一卷)[M].北京:人民出版社,2009:506.

[10] 杨欣斌.职业本科教育人才培养模式的思考与探索[J].高等工程教育研究,2022(01):127-133.

[11] 王兴,阚明坤.场域理论视域下职业本科发展的现实困境与实践路径[J].职业技术教育,2021,42(31):20-26.

[12] 包丽丽，邹吉权．本科层次职业教育现场工程师的基本内涵、类型定位及培养路径［J］．职业技术教育，2023，44（26）：12-16.

[13] 任锁平，和震，唐振华．稳步发展职业本科教育的关键考量［J］．中国职业技术教育，2023（07）：48-55.

[14] 曾天山，陆宇正．面向现场工程师培养的职业本科专业设置：助推逻辑与优化方位［J］．国家教育行政学院学报，2023（07）：58-68.

[15] 罗校清．职业本科推进科教融汇的现状、核心价值及路径设计［J］．职业技术教育，2023，44（13）：19-24.

[16] 周建松．稳步发展职业本科教育的思考与实践［J］．中国高等教育，2021（Z2）：67-69.

[17] 郝建，于扬，牛彦飞．职业教育本科专业建设的内涵、特征与基本路向［J］．教育与职业，2022（08）：50-54.

[18] 魏伟，杜梦菲．职业本科专业教材建设的理论建构与实践探索［J］．教育与职业，2022（13）：76-83.

[19] 匡瑛，李琪．此本科非彼本科：职业本科本质论及其发展策略［J］．教育发展研究，2021，41（03）：45-51.

[20] 金雁，邱吉．基于区域产业结构背景下的高职院校专业建设［J］．黑龙江高教研究，2012，30（08）：111-113.

[21] 温涛，彭智勇，许洪斌，宋乃庆．教育对经济发展的贡献测度：重庆的证据［J］．改革，2009（05）：81-87.

[22] 许洁．职业教育与产业结构调整对接研究——以宁夏回族自治区为例［J］．宁夏社会科学，2014（05）：158-163.

[23] 周英文．产业升级到底给职业教育带来什么影响——基于上海市战略性新兴产业的实证分析［J］．职业技术教育，2021，42（36）：63-67.

[24] 刘晓，钱鉴楠．技能型社会下产业工人队伍建设与职业教育使命担当［J］．中国职业技术教育，2021（33）：5-10.

[25] 高军．面向珠三角核心区产业发展高端化的职业本科专业建设研究［J］．教育与职业，2022（08）：65-68.

[26] 高耀明．职业教育与经济发展关系研究——对浙江省嘉兴市的个案分析［J］．高等教育研究，2000（03）：89-93.

[27] 王焕成. 常州高职院校专业设置与产业结构对接的策略 [J]. 职业技术教育, 2013, 34 (29): 22-24.

[28] 唐军, 闫志龙, 范兆媛, 等. "双高计划" 背景下高职教育专业结构与区域产业结构适配度研究——以江苏省为例 [J]. 职业技术教育, 2022, 43 (08): 12-16.

[29] 杜宇虹. 高质量发展背景下湖北省高职教育专业结构调整与产业结构演进协同发展研究 [J]. 教育与职业, 2023 (14): 97-102.

[30] 刘夏, 陈磊. 高职院校专业设置与产业结构适应性研究——基于海南14所高职院校的实证研究 [J]. 职业技术教育, 2022, 43 (35): 33-39.

[31] 李春鹏. 职业教育专业结构与区域产业结构适应性研究——以广西壮族自治区为例 [J]. 职业技术教育, 2022, 43 (20): 6-10.

[32] 林少芸. 广东高职院校专业设置与产业结构的适配性研究 [J]. 教育与职业, 2022 (11): 46-50.

[33] 陈基纯, 王枫. 产教融合视域下粤港澳大湾区高职教育专业设置与区域产业结构契合性研究 [J]. 教育与职业, 2021 (17): 34-39.

[34] 刘艳, 魏秋羽, 许建民, 等. 基于适应性的农业高等职业教育专业结构与产业结构吻合度实证研究——以江苏省为例 [J]. 中国职业技术教育, 2023 (09): 91-96.

[35] 陈春霞, 王墨莼, 臧志军. 职业教育专业结构与产业结构吻合度研究 [J]. 当代职业教育, 2021 (04): 35-43.

[36] 潘海燕, 杨璇. 基于产业结构演进的高职专业结构与区域产业结构适配性研究——以湖南省为例 [J]. 职业技术教育, 2023, 44 (02): 12-17.

[37] 蒋建峰, 张运嵩. 江苏省高职专业群设置与产业结构的耦合实证研究 [J]. 职业技术教育, 2023, 44 (23): 36-41.

[38] 宋亚峰, 许钟元. 高职专业群系统与区域产业系统的耦合关系及时空差异 [J]. 中国职业技术教育, 2022 (27): 53-61.

[39] 沈陆娟. 供给侧改革背景下高职专业结构与产业结构的适配分析——以浙江省为例 [J]. 职业技术教育, 2017, 38 (17): 25-30.

[40] 桂德怀. 高质量发展视域下高职院校专业与产业适配性考量与优化——以江苏省为例 [J]. 中国职业技术教育, 2023 (32): 42-49.

[41] 宋亚峰. 职业本科院校的专业生态与治理方略 [J]. 职教论坛, 2023, 39 (07): 46-55.

[42] 李东航. 职业本科专业设置的现实样态、问题分析和治理路径 [J]. 职业技术教育, 2023, 44 (12): 47-52.

[43] 宗诚. 职业本科教育发展路径探析 [J]. 高等工程教育研究, 2022 (06): 141-145.

[44] 郝建, 于扬, 牛彦飞. 职业教育本科专业建设的内涵、特征与基本路向 [J]. 教育与职业, 2022 (08): 50-54.

[45] 毋磊, 周蕾, 马银琦. 高质量职业本科人才培养模式的现实向度与行动路径——基于21所职业技术大学教育质量报告的文本分析 [J]. 中国高教研究, 2023 (05): 101-108.

[46] 梁克东. 职业本科教育的实践探索、发展瓶颈与推进策略 [J]. 中国高教研究, 2021 (09): 98-102.

[47] 施星君, 余闯. 职业本科专业评价设计的逻辑与路径 [J]. 中国高教研究, 2022 (05): 102-108.

[48] 彭洪莉, 朱德全. 职业本科教育办学质量发展指数及其测度——来自32所职业本科院校年度报告的证据 [J]. 高等教育研究, 2023, 44 (11): 54-63.

[49] 杜宇虹. 高质量发展背景下湖北省高职教育专业结构调整与产业结构演进协同发展研究 [J]. 教育与职业, 2023 (14): 97-102.

[50] 黄丹, 张睦楚. "双高计划"背景下高职院校高水平专业群建设: 特色定位、组建逻辑与构建路径 [J]. 教育与职业, 2022 (24): 52-58.

[51] 郭丽君, 程芳. 产业发展视角下高职学校专业群建设的问题表征与发展路向 [J]. 现代教育管理, 2024 (08): 108-118.

[52] 宋亚峰. 高职专业群协同发展的主要类型与互动机理——基于系统动力学的仿真分析 [J]. 江苏高教, 2022 (06): 28-36.

[53] 宋亚峰, 潘海生. 教育数字化背景下职业教育专业建设与产业发展谱系图构建研究 [J]. 高等工程教育研究, 2023 (05): 137-143.

[54] 宋亚峰．贯通·融通·联通：职业本科院校专业结构的适配逻辑［J］．国家教育行政学院学报，2023（06）：78-87．

[55] 张继平．职业本科教育高质量发展的三维视界及实现机制［J］．北京社会科学，2024（10）：94-104．

[56] 肖纲领，宋静蕾，郝天聪．职业本科院校应用型科研的现状、挑战与推进策略——基于院校章程和质量年报的实证分析［J］．高等工程教育研究，2023（05）：144-149+187．

[57] 吴秋晨，徐国庆．职业本科教学质量评价体系研究［J］．高教发展与评估，2023，39（04）：34-42+120-121．

[58] 宋亚峰．职业本科院校的专业生态与治理方略［J］．职教论坛，2023，39（07）：46-55．

[59] 张小敏．企业知识创造视域下职业本科专业建设的理论基础、发展路径和质量标准［J］．教育与职业，2023（14）：11-18．

[60] 周勇军．职业本科教育的定位与建设探讨［J］．教育与职业，2023（13）：37-42．

[61] 李倩，于澄清．职业本科专业教学标准建设探索［J］．教育与职业，2023（13）：95-98．

[62] 连晓庆，董杰，徐宝玺．职业本科院校实施科学教育的时代价值及路径探寻［J］．教育与职业，2024（20）：102-107．

[63] 周小青，姜乐军．基于高层次技术技能人才定位的职业本科人才培养模式研究［J］．教育与职业，2023（10）：53-58．

[64] 潘海生，张玉凤．职业本科教育专业教学标准建设及保障机制研究［J］．河北师范大学学报（教育科学版），2024，26（05）：103-109．

[65] 薛晓萍，唐振华，池云霞．稳步发展背景下职业本科教育人才培养：定位、运行与实践［J］．中国职业技术教育，2022（34）：57-66．

[66] 吴学敏．从"两个不是"到"两个高于"：职业本科教育人才培养的研究、设计与实践［J］．中国职业技术教育，2022（34）：49-56．

[67] 郭广军，李昱，刘亚琴．高质量职业本科教育的教育目标、关键特征及推进策略［J］．教育与职业，2022（22）：44-47．

[68] 劳家仁．新职教法背景下职业本科院校立德树人路径探究［J］．

教育与职业，2022（20）：65-68.

[69] 陈东. 德国职业学士的学位特征与人才定位 [J]. 中国职业技术教育，2022（27）：90-96.

[70] 徐国庆，王笙年. 职业本科教育的性质及课程教学模式 [J]. 教育研究，2022，43（07）：104-113.

[71] 魏伟，杜梦菲. 职业本科专业教材建设的理论建构与实践探索 [J]. 教育与职业，2022（13）：76-83.

[72] 姜洪，李俊峰，谭洁. 职业本科专业教学标准编制的思考——以职业本科物流管理专业标准编制为例 [J]. 中国职业技术教育，2022（17）：13-17+35.

[73] 田杰，周海潮. 职业本科教育高质量发展刍议：逻辑遵循、现实瓶颈与可为路向 [J]. 教育理论与实践，2024，44（27）：23-27.

[74] 徐俊生，张国镛，高羽. 职业本科院校一流专业建设的价值、机制与路径 [J]. 教育与职业，2022（09）：57-63.

[75] 潘海生，林旭. 遮蔽与澄明：稳步发展职业本科教育的关键问题与可为路向 [J]. 高校教育管理，2022，16（03）：46-56.

[76] 俞林，颜炳乾，周桂瑾. 职业本科教育如何实现"稳中求进"：现实需求、发展定位与行动路径 [J]. 职业技术教育，2022，43（12）：19-23.

[77] 稳步发展职业本科教育的现实问题与政策路向 [J]. 职业技术教育，2021，42（24）：6.

[78] 王博. 本科层次职业教育专业怎么办？——基于不同专业办学内涵论争的初步探讨 [J]. 职教论坛，2021，37（03）：36-42.

[79] 宋亚峰，潘海生，王世斌. 职业本科院校的专业布局与生成机理——以十五所全国首批职业本科试点院校为例 [J]. 现代教育管理，2020（09）：105-113.

[80] 郭建如. 职业教育本科的相关争议探析——兼论高等教育双轨体系构建与职业教育本科的发展空间 [J]. 职业技术教育，2020，41（30）：8-15.

[81] 井文，匡瑛. 我国本科职业教育专业设置的逻辑机理与管理机

制——基于类型教育的视角[J].中国职业技术教育,2021(15):13-20.

[82]廖龙.本科层次职业教育改革:现状、路径与方向[J].中国职业技术教育,2020(25):24-29.

[83]邓佐明.珠海职业教育专业结构与产业结构调整的吻合度研究[J].职业技术教育,2013,34(02):17-20.

[84]刘新钰,王世斌,郄海霞.职业院校专业结构与产业结构对接度实证研究——以天津市为例[J].高等工程教育研究,2018(03):178-185.

[85]徐健.职业教育专业结构与区域产业结构吻合度研究[J].中国职业技术教育,2010(24):21-26.

[86]马建富,周如俊,潘玉山,等.职业教育专业结构与产业结构吻合度研究——以江苏省为例[J].职业技术教育,2017,38(15):38-44.

[87]朱德全,徐小容.职业教育与区域经济的联动逻辑和立体路径[J].教育研究,2014,35(07):45-53+68.

[88]雍照章.增强县域职业教育专业结构与产业结构吻合度研究——基于江苏省泰兴市的调研[J].职业技术教育,2011,32(11):5-9.

[89]张建新,刘伯莹,佘环丽,等.上海高职院校专业设置与区域经济发展的适切性研究[J].当代职业教育,2019(06):43-50.

[90]廖重斌.环境与经济协调发展的定量评判及其分类体系——以珠江三角洲城市群为例[J].热带地理,1999(02):76-82.

[91]蔡瑞林,刘霞,龙慧.基于协同学的高职院校专业设置与产业结构对接研究[J].高等农业教育,2012(07):82-85.

[92]张等菊,江洧.高职院校专业设置与区域经济发展的适切性研究——以广东省为例[J].高教探索,2017(03):96-101.

[93]闫广芬,张磊.高校专业结构地区治理需跨越"低水平发展陷阱"——基于专业设置与经济结构的耦合分析[J].教育发展研究,2016,36(21):8-14.

[94]叶冲.高等职业教育规模与区域经济耦合协同发展研究——基于西部12省(市、自治区)面板数据的实证分析[J].职业技术教育,2020,41(21):51-56.

[95] 徐健. 对职业教育专业结构与产业结构吻合度的研究——基于江苏省海安县的调查 [J]. 职教论坛, 2010 (24): 83-89.

[96] 任聪敏. 高等职业教育专业结构与产业结构适应性研究 [D]. 上海: 华东师范大学, 2019.

[97] 张丽娜, 徐洁, 庞庆华, 等. 水资源与产业结构高级化的适配度时空差异及动态演变 [J]. 自然资源学报, 2021, 36 (08): 2113-2124.

[98] 黄木易, 岳文泽, 何翔. 长江经济带城市扩张与经济增长脱钩关系及其空间异质性 [J]. 自然资源学报, 2018, 33 (02): 219-232.

[99] 白忠菊, 藏波, 杨庆媛. 基于脱钩理论的城市扩张速度与经济发展的时空耦合研究——以重庆市为例 [J]. 经济地理, 2013, 33 (08): 52-60.

[100] 钟太洋, 黄贤金, 王柏源. 经济增长与建设用地扩张的脱钩分析 [J]. 自然资源学报, 2010, 25 (01): 18-31.

[101] 姜大源. 职业学校专业设置的理论策略与方法 [M]. 北京: 高等教育出版社, 2002.

[102] 石伟平. 稳步发展职业本科教育助推技能社会建设 [J]. 国家教育行政学院学报, 2021 (05): 42-44.

[103] 庄西真. 本科层次职业教育的制度需求、制度设计和制度实施 [J]. 中国高教研究, 2021 (07): 98-102+108.

[104] 徐国庆. 职业教育实现现代化的关键是完善国家基本制度 [J]. 华东师范大学学报（教育科学版）, 2021, 39 (02): 1-14.

[105] 邢晖, 郭静. 职业本科教育的政策演变、实践探索与路径策略 [J]. 国家教育行政学院学报, 2021 (05): 33-41+86.

[106] 朱德全, 杨磊. 职业本科教育服务高质量发展的新格局与新使命 [J]. 中国电化教育, 2022 (01): 50-58+65.

[107] 吴学敏. 本科职业教育人才培养体系构建研究 [J]. 中国职业技术教育, 2021 (12): 52-57.

[108] 匡瑛, 李琪. 此本科非彼本科: 职业本科本质论及其发展策略 [J]. 教育发展研究, 2021, 41 (03): 45-51.

[109] 杨欣斌. 职业本科教育人才培养模式的思考与探索 [J]. 高等工

程教育研究，2022（01）：127-133.

[110] 潘懋元. 建立高等职业教育独立体系刍议 [J]. 教育研究，2005 (05)：16-27.

[111] 祁占勇，王志远. 经济发展与职业教育的耦合关系及其协同路径 [J]. 教育研究，2020，41 (03)：106-115.

[112] 中共中央办公厅.《中共中央关于进一步全面深化改革 推进中国式现代化的决定》[EB/OL].（2024-07-21）[2024-12-10]. https：//www.gov.cn/zhengce/202407/content_6963770.htm.

[113] 国务院关于印发《国家职业教育改革实施方案》的通知 [EB/OL].（2019-02-13）[2024-12-10]. https：//www.gov.cn/zhengce/zhengceku/2019-02/13/content_5365341.htm.

[114] 中共中央办公厅.《中华人民共和国职业教育法》[EB/OL].（2022-04-21）[2024-12-10]. https：//www.gov.cn/xinwen/2022-04/21/content_5686375.htm.

[115] 中华人民共和国教育部. 教育部办公厅关于印发《本科层次职业教育专业设置管理办法（试行）》的通知 [EB/OL].（2021-01-22）[2024-12-10]. https：//www.gov.cn/zhengce/zhengceku/2021-01/29/content_5583672.htm.

[116] 中共中央办公厅、国务院办公厅.《关于深化现代职业教育体系建设改革的意见》[EB/OL].（2023-01-10）[2024-12-10]. https：//www.gov.cn/gongbao/content/2023/content_5736711.htm.

[117] Hernandez-Gantes V M. Voices of Diversity in Emerging Vocationalism：Student Perspectives on School Climate [J]. Cultural Differences，1995：20-22.

[118] Kalouta G. Common Career Technical Core：Common Standards, Common Vision for CTE [J]. Techniques Connecting Education & Careers, 2012, 87：44-47.

[119] Fletcher E C, Zirkle C. The Relationship of High School Curriculum Tracks to Degree Attainment and Occupational Earnings [J]. Career & Technical Education Research, 2009, 34 (2)：81-102.

[120] Safford K, Stinton J. Barriers to blended digital distance vocational learning for non-traditional students [J]. British Journal of Educational Technology, 2016, 47 (1): 135-150.

[121] Nielsen K. Apprenticeship Approach to Learning [J]. International Encyclopedia of Education, 2010: 469-475.

[122] Desna L, Wallin. Valuing professional col-leagues: adjunct faculty in community and technical colleges [J]. Community College Journal of Research and Practice, 2004 (28): 373-391.

[123] Deborah L, David A. Community college teacher education: a typology, challenge issues and state views [J]. Community College Journal of Research and Practice, 2011, 12 (8): 84-98.

[124] Kupfer A. The socio-political significance of changes to the vocational education system in Germany [J]. British Journal of Sociology of Education, 2010, 31 (1): 85-97.

[125] Deissinger T, Gonon P. The development and cultural foundations of dual apprenticeships-a comparison of Germany and Switzerland [J]. Journal of Vocational Education and Training, 2021 (4): 1-20.

[126] Cort P. Europeanisation and Policy Change in the Danish Vocational Education and Training System [J]. Research in Comparative & International Education, 2010, 5 (3): 331.

[127] Bank V. Danish dynamite-on the implementation process of autonomous schools in the German vocational education system [J]. Przegla̧d Dermatologiczny, 2005, 74 (2): 908-909.

[128] Finifter D H. An Approach To Estimating Net Earnings Impact of Federally Subsidized Employment and Training Programs [J]. Evaluation Review, 1987, 11 (4): 528-547.

[129] Lyngberg A C, Rasmussen B K, Jørgensen T, et al. Incidence of Primary Headache: A Danish Epidemiologic Follow-up Study [J]. American Journal of Epidemiology, 2005, 161 (11): 1066-1073.

[130] Murugas T, Peplow R, Tapamo J R. Capitalizing on context: curric-

ulum integration in career and technical education [J]. National Research Center for Career & Technical Education, 2010, 2 (12): 1707.

[131] Nevalainen M, Lunkka N, Suhonen M. Work-based learning in health care organisations experienced by nursing staff: A systematic review of qualitative studies [J]. Nurse Education in Practice, 2017, 29: 21.

[132] Waks L J. Workplace Learning in America: Shifting roles of households, schools and firms [J]. Educational Philosophy & Theory, 2010, 36 (5): 563 – 577.

[133] Clarke L and Herrmann G. The Institutionalization of Skill in Britain and Germany: Examples from the Costruction Sector [M]. Basingstoke: Palgrave, 2004: 116.

[134] Attanasio O, Kugler A, Meghir C. Subsidizing vocational training for disadvantaged youth in Colombia: evidence from a randomized trial [J]. American Economic Journal, 2011, 3 (3).

[135] Tang M, Fouad N A, Smith P L. Asian Americans' Career Choices: A Path Model to Examine Factors Influencing Their Career Choices [J]. Journal of Vocational Behavior, 1999, 54 (1): 142 – 157.

[136] Dearden L, Mcintosh S, Myck M, et al. The Returns to Academic and Vocational Qualifications in Britain [J]. Bulletin of Economic Research, 2002, 54 (3).

[137] Leong, Frederick T L. Career Development Attributes and Occupational Values of Asian American and White American College Students [J]. Career Development Quarterly, 2011, 39 (3): 221 – 230.

[138] Lee S F, Lo K K. e – Enterprise and management course development using strategy formulation framework for vocational education [J]. Journal of Materials Processing Tech, 2003, 139 (1 – 3): 604 – 612.

[139] Chankseliani M, Relly S J, Laczik A. Overcoming vocational prejudice: how can skills competitions improve the attractiveness of vocational education and training in the UK? [J]. British Educational Research Journal, 2016, 42 (4): 54.

[140] Stefan Hummelsheim, Michaela Baur. The German dual system of initial vocational education and training and its potential for transfer to Asia [J]. Prospects, 2014 (44): 279-296.

[141] Krone S. Dual Studieren im Blick Entstehungsbedingungen, Interessenlagen und Umsetzungserfahrungen in dualen Studiengängen [M]. Wiesbaden: Springer Fachmedien Wiesbaden, 2015: 62, 74, 116, 228-233, 247-262.

[142] Aliye Menevse, Emir Yapici An Investigation of the Opinions of the Students of Physical Education and Sports on Vocational Education: The Cases of America and Turkey Universities [J]. Universal Journal of Educational Research, 2018 (6): 2426-2437.

[143] H W Chase. The Social Responsibility of the State University [J]. Journal of Social Forces, 1923 (5): 33.

[144] John Harold Wilson. The Educator and the State University: The Abdication of Responsibility [J]. The Journal of Higher Education, 1960 (5): 31.

[145] Shiva Nourpanah. Drive - By Education: The Role of Vocational Courses in the Migration Projects of Foreign Nurses in Canada [J]. Journal of International Migration and Integration, 2019 (20): 995-1011.

[146] Yuliana Lavrysh. Transformative Learning as a Factor of Lifelong Learning by the Example of Vocational Education in Canada [J]. Comparative Professional Pedagogy, 2016 (5): 62-67.

[147] Brian Knight, Peter Mlotkowski. An overview of vocational education and training in Australia and its links to the labour market [R]. Adelaide: NCVER, 2009.

[148] Stefan Hummelsheim, Michaela Baur. The German dual system of initial vocational education and training and its potential for transfer to Asia [J]. Prospects, 2016 (44): 279-296.

[149] Malcolm Thorburn. Progressive education parallels? A critical comparison of early 20th century America and early 21st century Scotland [J]. International Journal of Educational Research, 2018 (89): 103-109.

[150] Antje Barabasch, Bonnie Watt - Malcolm. Teacher preparation for

vocational education and training in Germany: a potential model for Canada [J]. Compare: A Journal of Comparative and International Education, 2013 (43): 155 – 183.

[151] Tony Gremand. Vocational education in Canada [J]. Journal of Vocational Education & Training, 2017 (69): 282 – 285.

[152] Benito A. The down-payment constraint and UK housing market: Does the theory fit the facts? [J]. Journal of Housing Economics, 2006, 15 (1): 1 – 20.

[153] Richard C. Levin. The Worth of the University [M]. New Haven & London: Yale University Press, 2013.

[154] Roberts S, Pashler H. How persuasive is a good fit? A comment on theory testing [J]. Psychological Review, 2000, 107 (2): 358 – 367.

[155] Benito A. The down-payment constraint and UK housing market: Does the theory fit the facts? [J]. Journal of Housing Economics, 2006, 15 (1): 1 – 20.

[156] Richard C. Levin. The Worth of the University [M]. New Haven & London: Yale University Press, 2013.

[157] Rauner, F. The social shaping of technology and work: Human centred CIM systems [J]. Ai & Society, 1988, 2 (1): 47 – 61.

附录 A 职业本科院校专业设置情况明细表

A1　职业教育专业目录（2021 年）高等职业教育本科专业

资料来源：中华人民共和国教育部官方网站更新时间：2024 年 12 月

序号	专业代码	专业名称
21 农林牧渔大类		
2101 农业类		
1	210101	现代种业技术
2	210102	作物生产与品质改良
3	210103	智慧农业技术
4	210104	设施园艺
5	210105	现代农业经营与管理
6	210106	智能化农业装备技术
7	210107	现代植保技术
8	210108	茶叶生产与应用技术
2102 林业类		
9	210201	智慧林业技术
10	210202	园林工程
11	210203	木业产品智能制造
12	210204	林草保护工程
13	210205	林业碳汇工程
2103 畜牧业类		
14	210301	动物医学

续表

序号	专业代码	专业名称
15	210302	动物药学
16	210303	宠物医疗
17	210304	现代畜牧

2104 渔业类

18	210401	现代水产养殖技术
19	210402	远洋渔业

22 资源环境与安全大类

2201 资源勘查类

20	220101	资源勘查工程技术

2202 地质类

21	220201	环境地质工程

2203 测绘地理信息类

22	220301	导航工程技术
23	220302	测绘工程技术
24	220303	地理信息技术

2204 石油与天然气类

25	220401	油气储运工程
26	220402	石油工程技术

2205 煤炭类

27	220501	智能采矿技术
28	220502	煤炭清洁利用工程

2207 气象类

29	220701	智慧气象技术

2208 环境保护类

30	220801	生态环境工程技术
31	220802	生态环境数智化监测技术
32	220803	资源循环工程

2209 安全类

33	220901	安全工程技术

续表

序号	专业代码	专业名称
34	220902	应急管理
35	220903	消防工程技术

23 能源动力与材料大类

2301 电力技术类

序号	专业代码	专业名称
36	230101	电力工程及自动化
37	230102	智能电网工程技术
38	230103	智慧综合能源工程

2302 热能与发电工程类

序号	专业代码	专业名称
39	230201	热能动力工程
40	230202	核工程与核技术应用

2303 新能源发电工程类

序号	专业代码	专业名称
41	230301	新能源发电工程技术

2304 黑色金属材料类

序号	专业代码	专业名称
42	230401	钢铁智能冶金技术
43	230402	钢铁智能轧制技术

2305 有色金属材料类

序号	专业代码	专业名称
44	230501	材料化冶金应用技术
45	230502	金属智能成型技术
46	230503	储能材料工程技术

2306 非金属材料类

序号	专业代码	专业名称
47	230601	高分子材料工程技术
48	230602	新材料与应用技术

2307 建筑材料类

序号	专业代码	专业名称
49	230701	建筑材料智能制造

24 土木建筑大类

2401 建筑设计类

序号	专业代码	专业名称
50	240101	建筑设计
51	240102	建筑装饰工程
52	240103	古建筑工程

续表

序号	专业代码	专业名称
53	240104	园林景观工程
54	240105	城市设计数字技术

2402 城乡规划与管理类

序号	专业代码	专业名称
55	240201	城乡规划

2403 土建施工类

序号	专业代码	专业名称
56	240301	建筑工程
57	240302	智能建造工程
58	240303	城市地下工程
59	240304	建筑智能检测与修复

2404 建筑设备类

序号	专业代码	专业名称
60	240401	建筑环境与能源工程
61	240402	建筑电气与智能化工程

2405 建设工程管理类

序号	专业代码	专业名称
62	240501	工程造价
63	240502	建设工程管理

2406 市政工程类

序号	专业代码	专业名称
64	240601	市政工程
65	240602	城市设施智慧管理
66	240603	给排水工程

2407 房地产类

序号	专业代码	专业名称
67	240701	房地产投资与策划
68	240702	现代物业管理

25 水利大类

2501 水文水资源类

序号	专业代码	专业名称
69	250101	水文与水资源工程技术

2502 水利工程与管理类

序号	专业代码	专业名称
70	250201	智慧水利工程
71	250202	农业水利工程
72	250203	水利水电工程
73	250204	治河与港航工程

续表

序号	专业代码	专业名称
2503 水利水电设备类		
74	250301	水利水电设备及自动化
2504 水土保持与水环境类		
75	250401	生态水利工程
76	250402	水环境工程
26 装备制造大类		
2601 机械设计制造类		
77	260101	机械设计制造及自动化
78	260102	智能制造工程技术
79	260103	数控技术
80	260104	工业设计
81	260105	工业工程技术
82	260106	材料成型及控制工程
2602 机电设备类		
83	260201	装备智能化技术
84	260202	制冷与空调工程
85	260203	电梯工程技术
2603 自动化类		
86	260301	机械电子工程技术
87	260302	电气工程及自动化
88	260303	智能控制技术
89	260304	机器人技术
90	260305	自动化技术与应用
91	260306	现代测控工程技术
92	260307	工业互联网工程
2604 轨道装备类		
93	260401	轨道交通车辆工程技术
94	260402	轨道交通智能控制装备技术

续表

序号	专业代码	专业名称
2605 船舶与海洋工程装备类		
95	260501	船舶智能制造技术
96	260502	船舶动力工程技术
97	260503	船舶电气工程技术
2606 航空装备类		
98	260601	航空智能制造技术
99	260602	飞行器维修工程技术
100	260603	航空动力装置维修技术
101	260604	无人机系统应用技术
102	260605	航空复合材料智造工程技术
103	260606	电动飞行器应用技术
2607 汽车制造类		
104	260701	汽车工程技术
105	260702	新能源汽车工程技术
106	260703	智能网联汽车工程技术
27 生物与化工大类		
2701 生物技术类		
107	270101	生物检验检测技术
108	270102	合成生物技术
109	270103	农业生物技术
2702 化工技术类		
110	270201	应用化工技术
111	270202	化工智能制造工程技术
112	270203	现代精细化工技术
113	270204	现代分析测试技术
28 轻工纺织大类		
2801 轻化工类		
114	280101	化妆品工程技术
115	280102	现代造纸工程技术
116	280103	珠宝首饰工程技术

续表

序号	专业代码	专业名称
2802 包装类		
117	280201	包装工程技术
2803 印刷类		
118	280301	数字印刷工程
2804 纺织服装类		
119	280401	现代纺织工程技术
120	280402	服装工程技术
121	280403	数字化染整技术
122	280404	鞋类工程技术
29 食品药品与粮食大类		
2901 食品类		
123	290101	食品工程技术
124	290102	食品质量与安全
125	290103	食品营养与健康
2902 药品与医疗器械类		
126	290201	制药工程技术
127	290202	药品质量管理
128	290203	医疗器械工程技术
129	290204	药事服务与管理
130	290205	药物分析
131	290206	药物制剂
132	290207	康复工程技术
133	290208	生物制药技术
2903 粮食类		
134	290301	现代粮食工程技术
30 交通运输大类		
3001 铁道运输类		
135	300101	高速铁路工程
136	300102	高速铁路动车组技术

续表

序号	专业代码	专业名称
137	300103	高速铁路信号控制技术
138	300104	铁道机车智能运用技术
139	300105	高速铁路运营管理
140	300106	高速铁路通信技术
141	300107	高速铁路智能供电技术

3002 道路运输类

142	300201	道路与桥梁工程
143	300202	智能交通管理
144	300203	汽车服务工程技术
145	300204	道路工程智能检测

3003 水上运输类

146	300301	航海技术
147	300302	港口智能工程技术
148	300303	轮机工程技术
149	300304	国际邮轮运营管理
150	300305	水路运输与海事管理

3004 航空运输类

151	300401	民航运输服务与管理
152	300402	航空机电设备维修技术
153	300403	智慧机场运行与管理
154	300404	通用航空航务技术

3006 城市轨道交通类

155	300601	城市轨道交通信号与控制技术
156	300602	城市轨道交通设备与控制技术
157	300603	城市轨道交通智能运营

3007 邮政类

158	300701	邮政快递管理

31 电子与信息大类

3101 电子信息类

159	310101	电子信息工程技术

续表

序号	专业代码	专业名称
160	310102	物联网工程技术
161	310103	柔性电子技术
162	310104	光电信息工程技术
163	310105	智能体工程技术

3102 计算机类

序号	专业代码	专业名称
164	310201	计算机应用工程
165	310202	网络工程技术
166	310203	软件工程技术
167	310204	数字媒体技术
168	310205	大数据工程技术
169	310206	云计算技术
170	310207	信息安全与管理
171	310208	虚拟现实技术
172	310209	人工智能工程技术
173	310210	嵌入式技术
174	310211	工业互联网技术
175	310212	区块链技术
176	310213	数据安全技术与管理
177	310214	密码工程技术

3103 通信类

序号	专业代码	专业名称
178	310301	现代通信工程
179	310302	通信软件工程
180	310303	卫星通信工程

3104 集成电路类

序号	专业代码	专业名称
181	310401	集成电路工程技术

32 医药卫生大类

3202 护理类

序号	专业代码	专业名称
182	320201	护理

3203 药学类

序号	专业代码	专业名称
183	320301	药学

续表

序号	专业代码	专业名称
3204 中医药类		
184	320401	中药制药
185	320402	中药学
186	320403	中药材生产与加工
3205 医学技术类		
187	320501	医学检验技术
188	320502	医学影像技术
189	320503	医学生物技术
190	320504	口腔医学技术
191	320505	放射治疗技术
192	320506	呼吸治疗技术
3206 康复治疗类		
193	320601	康复治疗
194	320602	康复辅助器具技术
195	320603	言语听觉治疗技术
196	320604	儿童康复治疗
3207 公共卫生与卫生管理类		
197	320701	公共卫生管理
198	320702	职业卫生工程技术
199	320703	职业病危害检测评价技术
3208 健康管理与促进类		
200	320801	健康管理
201	320802	婴幼儿发展与健康管理
202	320803	医养照护与管理
3209 眼视光类		
203	320901	眼视光技术
33 财经商贸大类		
3301 财政税务类		
204	330101	财税大数据应用

续表

序号	专业代码	专业名称
205	330102	政府采购管理
206	330103	资产评估与管理

3302 金融类

序号	专业代码	专业名称
207	330201	金融管理
208	330202	金融科技应用
209	330203	保险
210	330204	信用管理

3303 财务会计类

序号	专业代码	专业名称
211	330301	大数据与财务管理
212	330302	大数据与会计
213	330303	大数据与审计

3304 统计类

序号	专业代码	专业名称
214	330401	统计与大数据分析

3305 经济贸易类

序号	专业代码	专业名称
215	330501	国际经济与贸易
216	330502	国际商务

3306 工商管理类

序号	专业代码	专业名称
217	330601	企业数字化管理
218	330602	市场营销
219	330603	品牌策划与运营

3307 电子商务类

序号	专业代码	专业名称
220	330701	电子商务
221	330702	跨境电子商务
222	330703	全媒体电商运营
223	330704	商务数据分析与管理

3308 物流类

序号	专业代码	专业名称
224	330801	物流工程技术
225	330802	现代物流管理
226	330803	供应链管理

续表

序号	专业代码	专业名称
34 旅游大类		
3401 旅游类		
227	340101	旅游管理
228	340102	酒店管理
229	340103	旅游规划与设计
230	340104	研学旅行策划与管理
231	340105	会展策划与管理
3402 餐饮类		
232	340201	烹饪与餐饮管理
35 文化艺术大类		
3501 艺术设计类		
233	350101	工艺美术
234	350102	视觉传达设计
235	350103	数字媒体艺术
236	350104	产品设计
237	350105	服装与服饰设计
238	350106	环境艺术设计
239	350107	美术
240	350108	公共艺术设计
241	350109	游戏创意设计
242	350110	展示艺术设计
243	350111	数字影像设计
244	350112	时尚品设计
245	350113	陶瓷艺术设计
3502 表演艺术类		
246	350201	音乐表演
247	350202	舞蹈表演与编导
248	350203	戏曲表演
249	350204	舞台艺术设计
250	350205	戏剧影视表演

续表

序号	专业代码	专业名称
3504 文化服务类		
251	350401	文物修复与保护
252	350402	公共文化管理
253	350403	文化创意产业管理
36 新闻传播大类		
3601 新闻出版类		
254	360101	网络与新媒体
3602 广播影视类		
255	360201	播音与主持
256	360202	影视摄影与制作
257	360203	数字广播电视技术
258	360204	影视编导
259	360205	全媒体新闻采编与制作
260	360206	数字动画
37 教育与体育大类		
3701 教育类		
261	370101	学前教育
3702 语言类		
262	370201	应用英语
263	370202	应用日语
264	370203	应用韩语
265	370204	应用俄语
266	370205	应用泰语
267	370206	应用外语
268	370207	应用西班牙语
269	370208	中文国际教育
270	370209	应用法语
3703 体育类		
271	370301	社会体育指导与管理

续表

序号	专业代码	专业名称
272	370302	休闲体育
273	370303	体能训练
274	370304	电子竞技技术与管理
38 公安与司法大类		
3802 公安技术类		
275	380201	刑事科学技术
276	380202	网络安全与执法
3803 侦查类		
277	380301	刑事侦查
3804 法律实务类		
278	380401	法律
3805 法律执行类		
279	380501	刑事矫正与管理
280	380502	司法警务管理
281	380503	综合行政执法
3806 司法技术类		
282	380601	智慧司法技术与应用
3807 安全防范类		
283	380701	数字安防技术
284	380702	国际安保服务与管理
39 公共管理与服务大类		
3901 公共事业类		
285	390101	社会工作
286	390102	党务工作
287	390103	智慧社区管理
288	390104	慈善管理
3902 公共管理类		
289	390201	民政管理
290	390202	人力资源管理

续表

序号	专业代码	专业名称
291	390203	行政管理
292	390204	外事实务
293	390205	婚姻服务与管理
294	390206	标准化技术

3903 公共服务类

序号	专业代码	专业名称
295	390301	现代家政管理
296	390302	智慧健康养老管理
297	390303	现代殡葬管理

3904 文秘类

序号	专业代码	专业名称
298	390401	现代文秘

A2　2021～2023 年 32 所职业本科院校涵盖专业大类数　　　　单位：类

院校名称	2021 年涵盖专业大类数	2022 年涵盖专业大类数	2023 年涵盖专业大类数
河北工业职业技术大学	5	7	10
河北科技工程职业技术大学	5	8	8
河北石油职业技术大学	4	7	7
山西工程科技职业大学	10	11	11
运城职业技术大学	6	6	6
辽宁理工职业大学	5	5	5
上海中侨职业技术大学	8	8	9
南京工业职业技术大学	7	8	8
浙江广厦建设职业技术大学	5	6	6
浙江药科职业大学	2	7	7
泉州职业技术大学	9	10	10
南昌职业大学	5	7	7
江西软件职业技术大学	6	7	7
山东工程职业技术大学	6	6	7
山东外国语职业技术大学	4	4	4

续表

院校名称	2021年涵盖专业大类数	2022年涵盖专业大类数	2023年涵盖专业大类数
山东外事职业大学	5	6	6
河南科技职业大学	8	8	8
湖南软件职业技术大学	5	5	5
广州科技职业技术大学	9	9	10
广东工商职业技术大学	9	10	11
广西农业职业技术大学	11	11	11
广西城市职业大学	9	9	9
海南科技职业大学	9	10	10
重庆机电职业技术大学	7	7	7
成都艺术职业大学	5	6	6
贵阳康养职业大学	2	3	3
西安汽车职业大学	5	5	6
西安信息职业大学	4	4	4
兰州石化职业技术大学	6	8	8
兰州资源环境职业技术大学	5	8	8
新疆天山职业技术大学	5	5	8
景德镇艺术职业大学	5	12	11
平均值	6.1250	7.2813	7.5938
极差	9	9	8
标准差	2.2107	2.2031	2.1976

A3　　2021～2023年32所职业本科院校涵盖专业类数　　单位：类

院校名称	2021年涵盖专业类数	2022年涵盖专业类数	2023年涵盖专业类数
河北工业职业技术大学	8	12	18
河北科技工程职业技术大学	7	11	11
河北石油职业技术大学	7	13	13
山西工程科技职业大学	19	25	25
运城职业技术大学	6	8	8

附录 A　职业本科院校专业设置情况明细表

续表

院校名称	2021 年涵盖专业类数	2022 年涵盖专业类数	2023 年涵盖专业类数
辽宁理工职业大学	8	8	7
上海中侨职业技术大学	9	12	16
南京工业职业技术大学	12	17	19
浙江广厦建设职业技术大学	8	11	14
浙江药科职业大学	5	11	11
泉州职业技术大学	10	13	15
南昌职业大学	10	13	13
江西软件职业技术大学	8	9	12
山东工程职业技术大学	10	14	15
山东外国语职业技术大学	10	10	10
山东外事职业大学	10	13	14
河南科技职业大学	12	14	14
湖南软件职业技术大学	5	8	8
广州科技职业技术大学	12	14	16
广东工商职业技术大学	13	17	22
广西农业职业技术大学	21	22	22
广西城市职业大学	15	16	18
海南科技职业大学	16	21	21
重庆机电职业技术大学	13	13	13
成都艺术职业大学	8	11	11
贵阳康养职业大学	7	8	10
西安汽车职业大学	9	9	12
西安信息职业大学	7	8	8
兰州石化职业技术大学	7	15	15
兰州资源环境职业技术大学	8	17	18
新疆天山职业技术大学	9	12	16
景德镇艺术职业大学	9	20	19
平均值	9.9375	13.2813	14.5000
极差	16	17	18
标准差	3.7325	4.3421	4.5081

A4　　　2021～2023年32所职业本科院校设置专业数　　　单位：个

院校名称	2021年职业本科专业数	2022年职业本科专业数	2023年职业本科专业数
河北工业职业技术大学	12	17	28
河北科技工程职业技术大学	10	16	16
河北石油职业技术大学	9	18	18
山西工程科技职业大学	26	39	40
运城职业技术大学	6	9	9
辽宁理工职业大学	9	9	9
上海中侨职业技术大学	10	15	21
南京工业职业技术大学	14	23	30
浙江广厦建设职业技术大学	11	18	23
浙江药科职业大学	7	16	20
泉州职业技术大学	14	18	20
南昌职业大学	15	20	20
江西软件职业技术大学	15	15	21
山东工程职业技术大学	14	20	26
山东外国语职业技术大学	14	17	17
山东外事职业大学	14	19	23
河南科技职业大学	14	19	22
湖南软件职业技术大学	6	11	11
广州科技职业技术大学	14	18	20
广东工商职业技术大学	17	22	30
广西农业职业技术大学	34	36	36
广西城市职业大学	19	23	27
海南科技职业大学	19	26	26
重庆机电职业技术大学	17	17	17
成都艺术职业大学	14	19	19
贵阳康养职业大学	9	12	17
西安汽车职业大学	12	16	21
西安信息职业大学	14	19	21

续表

院校名称	2021年职业本科专业数	2022年职业本科专业数	2023年职业本科专业数
兰州石化职业技术大学	8	20	20
兰州资源环境职业技术大学	8	22	27
景德镇艺术职业大学	10	28	27
新疆天山职业技术大学	9	13	18
总计	424	610	700
平均值	13.25	19.0625	21.875
极差	28	30	31
标准差	5.707945792	6.465479051	6.78589619

A5　2021~2023年各专业大类专业数和2023年各专业大类学校布点数 单位：个

代码	专业大类	2021年专业数	2022年专业数	2023年专业数	2023年布点学校数
21	农林牧渔大类	5	5	5	1
22	资源环境与安全大类	13	21	22	10
23	能源动力与材料大类	4	7	9	6
24	土木建筑大类	35	55	60	25
25	水利大类	0	1	2	1
26	装备制造大类	62	84	99	26
27	生物与化工大类	3	12	13	7
28	轻工纺织大类	2	4	4	4
29	食品药品与粮食大类	7	13	17	6
30	交通运输大类	20	25	29	18
31	电子与信息大类	83	114	134	29
32	医药卫生大类	20	27	39	11
33	财经商贸大类	78	108	119	31
34	旅游大类	6	10	11	10
35	文化艺术大类	48	60	68	24

续表

代码	专业大类	2021年专业数	2022年专业数	2023年专业数	2023年布点学校数
36	新闻传播大类	9	13	17	9
37	教育与体育大类	24	42	43	17
38	公安与司法大类	1	3	3	3
39	公共管理与服务大类	4	6	6	6

A6　　2021~2023年职业本科院校本科专业类中专业数情况　　单位：个

代码	专业类名称	2021年专业类中专业数	2022年专业类中专业数	2023年专业类中专业数
2101	农业类	3	3	3
2102	林业类	0	0	0
2103	畜牧业类	2	2	2
2104	渔业类	0	0	0
2201	资源勘查类	1	1	1
2202	地质类	0	1	1
2203	测绘地理信息类	2	4	5
2204	石油与天然气类	2	3	3
2205	煤炭类	2	3	3
2207	气象类	1	1	1
2208	环境保护类	4	5	5
2209	安全类	1	3	3
2301	电力技术类	0	1	1
2302	热能与发电工程类	0	0	0
2303	新能源发电工程类	1	1	1
2304	黑色金属材料类	1	1	1
2305	有色金属材料类	0	1	3
2306	非金属材料类	2	3	3
2307	建筑材料类	0	0	0

续表

代码	专业类名称	2021年专业类中专业数	2022年专业类中专业数	2023年专业类中专业数
2401	建筑设计类	6	13	15
2402	城乡规划与管理类	0	0	0
2403	土建施工类	15	19	22
2404	建筑设备类	2	4	4
2405	建设工程管理类	12	18	18
2406	市政工程类	0	1	1
2407	房地产类	0	0	0
2501	水文水资源类	0	0	0
2502	水利工程与管理类	0	1	2
2503	水利水电设备类	0	0	0
2504	水土保持与水环境类	0	0	0
2601	机械设计制造类	31	35	38
2602	机电设备类	2	3	5
2603	自动化类	18	25	30
2604	轨道装备类	0	0	0
2605	船舶与海洋工程装备类	0	0	0
2606	航空装备类	1	2	3
2607	汽车制造类	10	19	23
2701	生物技术类	0	1	1
2702	化工技术类	3	11	12
2801	轻化工类	0	1	1
2802	包装类	0	0	0
2803	印刷类	1	2	2
2804	纺织服装类	1	1	1
2901	食品类	3	6	7
2902	药品与医疗器械类	4	7	10
2903	粮食类	0	0	0
3001	铁道运输类	0	0	0

续表

代码	专业类名称	2021年专业类中专业数	2022年专业类中专业数	2023年专业类中专业数
3002	道路运输类	15	17	20
3003	水上运输类	2	2	2
3004	航空运输类	0	1	2
3006	城市轨道交通类	3	5	5
3007	邮政类	0	0	0
3101	电子信息类	14	22	26
3102	计算机类	60	82	94
3103	通信类	8	9	10
3104	集成电路类	1	1	4
3202	护理类	6	6	7
3203	药学类	2	3	4
3204	中医药类	3	3	7
3205	医学技术类	1	3	4
3206	康复治疗类	5	6	7
3207	公共卫生与卫生管理类	1	2	2
3208	健康管理与促进类	2	4	7
3209	眼视光类	0	0	1
3301	财政税务类	1	2	3
3302	金融类	4	7	9
3303	财务会计类	27	38	38
3304	统计类	0	0	0
3305	经济贸易类	8	10	10
3306	工商管理类	6	14	19
3307	电子商务类	16	19	19
3308	物流类	16	18	21
3401	旅游类	6	10	10
3402	餐饮类	0	0	1
3501	艺术设计类	40	51	57

续表

代码	专业类名称	2021年专业类中专业数	2022年专业类中专业数	2023年专业类中专业数
3502	表演艺术类	8	9	11
3504	文化服务类	0	0	0
3601	新闻出版类	4	5	7
3602	广播影视类	5	8	10
3701	教育类	8	12	12
3702	语言类	13	25	25
3703	体育类	3	5	6
3802	公安技术类	0	0	0
3803	侦查类	0	0	0
3804	法律实务类	1	3	3
3805	法律执行类	0	0	0
3806	司法技术类	0	0	0
3807	安全防范类	0	0	0
3901	公共事业类	0	1	0
3902	公共管理类	2	3	4
3903	公共服务类	2	2	2
3904	文秘类	0	0	0

A7　2021~2023年职业本科院校本科专业类布点学校情况　单位：个

代码	专业类名称	2021年布点学校数	2022年布点学校数	2023年布点学校数
2101	农业类	1	1	1
2102	林业类	0	0	0
2103	畜牧业类	1	1	1
2104	渔业类	0	0	0
2201	资源勘查类	1	1	1
2202	地质类	0	1	1

续表

代码	专业类名称	2021年布点学校数	2022年布点学校数	2023年布点学校数
2203	测绘地理信息类	2	4	4
2204	石油与天然气类	2	3	3
2205	煤炭类	2	3	3
2207	气象类	1	1	1
2208	环境保护类	4	5	5
2209	安全类	1	2	2
2301	电力技术类	0	1	1
2302	热能与发电工程类	0	0	0
2303	新能源发电工程类	1	1	1
2304	黑色金属材料类	1	1	1
2305	有色金属材料类	0	1	2
2306	非金属材料类	2	3	3
2307	建筑材料类	0	0	0
2401	建筑设计类	4	9	10
2402	城乡规划与管理类	0	0	0
2403	土建施工类	14	16	18
2404	建筑设备类	1	3	3
2405	建设工程管理类	12	16	16
2406	市政工程类	0	1	1
2407	房地产类	0	0	0
2501	水文水资源类	0	0	0
2502	水利工程与管理类	0	1	1
2503	水利水电设备类	0	0	0
2504	水土保持与水环境类	0	0	0
2601	机械设计制造类	21	22	23
2602	机电设备类	2	2	4
2603	自动化类	14	17	18
2604	轨道装备类	0	0	0

续表

代码	专业类名称	2021年布点学校数	2022年布点学校数	2023年布点学校数
2605	船舶与海洋工程装备类	0	0	0
2606	航空装备类	1	2	2
2607	汽车制造类	7	14	16
2701	生物技术类	0	1	1
2702	化工技术类	2	6	6
2801	轻化工类	0	1	1
2802	包装类	0	0	0
2803	印刷类	1	2	2
2804	纺织服装类	1	1	1
2901	食品类	3	3	3
2902	药品与医疗器械类	2	4	5
2903	粮食类	0	0	0
3001	铁道运输类	0	0	0
3002	道路运输类	13	14	16
3003	水上运输类	1	1	1
3004	航空运输类	0	1	2
3006	城市轨道交通类	3	3	3
3007	邮政类	0	0	0
3101	电子信息类	10	15	18
3102	计算机类	26	29	29
3103	通信类	8	9	9
3104	集成电路类	1	1	4
3202	护理类	6	6	7
3203	药学类	2	3	4
3204	中医药类	3	3	4
3205	医学技术类	1	2	2
3206	康复治疗类	4	5	5

续表

代码	专业类名称	2021年布点学校数	2022年布点学校数	2023年布点学校数
3207	公共卫生与卫生管理类	1	1	1
3208	健康管理与促进类	2	3	5
3209	眼视光类	0	0	1
3301	财政税务类	1	2	3
3302	金融类	4	7	9
3303	财务会计类	20	28	27
3304	统计类	0	0	0
3305	经济贸易类	8	10	10
3306	工商管理类	5	12	15
3307	电子商务类	16	18	18
3308	物流类	16	16	18
3401	旅游类	6	9	9
3402	餐饮类	0	0	1
3501	艺术设计类	22	23	24
3502	表演艺术类	5	7	8
3504	文化服务类	0	0	0
3601	新闻出版类	4	5	6
3602	广播影视类	3	5	7
3701	教育类	8	12	12
3702	语言类	8	12	11
3703	体育类	3	5	6
3802	公安技术类	0	0	0
3803	侦查类	0	0	0
3804	法律实务类	1	3	3
3805	法律执行类	0	0	0
3806	司法技术类	0	0	0

续表

代码	专业类名称	2021年布点学校数	2022年布点学校数	2023年布点学校数
3807	安全防范类	0	0	0
3901	公共事业类	0	1	0
3902	公共管理类	2	3	4
3903	公共服务类	1	1	1
3904	文秘类	0	0	0

A8　　2023年职业本科院校本科专业分布学校情况　　单位：个

代码	专业名称	专业开设学校数
330302	大数据与会计	20
310203	软件工程技术	18
330802	现代物流管理	18
350106	环境艺术设计	18
260102	智能制造工程技术	17
260101	机械设计制造及自动化	16
300203	汽车服务工程技术	16
310205	大数据工程技术	16
330701	电子商务	16
330301	大数据与财务管理	15
240301	建筑工程	14
310102	物联网工程技术	14
240501	工程造价	13
260702	新能源汽车工程技术	13
350102	视觉传达设计	12
350103	数字媒体艺术	12
370101	学前教育	12
310101	电子信息工程技术	11
310201	计算机应用工程	11

续表

代码	专业名称	专业开设学校数
310202	网络工程技术	11
310209	人工智能工程技术	11
310204	数字媒体技术	10
330501	国际经济与贸易	10
330601	企业数字化管理	10
260302	电气工程及自动化	9
310301	现代通信工程	9
330602	市场营销	9
260304	机器人技术	8
260701	汽车工程技术	8
370201	应用英语	8
240302	智能建造工程	7
320201	护理	7
360101	网络与新媒体	7
240101	建筑设计	6
260301	机械电子工程技术	6
270201	应用化工技术	6
310207	信息安全与管理	6
350202	舞蹈表演与编导	6
220801	生态环境工程技术	5
240102	建筑装饰工程	5
240502	建设工程管理	5
330202	金融科技应用	5
340101	旅游管理	5
350201	音乐表演	5
370202	应用日语	5
260305	自动化技术与应用	4
310401	集成电路工程技术	4
320301	药学	4

续表

代码	专业名称	专业开设学校数
320601	康复治疗	4
330201	金融管理	4
340102	酒店管理	4
350101	工艺美术	4
350105	服装与服饰设计	4
220302	测绘工程技术	3
240104	园林景观工程	3
260106	材料成型及控制工程	3
260201	装备智能化技术	3
270203	现代精细化工技术	3
290102	食品质量与安全	3
290201	制药工程技术	3
290202	药品质量管理	3
300201	道路与桥梁工程	3
310206	云计算技术	3
310208	虚拟现实技术	3
310211	工业互联网技术	3
320401	中药制药	3
320402	中药学	3
320802	婴幼儿发展与健康管理	3
330101	财税大数据应用	3
330303	大数据与审计	3
330801	物流工程技术	3
350104	产品设计	3
360205	全媒体新闻采编与制作	3
370301	社会体育指导与管理	3
380401	法律	3
390202	人力资源管理	3
220401	油气储运工程	2

续表

代码	专业名称	专业开设学校数
220501	智能采矿技术	2
220901	安全工程技术	2
230501	材料化冶金应用技术	2
230602	新材料与应用技术	2
240401	建筑环境与能源工程	2
240402	建筑电气与智能化工程	2
260104	工业设计	2
260203	电梯工程技术	2
260303	智能控制技术	2
260703	智能网联汽车工程技术	2
270202	化工智能制造工程技术	2
280301	数字印刷工程	2
290101	食品工程技术	2
290103	食品营养与健康	2
300401	民航运输服务与管理	2
300601	城市轨道交通信号与控制技术	2
300603	城市轨道交通智能运营	2
310212	区块链技术	2
320504	口腔医学技术	2
320602	康复辅助器具技术	2
320801	健康管理	2
320803	医养照护与管理	2
330702	跨境电子商务	2
350107	美术	2
360201	播音与主持	2
360204	影视编导	2
360206	数字动画	2
370203	应用韩语	2
370204	应用俄语	2

续表

代码	专业名称	专业开设学校数
370208	中文国际教育	2
370302	休闲体育	2
210102	作物生产与品质改良	1
210103	智慧农业技术	1
210104	设施园艺	1
210301	动物医学	1
210304	现代畜牧	1
220101	资源勘查工程技术	1
220201	环境地质工程	1
220301	导航工程技术	1
220303	地理信息技术	1
220402	石油工程技术	1
220502	煤炭清洁利用工程	1
220701	智慧气象技术	1
220902	应急管理	1
230102	智能电网工程技术	1
230301	新能源发电工程技术	1
230401	钢铁智能冶金技术	1
230503	储能材料工程技术	1
230601	高分子材料工程技术	1
240103	古建筑工程	1
240303	城市地下工程	1
240601	市政工程	1
250201	智慧水利工程	1
250203	水利水电工程	1
260306	现代测控工程技术	1
260601	航空智能制造技术	1
260602	飞行器维修工程技术	1
260604	无人机系统应用技术	1

续表

代码	专业名称	专业开设学校数
270102	合成生物技术	1
270204	现代分析测试技术	1
280101	化妆品工程技术	1
280402	服装工程技术	1
290203	医疗器械工程技术	1
290204	药事服务与管理	1
290205	药物分析	1
290206	药物制剂技术	1
300202	智能交通管理	1
300301	航海技术	1
300305	水路运输与海事管理	1
300602	城市轨道交通设备与控制技术	1
310104	光电信息工程技术	1
310302	通信软件工程	1
320403	中药材生产与加工	1
320501	医学检验技术	1
320502	医学影像技术	1
320604	儿童康复治疗	1
320701	公共卫生管理	1
320703	职业病危害检测评价技术	1
320901	眼视光技术	1
330703	全媒体电商运营	1
340103	旅游规划与设计	1
340201	烹饪与餐饮管理	1
350108	公共艺术设计	1
350111	数字影像设计	1
360202	影视摄影与制作	1
370201	应用英语	1
370202	应用英语	1

续表

代码	专业名称	专业开设学校数
370205	应用泰语	1
370206	应用外语	1
370208	中文国际教育	1
370209	应用法语	1
370301	社会体育指导与管理	1
390204	外事实务	1
390301	现代家政管理	1
390302	智慧健康养老管理	1

A9　　　2023 年 32 所职业本科院校 19 个专业大类涵盖专业数　　　单位：个

职业本科院校名	专业大类代码																		
	21	22	23	24	25	26	27	28	29	30	31	32	33	34	35	36	37	38	39
南昌职业大学				1		3					3		5		3	1	4		
江西软件职业技术大学	1					1					10		4		2	2	1		
泉州职业技术大学				1		2	2	1			3		4	1	3		2		
山东外国语职业技术大学											2		9		1		5		
山东工程职业技术大学				3		6				1	7	1	5		3				
山东外事职业大学				3							2		7		3		7		1
河南科技职业大学				2		5				2	4	2	4		2		1		
广东工商职业技术大学				2		3				1	5	2	6		3	2	4	1	1
广州科技职业技术大学				2		2		1			1	3	2	4	2	2			
广西城市职业大学				3		6				1	3	4	3	1	2		4		
海南科技职业大学				2		2	1		1	3	4	5			3		1		
重庆机电职业技术大学				1		6				1	4		2		1				
成都艺术职业大学						2							2	1	7	5	2		
西安信息职业大学						1				2	16		2						
西安汽车职业大学						5				4	6		3		2	1			
辽宁理工职业大学					1	3				1	3		1						

续表

职业本科院校名	专业大类代码																		
	21	22	23	24	25	26	27	28	29	30	31	32	33	34	35	36	37	38	39
运城职业技术大学		1		2		2					2	1	1						
浙江广厦建设职业技术大学				7		2				2	4		3		5				
南京工业职业技术大学			1	1		9				2	7		5	1	4				
新疆天山职业技术大学				1		4				1	4		4	1		1	2		
上海中侨职业技术大学				2		2			1	1	4	1	5	1	3				1
湖南软件职业技术大学						2					4		2	1					
山西工程科技职业大学		1		11		4				3	5		8	1	3		2	1	1
景德镇艺术职业大学		1	1	2		1					3		6	1	6	2	3	1	
河北工业职业技术大学		1	2	2		8	1		1	1	8		3		1				
河北科技工程职业技术大学		1		1		7	1		1	3			1		1				
河北石油职业技术大学		2		2		5	3				3		2	1					
兰州石化职业技术大学		4	1	1		4	4	1			3		2						
兰州资源环境职业技术大学		9	3		2	4	2				3		2		2				
广西农业职业技术大学	5			2		2			3		6	1	9		3	2	2		1
贵阳康养职业大学										1		13						2	
浙江药科职业大学			1				1	1	8			4	1			1			

附录 B 2004~2023年第一产业、第二产业、第三产业占比及人员构成情况

B1   2004~2023年第一产业、第二产业、第三产业占比情况　　　单位：%

年份	第一产业增加值	第二产业增加值	第三产业增加值
2004	12.9	45.9	41.2
2005	11.6	47	41.3
2006	10.6	47.6	41.8
2007	10.2	46.9	42.9
2008	10.2	47	42.9
2009	9.6	46	44.4
2010	9.3	46.5	44.2
2011	9.2	46.5	44.3
2012	9.1	45.4	45.5
2013	8.9	44.2	46.9
2014	8.6	43.1	48.3
2015	8.4	40.8	50.8
2016	8.1	39.6	52.4
2017	7.5	39.9	52.7
2018	7	39.7	53.3
2019	7.1	38.6	54.3
2020	7.7	37.8	54.5
2021	7.2	39.3	53.5
2022	7.3	39.3	53.4
2023	7.1	38.3	54.6

B2　2004~2022年第一产业、第二产业、第三产业就业人员构成情况　单位:%

年份	第一产业就业人员占比	第二产业就业人员占比	第三产业就业人员占比
2004	0.47	0.22	0.31
2005	0.45	0.24	0.31
2006	0.43	0.25	0.32
2007	0.41	0.27	0.32
2008	0.40	0.27	0.33
2009	0.38	0.28	0.34
2010	0.37	0.29	0.35
2011	0.35	0.30	0.36
2012	0.33	0.30	0.36
2013	0.31	0.30	0.38
2014	0.29	0.30	0.40
2015	0.28	0.30	0.42
2016	0.27	0.29	0.43
2017	0.27	0.29	0.45
2018	0.26	0.28	0.46
2019	0.25	0.28	0.47
2020	0.24	0.29	0.48
2021	0.23	0.29	0.48
2022	0.24	0.29	0.47

附录 C 32 所职业本科院校结构偏离度计算数据

C1 2021 年 32 所职业本科院校结构偏离度计算数据 单位：%

院校名称	区域第二产业占比	区域第三产业占比	第二产业专业布点数占比	第三产业专业布点数占比
河北工业职业技术大学	29.40	62.19	58.3	41.7
河北科技工程职业技术大学	37.41	48.41	90.0	10.0
河北石油职业技术大学	32.13	46.19	77.8	22.2
山西工程科技职业大学	45.47	46.97	34.6	65.4
运城职业技术大学	34.13	49.57	50.0	50.0
辽宁理工职业大学	25.09	55.50	33.3	66.7
上海中侨职业技术大学	26.59	73.15	30.0	70.0
南京工业职业技术大学	35.19	62.81	35.7	64.3
浙江广厦建设职业技术大学	38.56	58.10	45.5	54.5
浙江药科职业大学	45.89	51.38	57.1	42.9
泉州职业技术大学	57.17	40.60	21.4	78.6
南昌职业大学	46.59	49.32	20.0	80.0
江西软件职业技术大学	46.59	49.32	13.3	86.7
山东工程职业技术大学	34.82	61.61	28.6	71.4
山东外国语职业技术大学	42.07	49.40	0.0	100.0
山东外事职业大学	38.50	51.49	7.1	92.9
河南科技职业大学	41.11	41.69	21.4	78.6
湖南软件职业技术大学	50.15	42.64	16.7	83.3

续表

院校名称	区域第二产业占比	区域第三产业占比	第二产业专业布点数占比	第三产业专业布点数占比
广州科技职业技术大学	26.34	72.51	35.7	64.3
广东工商职业技术大学	39.03	42.06	17.6	82.4
广西农业职业技术大学	22.94	65.76	14.7	70.6
广西城市职业大学	28.8	48.95	31.6	68.4
海南科技职业大学	15.05	80.49	31.6	68.4
重庆机电职业技术大学	39.96	52.82	41.2	58.8
成都艺术职业大学	30.59	65.72	7.1	92.9
贵阳康养职业大学	36.02	59.86	0.0	100.0
西安汽车职业大学	33.21	63.66	25.0	75.0
西安信息职业大学	33.21	63.66	7.1	92.9
兰州石化职业技术大学	32.33	65.68	87.5	12.5
兰州资源环境职业技术大学	32.33	65.68	62.5	37.5
新疆天山职业技术大学	27.21	71.98	33.3	66.7
景德镇艺术职业大学	43.16	49.74	20.0	80.0

C2　　2022年32所职业本科院校结构偏离度计算数据　　单位：%

院校名称	区域第二产业占比	区域第三产业占比	第二产业专业布点数占比	第三产业专业布点数占比
河北工业职业技术大学	32.47	59.75	58.8	41.2
河北科技工程职业技术大学	39.51	46.85	62.5	37.5
河北石油职业技术大学	34.00	43.96	66.7	33.3
山西工程科技职业大学	51.14	40.73	41.0	59.0
运城职业技术大学	39.70	43.84	55.6	44.4
辽宁理工职业大学	25.78	55.66	33.3	66.7
上海中侨职业技术大学	26.49	73.28	26.7	73.3
南京工业职业技术大学	36.09	62.05	34.8	65.2
浙江广厦建设职业技术大学	41.25	55.95	44.4	55.6

附录 C　32 所职业本科院校结构偏离度计算数据

续表

院校名称	区域第二产业占比	区域第三产业占比	第二产业专业布点数占比	第三产业专业布点数占比
浙江药科职业大学	47.94	49.62	62.5	37.5
泉州职业技术大学	56.94	41.00	27.8	72.2
南昌职业大学	48.38	48.02	20.0	80.0
江西软件职业技术大学	48.38	48.02	13.3	86.7
山东工程职业技术大学	34.67	61.75	35.0	65.0
山东外国语职业技术大学	40.87	50.36	0.0	100.0
山东外事职业大学	39.12	50.81	10.5	89.5
河南科技职业大学	40.53	42.02	31.6	68.4
湖南软件职业技术大学	51.57	41.68	18.2	81.8
广州科技职业技术大学	27.36	71.56	27.8	72.2
广东工商职业技术大学	41.55	41.13	18.2	81.8
广西农业职业技术大学	23.41	64.73	19.4	66.7
广西城市职业大学	35.19	44.69	30.4	69.6
海南科技职业大学	16.87	79.00	23.1	76.9
重庆机电职业技术大学	40.10	53.01	41.2	58.8
成都艺术职业大学	30.70	66.38	10.5	89.5
贵阳康养职业大学	35.68	60.20	8.3	91.7
西安汽车职业大学	33.54	63.57	18.8	81.3
西安信息职业大学	33.54	63.57	5.3	94.7
兰州石化职业技术大学	34.48	63.60	75.0	25.0
兰州资源环境职业技术大学	34.48	63.60	72.7	27.3
新疆天山职业技术大学	28.17	71.07	30.8	69.2
景德镇艺术职业大学	44.19	49.36	17.9	82.1

附录 D 职业本科院校整体适配度测算原始数据

D1 2021 年 25 所职业本科院校整体适配度测算原始数据（专业端1）

院校名称	师生比（%）	双师素质专任教师比例（%）	年生均财政专项拨款（元/生）	生均校内实践教学工位数（个/生）	生均教学科研仪器设备值（元/生）
河北工业职业技术大学	0.06901	71.34	15026.72	1.01	13360.03
河北科技工程职业技术大学	0.06969	87.32	17823.22	1.09	17614.37
河北石油职业技术大学	0.06649	82.63	19153.97	1.12	16479.51
山西工程科技职业大学	0.04568	56.07	17985.25	0.52	14750.92
运城职业技术大学	0.04715	45.45	428.49	0.4	10676.52
上海中侨职业技术大学	0.06570	36.70	8020.50	0.62	7718.24
南京工业职业技术大学	0.07386	92.35	30072.78	0.84	21496.41
浙江广厦建设职业技术大学	0.07168	85.47	1449.35	1.06	12139.48
南昌职业大学	0.05291	37.13	1047.01	0.35	7428.72
江西软件职业技术大学	0.05605	50.48	1252.74	0.28	7748.77
山东工程职业技术大学	0.05653	55.15	1819.43	0.35	10052.33
山东外国语职业技术大学	0.07087	52.09	1202.67	0.56	6456.74
山东外事职业大学	0.08091	39.77	0.0	0.42	6623.88
湖南软件职业技术大学	0.05747	51.25	280.00	1.01	8099.4
广州科技职业技术大学	0.05672	69.39	483.41	0.52	5745.08
广东工商职业技术大学	0.05565	48.07	251.38	0.49	8395.61
广西农业职业技术大学	0.05000	72.40	7206.00	0.79	10895.14
广西城市职业大学	0.05559	51.98	137.19	0.29	10150.87

续表

院校名称	师生比(%)	双师素质专任教师比例(%)	年生均财政专项拨款(元/生)	生均校内实践教学工位数(个/生)	生均教学科研仪器设备值(元/生)
海南科技职业大学	0.05935	61.42	0.00	0.76	12364.96
重庆机电职业技术大学	0.04658	51.77	2117.83	0.29	9420.77
成都艺术职业大学	0.08518	33.92	2323.01	0.23	7051.12
贵阳康养职业大学	0.06317	59.58	33650.86	0.52	1.23
西安信息职业大学	0.08130	61.5	0.00	2.35	16250
兰州石化职业技术大学	0.05750	53.80	13314.00	0.395	17643.827
兰州资源环境职业技术大学	0.05656	62.86	14051.03	0.67	17339.51

D2　2021年25所职业本科院校整体适配度测算原始数据（专业端2）

院校名称	职业本科专业总数(个)	全日制在校生人数(人)	毕业生就业人数(人)	专利授权数量(个)	横向技术服务到款额(万元)	纵向科研经费到款额(万元)	非学历培训项目数(个)
河北工业职业技术大学	12	20399	5740	193	2634.5	351.2	91
河北科技工程职业技术大学	10	16158	4865	521	2057.00	916.00	254
河北石油职业技术大学	9	12098	3736	154	811.54	628.32	126
山西工程科技职业大学	26	18842	4969	76	68.89	36.6	20
运城职业技术大学	6	12656	742	41	3	252.4	6
上海中侨职业技术大学	10	6926	1927	6	41.00	208.96	25
南京工业职业技术大学	14	13407	3970	968	5161.00	1035.71	194
浙江广厦建设职业技术大学	11	10393	2996	206	874.85	51.85	9
南昌职业大学	15	5747	3247	13	0	0	13
江西软件职业技术大学	15	12546	1797	8	300	18.7	64
山东工程职业技术大学	14	15718	2961	23	1058.00	8	34
山东外国语职业技术大学	14	13902	1896	23	151.09	1	219
山东外事职业大学	14	15173	2672	10.0	0.0	6.2	39
湖南软件职业技术大学	6	9642	2369	62	0	12	11

续表

院校名称	职业本科专业总数（个）	全日制在校生人数（人）	毕业生就业人数（人）	专利授权数量（个）	横向技术服务到款额（万元）	纵向科研经费到款额（万元）	非学历培训项目数（个）
广州科技职业技术大学	14	23601	5019	27	12.80	12.00	64
广东工商职业技术大学	17	19303	4390	11	97.6	78.5	196
广西农业职业技术大学	34	19895	3958	247	137	211.62	11
广西城市职业大学	19	36447	8426	19	810.94	8.5	97
海南科技职业大学	19	16030	2246	46	75.23	117	126
重庆机电职业技术大学	17	4593	0	65	664.88	5	9
成都艺术职业大学	14	14011	2669	32	0	3.8	1
贵阳康养职业大学	9	8935	2171	15	0	32.56	3
西安信息职业大学	14	8157	1365	7	185.6	0	12
兰州石化职业技术大学	8	24505	6761	143	2648.935	544.8	63
兰州资源环境职业技术大学	8	18875	4822	96	261.31	202.9	123

D3 2021年25所职业本科院校整体适配度测算原始数据（产业端1）

院校名称	户籍人口总数（人）	工业企业数（个）	本专科在校学生数（人）	地区生产总值
河北工业职业技术大学	1124	2183	583472	5935
河北科技工程职业技术大学	711	1554	60416	2200
河北石油职业技术大学	335	399	56226	1550
山西工程科技职业大学	338	806	221476	1469
运城职业技术大学	477	607	62681	1644
上海中侨职业技术大学	2488	8804	540693	38701
南京工业职业技术大学	932	3231	918141	14818
浙江广厦建设职业技术大学	706	4629	104648	4704
南昌职业大学	626	1553	687852	5746
江西软件职业技术大学	626	1553	687852	5746
山东工程职业技术大学	924	2215	687878	10141

附录 D 职业本科院校整体适配度测算原始数据

续表

院校名称	户籍人口总数（人）	工业企业数（个）	本专科在校学生数（人）	地区生产总值
山东外国语职业技术大学	297	797	36624	2006
山东外事职业大学	291	1073	109278	3018
湖南软件职业技术大学	273	1217	153570	2343
广州科技职业技术大学	1874	6208	1307144	25019
广东工商职业技术大学	412	1281	145479	2311
广西农业职业技术大学	875	1155	568756	4726
广西城市职业大学	209	359	103056	809
海南科技职业大学	289	173	156530	1792
重庆机电职业技术大学	3209	6938	915556	25003
成都艺术职业大学	2095	3664	927111	17717
贵阳康养职业大学	599	764	440212	4312
西安信息职业大学	1296	1667	783893	10020
兰州石化职业技术大学	437	371	390906	2887
兰州资源环境职业技术大学	437	371	390906	2887

D4　2021 年 25 所职业本科院校整体适配度测算原始数据（产业端 2）

院校名称	第一产业占比（%）	第二产业占比（%）	第三产业占比（%）	从业人员数（个）	专利授权数（个）
河北工业职业技术大学	8.41	29.40	62.19	1050390	20498
河北科技工程职业技术大学	14.18	37.41	48.41	398360	7678
河北石油职业技术大学	21.68	32.13	46.19	273595	2151
山西工程科技职业大学	7.56	45.47	46.97	361602	2449
运城职业技术大学	16.30	34.13	49.57	381593	2555
上海中侨职业技术大学	0.27	26.59	73.15	6455623	139780
南京工业职业技术大学	2.00	35.19	62.81	2161081	76323
浙江广厦建设职业技术大学	3.34	38.56	58.10	708321	42446
南昌职业大学	4.09	46.59	49.32	1239463	17910

续表

院校名称	第一产业占比（%）	第二产业占比（%）	第三产业占比（%）	从业人员数（个）	专利授权数（个）
江西软件职业技术大学	4.09	46.59	49.32	1239463	17910
山东工程职业技术大学	3.57	34.82	61.61	1549779	36673
山东外国语职业技术大学	8.52	42.07	49.40	303016	4944
山东外事职业大学	10.01	38.50	51.49	491212	8510
湖南软件职业技术大学	7.21	50.15	42.64	324835	1415
广州科技职业技术大学	1.15	26.34	72.51	4193638	155835
广东工商职业技术大学	18.91	39.03	42.06	360619	6326
广西农业职业技术大学	11.30	22.94	65.76	1097670	11825
广西城市职业大学	22.25	28.8	48.95	130445	774
海南科技职业大学	4.46	15.05	80.49	560715	5741
重庆机电职业技术大学	7.21	39.96	52.82	3708338	55377
成都艺术职业大学	3.70	30.59	65.72	11433200	65453
贵阳康养职业大学	4.13	36.02	59.86	1132677	15379
西安信息职业大学	3.12	33.21	63.66	2135688	45407
兰州石化职业技术大学	1.99	32.33	65.68	785040	9289
兰州资源环境职业技术大学	1.99	32.33	65.68	785040	9289

D5 2022年32所职业本科院校整体适配度测算原始数据（专业端1）

院校名称	师生比（%）	双师素质专任教师比例（%）	年生均财政专项拨款（元/生）	生均校内实践教学工位数（个/生）	生均教学科研仪器设备值（元/生）
河北工业职业技术大学	0.06057	71.51	18421.79	1.05	14871.08
河北科技工程职业技术大学	0.06472	86.13	18335.42	1.1	17022.84
河北石油职业技术大学	0.06313	89.09	19479.69	1.03	17281.40
山西工程科技职业大学	0.06502	67.50	15841.76	0.76	16697.69
运城职业技术大学	0.05066	55.43	154.69	0.41	11384.40
上海中侨职业技术大学	0.06281	61.45	3302.85	0.54	11086.44
南京工业职业技术大学	0.06423	92.56	22033.26	0.79	24488.35

续表

院校名称	师生比（%）	双师素质专任教师比例（%）	年生均财政专项拨款（元/生）	生均校内实践教学工位数（个/生）	生均教学科研仪器设备值（元/生）
浙江广厦建设职业技术大学	0.06098	74.69	5788.68	0.89	12302.37
南昌职业大学	0.05417	25.96	1183.12	0.4	7205.19
江西软件职业技术大学	0.07138	35.05	1785.46	0.30	11347.71
山东工程职业技术大学	0.05621	56.77	6509.84	0.4	10374.38
山东外国语职业技术大学	0.07289	57.34	732.98	0.57	6256.38
山东外事职业大学	0.07911	50.00	0.00	0.40	7946.61
湖南软件职业技术大学	0.05685	51.08	319.75	1.67	8260.77
广州科技职业技术大学	0.05747	66.03	0.00	0.62	8525.04
广东工商职业技术大学	0.03888	47.30	48.75	0.6	7434.84
广西农业职业技术大学	0.06365	37.86	9508.83	0.55	13297.64
广西城市职业大学	0.04748	51.33	172	0.25	10122.92
海南科技职业大学	0.07148	59.72	1714.01	12628	12508.33
重庆机电职业技术大学	0.05008	45.22	4316.04	0.49	9279.49
成都艺术职业大学	0.05342	34.94	1577.77	0.3	9926.33
贵阳康养职业大学	0.06636	65.36	30010.04	0.41	11444.43
西安信息职业大学	0.08217	47.96	879.40	2.4	17204.83
兰州石化职业技术大学	0.04338	52.94	19555.08	0.40	17864.67
兰州资源环境职业技术大学	0.06158	66.19	15326.15	0.11	17271.57

D6 2022年32所职业本科院校整体适配度测算原始数据（专业端2）

院校名称	职业本科专业总数（个）	全日制在校生人数（人）	毕业生就业人数（人）	专利授权数量（个）	横向技术服务到款额（万元）	纵向科研经费到款额（万元）	非学历培训项目数（个）
河北工业职业技术大学	17	21118	5322	109	2475.94	318.85	74
河北科技工程职业技术大学	16	17897	4168	181	1639.85	837.79	91
河北石油职业技术大学	18	12751	3098	212	989.65	675.36	90
山西工程科技职业大学	39	18864	3403	37	577.86	10.70	24

续表

院校名称	职业本科专业总数（个）	全日制在校生人数（人）	毕业生就业人数（人）	专利授权数量（个）	横向技术服务到款额（万元）	纵向科研经费到款额（万元）	非学历培训项目数（个）
运城职业技术大学	9	12929	1816	33	5.85	1.40	86
上海中侨职业技术大学	15	8026	1859	4	20.49	157.80	5
南京工业职业技术大学	23	14522	2240	436	2882.07	456.97	136
浙江广厦建设职业技术大学	18	12619	2670	92	625.91	10.25	114
南昌职业大学	20	16870	1730	10	224.41	1.75	153
江西软件职业技术大学	15	16498	1795	11	0.00	0.00	16
山东工程职业技术大学	20	19210	3341	12	1496.6	4.20	60
山东外国语职业技术大学	17	17182	2430	39	410.21	1.80	637
山东外事职业大学	19	19533	3924	9	387.00	9.10	27
湖南软件职业技术大学	11	10704	2197	46	0	16.00	8
广州科技职业技术大学	18	20188	9132	50	23.10	18.00	137
广东工商职业技术大学	22	27210	5288	16	113.80	6.80	31
广西农业职业技术大学	36	22716	3854	144	304	106.06	23
广西城市职业大学	23	35994	9111	25	145.15	0	50
海南科技职业大学	26	18398	2669	38	135	115.90	259
重庆机电职业技术大学	17	19122	3730	28	347.16	5.25	61
成都艺术职业大学	19	15576	2315	13	16.73	5.80	12.00
贵阳康养职业大学	12	10921	1977	60	0	47.89	34
西安信息职业大学	19	7960	1346	0	107	0.00	14
兰州石化职业技术大学	20	25577	4748	42	2478.40	529.30	27
兰州资源环境职业技术大学	22	19645	3832	39	62.5	336.00	32

D7 2022 年 32 所职业本科院校整体适配度测算原始数据（产业端 1）

院校名称	户籍人口总数（个）	工业企业数（个）	本专科在校学生数（人）	地区生产总值
河北工业职业技术大学	1051	2370	623891	6490
河北科技工程职业技术大学	800	1733	71968	2427

附录 D　职业本科院校整体适配度测算原始数据

续表

院校名称	户籍人口总数（个）	工业企业数（个）	本专科在校学生数（人）	地区生产总值
河北石油职业技术大学	379	439	61246	1697
山西工程科技职业大学	335	961	261420	1844
运城职业技术大学	513	787	71345	2053
上海中侨职业技术大学	1493	9309	548733	43215
南京工业职业技术大学	734	3975	757385	16356
浙江广厦建设职业技术大学	495	5357	105483	5355
南昌职业大学	540	1721	708034	6651
江西软件职业技术大学	540	1721	708034	6651
山东工程职业技术大学	817	2543	694087	11432
山东外国语职业技术大学	310	899	42502	2212
山东外事职业大学	256	1214	126038	3464
湖南软件职业技术大学	282	1291	159513	2548
广州科技职业技术大学	1012	6757	1412569	28232
广东工商职业技术大学	458	1446	118644	2650
广西农业职业技术大学	801	1323	618739	5121
广西城市职业大学	251	431	120567	989
海南科技职业大学	216	187	167181	2057
重庆机电职业技术大学	3415	7314	1002720	27894
成都艺术职业大学	1556	4108	981464	19917
贵阳康养职业大学	445	871	443844	4711
西安信息职业大学	999	1731	816867	10688
兰州石化职业技术大学	336	441	408289	3231
兰州资源环境职业技术大学	336	441	408289	3231

D8　2022年32所职业本科院校整体适配度测算原始数据（产业端2）

院校名称	第一产业占比（%）	第二产业占比（%）	第三产业占比（%）	从业人员数（个）	专利授权数（个）
河北工业职业技术大学	7.78	32.47	59.75	1076295	26780
河北科技工程职业技术大学	13.64	39.51	46.85	409002	9721

续表

院校名称	第一产业占比（%）	第二产业占比（%）	第三产业占比（%）	从业人员数（个）	专利授权数（个）
河北石油职业技术大学	22.04	34.00	43.96	260189	3022
山西工程科技职业大学	8.08	51.14	40.73	385150	3353
运城职业技术大学	16.46	39.70	43.84	371480	3111
上海中侨职业技术大学	0.23	26.49	73.28	6830750	179317
南京工业职业技术大学	1.86	36.09	62.05	2178991	91964
浙江广厦建设职业技术大学	2.80	41.25	55.95	711714	46180
南昌职业大学	3.58	48.38	48.02	1195024	23800
江西软件职业技术大学	3.58	48.38	48.02	1195024	23800
山东工程职业技术大学	3.58	34.67	61.75	1587351	61767
山东外国语职业技术大学	8.82	40.87	50.36	320359	6989
山东外事职业大学	10.08	39.12	50.81	484945	13461
湖南软件职业技术大学	6.75	51.57	41.68	323861	1866
广州科技职业技术大学	1.08	27.36	71.56	4269383	189516
广东工商职业技术大学	17.28	41.55	41.13	357649	7584
广西农业职业技术大学	11.85	23.41	64.73	1149061	15943
广西城市职业大学	20.22	35.19	44.69	139081	1003
海南科技职业大学	4.13	16.87	79.00	582754	8929
重庆机电职业技术大学	6.89	40.10	53.01	3581438	76206
成都艺术职业大学	2.93	30.70	66.38	11561200	88414
贵阳康养职业大学	4.10	35.68	60.20	1112089	17154
西安信息职业大学	2.89	33.54	63.57	2029002	64131
兰州石化职业技术大学	1.95	34.48	63.60	790400	11426
兰州资源环境职业技术大学	1.95	34.48	63.60	790400	11426

附录 E 职业本科院校专业结构与产业结构适配度 fsQCA 变量校准结果

E1 职业本科院校专业结构与产业结构整体适配趋势的 fsQCA 变量校准结果

院校名称	第三产业结构偏离度	师生比（%）	年生均财政专项拨款（万元/生）	生均校内实践教学工位数（个/生）	职业本科专业总数（个）	区域工业企业数（个）	区域第三产业占比（%）
河北工业职业技术大学	0.36	0.48	0.91	0.82	0.39	0.57	0.67
河北科技工程职业技术大学	0.67	0.67	0.91	0.84	0.29	0.5	0.14
河北石油职业技术大学	0.51	0.6	0.92	0.81	0.5	0.05	0.08
山西工程科技职业大学	0.53	0.68	0.88	0.64	0.99	0.15	0.04
辽宁理工职业大学	0.82	0.07	0.05	0.91	0.02	0.04	0.5
上海中侨职业技术大学	0.96	0.59	0.501	0.44	0.2	0.97	0.96
南京工业职业技术大学	0.93	0.65	0.95	0.66	0.74	0.73	0.76
浙江广厦建设职业技术大学	0.95	0.501	0.6	0.73	0.501	0.83	0.51
浙江药科职业大学	0.501	0.65	0.96	0.18	0.29	0.97	0.22
泉州职业技术大学	0.38	0.18	0.18	0.79	0.501	0.87	0.05
南昌职业大学	0.42	0.22	0.13	0.21	0.61	0.501	0.17
江西软件职业技术大学	0.37	0.88	0.2	0.11	0.2	0.501	0.17
山东工程职业技术大学	0.93	0.29	0.62	0.21	0.61	0.59	0.75
山东外国语职业技术大学	0.32	0.91	0.09	0.501	0.39	0.14	0.25
山东外事职业大学	0.38	0.97	0.05	0.21	0.55	0.24	0.27
河南科技职业大学	0.43	0.501	0.05	0.67	0.55	0.44	0.06

续表

院校名称	第三产业结构偏离度	师生比（％）	年生均财政专项拨款（万元/生）	生均校内实践教学工位数（个/生）	职业本科专业总数（个）	区域工业企业数（个）	区域第三产业占比（％）
湖南软件职业技术大学	0.32	0.32	0.06	0.97	0.04	0.28	0.05
广州科技职业技术大学	0.95	0.34	0.05	0.54	0.501	0.9	0.94
广东工商职业技术大学	0.32	0.02	0.05	0.52	0.7	0.35	0.05
广西农业职业技术大学	0.94	0.63	0.72	0.46	0.98	0.29	0.83
广西城市职业大学	0.46	0.07	0.06	0.08	0.74	0.05	0.1
海南科技职业大学	0.94	0.88	0.19	0.59	0.85	0.03	0.98
重庆机电职业技术大学	0.89	0.11	0.54	0.35	0.39	0.92	0.37
成都艺术职业大学	0.65	0.2	0.17	0.11	0.55	0.74	0.87
贵阳康养职业大学	0.48	0.74	0.98	0.23	0.06	0.13	0.69
西安汽车职业大学	0.73	0.45	0.56	0.03	0.29	0.501	0.8
西安信息职业大学	0.49	0.98	0.1	1	0.55	0.501	0.8
兰州石化职业技术大学	0	0.04	0.93	0.21	0.61	0.05	0.8
兰州资源环境职业技术大学	0.01	0.53	0.87	0.03	0.7	0.05	0.8

E2 职业本科院校专业结构与产业结构整体适配度的 fsQCA 变量校准结果

院校名称	整体适配度	师生比（％）	年生均财政专项拨款（万元/生）	生均校内实践教学工位数（个/生）	职业本科专业总数（个）	区域工业企业数（个）	区域第三产业占比（％）
河北工业职业技术大学	0.66	0.46	0.92	0.82	0.32	0.62	0.66
河北科技工程职业技术大学	0.53	0.64	0.92	0.84	0.24	0.54	0.14
河北石油职业技术大学	0.16	0.57	0.93	0.81	0.41	0.05	0.08
山西工程科技职业大学	0.37	0.65	0.89	0.65	0.98	0.19	0.04
运城职业技术大学	0.02	0.13	0.05	0.19	0.02	0.12	0.08
上海中侨职业技术大学	0.96	0.56	0.501	0.47	0.18	0.98	0.96
南京工业职业技术大学	0.88	0.62	0.96	0.67	0.69	0.79	0.75

附录 E 职业本科院校专业结构与产业结构适配度 fsQCA 变量校准结果

续表

院校名称	整体适配度	师生比（%）	年生均财政专项拨款（万元/生）	生均校内实践教学工位数（个/生）	职业本科专业总数（个）	区域工业企业数（个）	区域第三产业占比（%）
浙江广厦建设职业技术大学	0.58	0.47	0.6	0.73	0.41	0.88	0.501
南昌职业大学	0.51	0.22	0.13	0.17	0.55	0.54	0.17
江西软件职业技术大学	0.46	0.86	0.2	0.07	0.18	0.54	0.17
山东工程职业技术大学	0.72	0.28	0.63	0.17	0.55	0.64	0.74
山东外国语职业技术大学	0.11	0.89	0.09	0.51	0.32	0.17	0.24
山东外事职业大学	0.21	0.96	0.05	0.17	0.501	0.33	0.26
湖南软件职业技术大学	0.06	0.31	0.06	0.97	0.04	0.39	0.05
广州科技职业技术大学	0.98	0.33	0.05	0.55	0.41	0.94	0.94
广东工商职业技术大学	0.28	0.02	0.05	0.54	0.65	0.501	0.05
广西农业职业技术大学	0.46	0.59	0.74	0.501	0.97	0.41	0.83
广西城市职业大学	0.46	0.08	0.05	0.04	0.69	0.05	0.09
海南科技职业大学	0.04	0.86	0.19	0.6	0.8	0.02	0.98
重庆机电职业技术大学	0.84	0.12	0.54	0.35	0.32	0.96	0.35
成都艺术职业大学	0.89	0.2	0.17	0.07	0.501	0.8	0.86
贵阳康养职业大学	0.16	0.71	0.99	0.19	0.06	0.15	0.68
西安信息职业大学	0.64	0.98	0.1	1	0.501	0.54	0.79
兰州石化职业技术大学	0.58	0.04	0.94	0.17	0.55	0.05	0.79
兰州资源环境职业技术大学	0.28	0.501	0.88	0.01	0.65	0.05	0.79

E3 职业本科专业结构与产业高级化适配度的 fsQCA 变量校准结果

院校名称	产业高级化适配度	师生比（%）	年生均财政专项拨款（万元/生）	生均校内实践教学工位数（个/生）	职业本科专业总数（个）	区域工业企业数（个）	区域第三产业占比（%）
河北工业职业技术大学	0.94	0.48	0.91	0.82	0.39	0.57	0.67
河北科技工程职业技术大学	0.35	0.67	0.91	0.84	0.29	0.501	0.14

续表

院校名称	产业高级化适配度	师生比（%）	年生均财政专项拨款（万元/生）	生均校内实践教学工位数（个/生）	职业本科专业总数（个）	区域工业企业数（个）	区域第三产业占比（%）
河北石油职业技术大学	0.35	0.6	0.92	0.81	0.501	0.05	0.08
山西工程科技职业大学	0.94	0.68	0.88	0.64	0.99	0.15	0.04
辽宁理工职业大学	0.14	0.07	0.05	0.91	0.02	0.04	0.501
上海中侨职业技术大学	0.96	0.59	0.501	0.44	0.2	0.97	0.96
南京工业职业技术大学	0.35	0.65	0.95	0.66	0.74	0.73	0.76
浙江广厦建设职业技术大学	0.35	0.501	0.6	0.73	0.501	0.83	0.51
浙江药科职业大学	0.94	0.65	0.96	0.18	0.29	0.97	0.22
泉州职业技术大学	0.501	0.18	0.18	0.79	0.501	0.87	0.05
南昌职业大学	0.94	0.22	0.13	0.21	0.61	0.501	0.17
江西软件职业技术大学	0.14	0.88	0.2	0.11	0.2	0.501	0.17
山东工程职业技术大学	0.501	0.29	0.62	0.21	0.61	0.59	0.75
山东外国语职业技术大学	0.89	0.91	0.09	0.501	0.39	0.14	0.25
山东外事职业大学	0.94	0.97	0.05	0.21	0.55	0.24	0.27
河南科技职业大学	0.501	0.501	0.05	0.67	0.55	0.44	0.06
湖南软件职业技术大学	0.94	0.32	0.06	0.97	0.04	0.28	0.05
广州科技职业技术大学	0.05	0.34	0.05	0.54	0.501	0.9	0.94
广东工商职业技术大学	0.94	0.02	0.05	0.52	0.7	0.35	0.05
广西农业职业技术大学	0.63	0.63	0.72	0.46	0.98	0.29	0.83
广西城市职业大学	0.35	0.07	0.06	0.08	0.74	0.05	0.1
海南科技职业大学	0.05	0.88	0.19	0.59	0.85	0.03	0.98
重庆机电职业技术大学	0.01	0.11	0.54	0.35	0.39	0.92	0.37
成都艺术职业大学	0.501	0.2	0.17	0.11	0.55	0.74	0.87
贵阳康养职业大学	0.96	0.74	0.98	0.23	0.06	0.13	0.69
西安汽车职业大学	0.05	0.45	0.56	0.03	0.29	0.501	0.8
西安信息职业大学	0.05	0.98	0.1	1	0.55	0.501	0.8
兰州石化职业技术大学	0.35	0.04	0.93	0.21	0.61	0.05	0.8
兰州资源环境职业技术大学	0.94	0.53	0.87	0.03	0.7	0.05	0.8

附录 F 访谈提纲

时间：   地点：

尊敬的领导/老师：

您好！我们是天津大学教育学院职业本科教育研究课题组，目前正在从事职业本科院校专业结构适配性的相关研究，为更加科学和全面把握我国职业本科院校专业设置的现状、专业群组建现状和存在的主要问题，现就贵校专业群组建过程中的部分问题向您进行简短的访谈。本次访谈不涉及任何个人信息，对此次访谈的内容，我们将严格遵守《中华人民共和国统计法》等法律法规予以保密，感谢您的配合！

1. 请您简单介绍一下贵校专业整体布局情况和主要特色优势专业。
2. 请您简单介绍一下贵校现有典型专业群及其组建模式。
3. 贵校专业群在组建过程中是如何考虑的，首要关注的要素是什么呢？
4. 贵校已有专业群中，是否有核心专业，如果有是怎么选择的呢？
5. 贵校已有的专业群主要面向哪些产业，该产业是不是服务地区的主导产业？
6. 贵校在专业群组建过程中是如何协调教师、教材和实践实训基地等教育资源的？
7. 贵校组建专业群之后在毕业生就业，学生满意度和企业满意度等方面是否有明显的改善？
8. 在贵校已有专业群与专业群之间是否存在互动呢？
9. 贵校在专业群组建过程中遇到的最大的困难和挑战是什么呢？

访谈到此结束，再次感谢您参与此次访谈，祝您工作顺利，万事如意！

后　　记

　　习近平总书记在全国职业教育大会上作出重要批示指出，要稳步发展职业本科教育，加快构建现代职业教育体系。国务院印发的《国家职业教育改革实施方案》明确提出，开展本科层次职业教育试点。2021年10月，中办、国办印发的《关于推动现代职业教育高质量发展的意见》中，将稳步发展职业本科教育作为职业教育类型特色加以强化。截至目前，我国职业本科院校已达50余所，职业本科院校内的专业类型主要包括专科专业、职业本科专业和普通本科专业（合并转设独立学院），专业结构复杂，各专业间衔接不佳、融通不畅成为制约职业本科教育稳步发展的主要障碍。因此，如何解决院校层面不同层次专业纵向一体化适配、同层次不同类型专业之间横向普职适配、专业整体结构与外部产业结构之间的适配问题，成为稳步发展职业本科教育亟需解决的重要课题。

　　本书主要研究职业本科院校专业结构的适配性及其提升路径。立足于稳步发展背景，从纵向一体贯通、横向普职融通、外向产教耦合联通三个维度，系统解析职业本科专业结构的适配程度及其影响因素，探究职业本科院校专业结构适配模式与内在机理，进而提出专业结构适配性优化路径。根据研究结果，本书得出了以下结论和对策建议。

　　（1）构建了职业本科院校专业结构适配性理论分析框架。本书认为，职业本科院校形成途径的多样性，使得职业本科院校内部专业结构复杂化。职业本科院校的专业结构中主要包含专科专业、职业本科专业和普通本科专业，各专业间衔接不佳、融通不畅、规模不合理成为制约职业本科教育稳步发展的主要障碍。职业本科院校专业结构的适配主要遵循纵向同类型贯通、横向同层次融通和外向产教耦合联通的"三通"逻辑。其中，贯通逻辑主要针对职业本科专业与现有专科专业、中职专业的纵向一体化衔接适配，以实现知识－学段－育训贯通；融通逻辑主要解决职业本专科专业与普通本科专业横向融合适配，以实现普职－理实－学用融通；联通逻辑旨在推动职业本科院校专业结构与区域产业结构外部耦合适配，以实现产业－岗位－任务联通。

（2）厘清了职业本科院校专业设置现状。本书首先分析了职业本科院校专业设置现状，首先，从专科专业的数量和覆盖率看，全国现有的32所职业本科院校共设置了290种专科专业，专科专业的覆盖率为38.98%（290/744），专科专业覆盖面较低。从专科专业类的数量和覆盖率看，职业本科院校设置的290种专科专业分布在74个专科专业类，专科专业类覆盖率为76.29%（74/97），专科专业类覆盖率较高，基本覆盖了面向经济社会发展重点领域的专业类。从专科专业大类的数量和覆盖率看，290个专科专业分布在19个专业大类，覆盖全部的专科专业大类。其次，从职业本科专业的数量和覆盖率看，32所职业本科院校共设置156种职业本科专业，职业本科专业的覆盖率为63.16%（156/247），职业本科专业覆盖率较高，基本涵盖当前制造业发展的重点领域。从职业本科专业类的数量和覆盖率看，32所职业本科院校设置的156个职业本科专业分布在68个本科专业类，本科专业类覆盖率为70.10%（68/97），虽然相对于专科专业类的覆盖率低一些，但职业本科专业类整体覆盖水平较高，能够满足经济社会发展和生产实践一线对创新性高素质技术技能人才的需求。从职业本科专业大类的数量和覆盖率看，156个职业本科专业分布在19个专业大类，覆盖全部的职业本科专业大类。此外，现有部分职业本科院校也设置有普通本科专业，如景德镇陶瓷大学科技艺术学院单独转设形成的景德镇艺术职业大学等院校，除了设置职业本科专业外，还设置了10多个普通本科专业。综合分析职业本科院校的实践样态可以发现，职业本科院校内部专业的组成主要包括专科专业、职业本科专业和普通本科专业等不同类型。从专业规模看，专科专业和职业本科专业是主体，且专科专业的种数超过本科专业的类数，部分还设置了少量普通本科专业。从专业种类看，专科专业和职业本科专业分布的专业类和专业大类较为齐全。从专业层次来看，现有专业结构跨越了专科专业和本科专业两个层次，本科同层次专业又设置有职业本科和普通本科两类同层次不同类型专业。整体来看，我国现有职业本科院校专业组成结构较为复杂。

（3）测算了职业本科院校专业结构内外适配程度。首先，从整体适配趋势来看，为评估职业本科院校专业结构与区域产业结构的整体适配趋势，本书结合当前职业本科院校专业设置现状，从国家层面和学校层面分别测算了专业结构与产业结构的偏离程度。测算结果显示，职业本科面向第一产业和第二产业的专业处于供不应求状态，面向第三产业的专业处于供给过剩状态。细分学校层面，职业本科面向第二产业的专业处于供不应求和供过于求状态的院校各自占近50%，且66%的职业本科院校面向第二产业的专业结构偏离程度在时间维度呈现降低趋势；职业本科面向第三产业的专业处于供给过剩状态的占72%，且59%学校的面向第三产业的专业结构偏离程度在时间维度呈现降低趋势。其次，从整体适配程度来看，为厘清全国职业本科院校专业结构与区域产业结构的整体适配程度，研究结合复杂适应系统理论和AHP层次分析法，建构了职业本科专产适配评价指标体系，基于此，厘定全国职业本科院校专业结构和产业结构的适配类型。研究结果显示，80%的职业本科院校专产处于不适配状态，16%处于临界适配状态，仅有4%处于适配状态，且在不适配状态的院校中，近半数呈现出严重不适配的情况，而处于适配状态的学校也仅达到初级松散适配状态。最后，从职业本科院校专业结构与产业结构高级化适配度来看，为厘清职业本科专业结构和产业结构的适配情况并评估其对于新质生产力发展的贡献，本书创新性地引入点映射适配函数测算适配度。根据测算结果来看，全国职业本科适配程度呈向好趋势，97%的学校达到相对适配状态。适配状态可细分为多个层次，其中优势适配状态的占34.4%；标准适配状态的占43.8%；松散适配状态的占18.8%；不适配状态的占3.1%。

（4）明晰了职业本科院校专业结构适配的内在机理。本书采用模糊集定性比较分析方法（fsQCA），基于集合论思想和组态思维，将定性分析与定量分析有效联结，从集合的角度考察影响职业本科专产适配的前因条件及条件组合与适配的关系，通过条件组态形式解释不同条件组合对专产适配的驱动路径对于职业本科院校专产适配的影响，探究不同区域的职业本科院校专产适配路径"殊途同归"背后的复杂动因。职业本科院校专业适配样态的形成体现出"贯通""融通""联通"的机理,其中,贯通逻辑主要针对职业本科专业与现有专科专业、中职专业的纵向一体化衔接适配,以实现知识-学段-育训贯通;融通逻辑主要解决职业本专科专业与普通本科专业横向融合适配,以实现普职-理实-学用融通;联通逻辑旨在推动职业本科院校专业结构与区域产业结构外部耦合适配,以实现产业-岗位-任务联通。

(5) 提出了职业本科院校专业结构适配性优化路径。

首先,坚持类型定位,促进中-高-本专业纵向一体化贯通适配。职业本科教育是职业教育体系向上延伸到本科层次的教育类型,作为本科层次的职业教育类型,职业本科教育打破了职业教育止步于专科层次的"天花板",为我国产业链的产业高端和高端产业培养了一批复合型、创新型技术技能人才。职业本科教育不是职业专科教育的简单升格,作为类型教育,脱胎于职业教育体系的职业本科教育有其内在的职业基因,应坚持职业教育的类型属性,坚持职业教育办学方向、培养模式和发展特色不动摇,确保"升本不忘本、升格不变质"。在坚持职业教育类型定位的前提下,一体化设计职业教育体系内部的专业,通过专本贯通培养、专升本、五年一贯制等多种方式畅通中-高-本专业纵向一体化贯通适配通道。同时,按照同类不同层次确定中-高-本专业的人才培养规格,一体化系统构建技术技能人才培养体系,对专业人才培养目标、课程设置、教材开发、师资队伍引育、实习实训场地打造等关键环节和关键要素进行一体化贯通设计,确保职业教育体系内部中-高-本专业之间知识-学段-育训的有机贯通。

其次,坚持职普融通,推动不同类型教育专业间横向互补性适配。职业本科教育是现代职业教育体系从"h"走向"H"的重要制度设计,作为类型教育,职业本科教育应坚持职业教育的类型属性,做到"升本不忘本";作为本科层次的教育,在坚持职业教育类型属性的前提下,也要"升本达本",在基本技能、专门知识和基础理论等方面满足甚至超过本科层次的要求。同时,还应进一步处理好与同层次普通本科、应用技术本科的关系,摈弃"非此即彼"的零和思维,走向融合协同的共生图景。在发展规模方面,除了办职业本科学校之外,也要办职业本科专业。教育主管部门应积极鼓励一批普通本科院校,特别是理工类优势特色院校试办职业本科专业。有效发挥不同类型教育各自育人比较优势,推动不同类型不同层次专业之间横向互补性融通适配,以实现普职-理实-学用融通,从而为受教育者提供人人、时时、处处皆可学习的教育环境,满足受教育者多元的教育需求。

最后,坚持产教融合,强化专业系统与产业系统耦合适配。职业本科教育是职业教育面对生产过程智能化、产业技术高级化和产品服务定制化的产业需求侧变革而形成的更高层次职业教育。职业本科教育在稳步发展的总基调下,在近五年的改革实践中取得了较快的发展。从专业布局情况来看,全国现有职业本科院校共设置了290种专科专业和156种职业本科专业,本专科专业类和大类的覆盖率较高,专业布点基本能够涵盖当前制造业发展的重点领域。然而,高素质技术技能人才培养的供给侧和区域产业需求侧并非充分精准对接,教育链和产业链脱节的现象还广泛存在。为此,要进一步引导职业本科院校结合区域重点产业布局特点,有效调动政、校、行、企等多元主体的积极性,消弭"条块分割"的融合壁垒,打造产业学院等一批产教融合的新型载体,构筑微观合理、宏观有序、运转高效的产教命运共同体。从而有机链接教育链、人才链、创新链与产业链"四链",充分联动专业、职业、企业、行业和产业"五业",在实践中不断探索,在探索中不断发展。凝练职业本科院校产教融合的典型实践模式,以实现产业-岗位-任务的联通,确保职业本科院校专业系统与产业系统高水平耦合适配。

总之,职业本科教育承担着培养发展新质生产力所需创新型、复合型技术技能人才的重要使命,职业本科院校专业布局和适配性的提升要善于把握时代脉搏,在回应时代发展新质生产力需要的征程中稳步发展、稳中求进、以进促稳、行稳致远,筑牢发展新质生产力的高技能人才之基,赋能中国式现代化向纵深推进。

职业本科院校作为我国职业教育体系纵向贯通的本科层次院校,截至目前,才有五年的发展历程,职业本科院校专业结构的适配性还有诸多新问题需要进一步探索。本书对职业本科院校专业结构适配性的研究仅仅是对当前职业本科院校专业结构适配性评价和测量的研究尝试。本书的完成与出版是课题组团队成员共同努力的结果,宋亚峰提出了本书的研究思路,进行了整体框架设计与撰写,负责全书的校对、统稿和定稿工作。笔者的首届研究生赵康健和许钟元参与了课题的研究工作,也参与了书稿部分章节的撰写。

在本书的撰写和出版过程中,得到了天津大学教育学院和人文社科处各

后 记

位领导和老师的大力支持和关心,也得到了学界关心职业本科院校发展的各位领导、老师的支持,在此表示衷心的感谢。同时,也特别感谢华东师范大学职业教育与成人教育研究所名誉所长、终身教授石伟平老师为本书作序,给予我支持和鼓励。此外,本书的出版也得到了经济科学出版社张立莉老师的大力支持和帮助,张老师认真、细致、严谨、负责,对本书增色良多,在此也表示诚挚的谢意。职业本科院校专业结构的适配性问题是实践界和学术界同仁长期关注的话题,拙作仅为一次抛砖引玉的尝试,期待后续有更多、更好的研究关注我国职业本科院校的发展问题。在本书的研究过程中,笔者力求将本书所涉及的内容全部做好,但由于笔者研究水平和客观条件的限制,如有不足之处,恳请各位专家、学者和广大读者不吝赐教,以帮助我们在后续的研究中不断完善和改进。

宋亚峰

2025 年 1 月于天大北洋园